U0741931

安徽省社会科学院博士基金项目『「双减」背景下安徽中学和谐师生关系研究』（AASS2103）

信任

农村中学师生关系研究

付春新◎著

安徽师范大学出版社
ANHUI NORMAL UNIVERSITY PRESS
·芜湖·

图书在版编目(CIP)数据

信任：农村中学师生关系研究 / 付春新著. 芜湖：安徽师范大学出版社, 2024. 7.

ISBN 978-7-5676-6927-7

Ⅰ. G635.6

中国国家版本馆CIP数据核字第2024R9T473号

信任：农村中学师生关系研究 付春新◎著

XINREN NONGCUN ZHONGXUE SHISHENG GUANXI YANJIU

责任编辑：蒋　璐　　责任校对：王　贤

装帧设计：王晴晴　冯君君　　责任印制：桑国磊

出版发行：安徽师范大学出版社

芜湖市北京中路2号安徽师范大学赭山校区

网　　址：http://www.ahnupress.com/

发 行 部：0553-3883578　5910327　5910310(传真)

印　　刷：苏州市古得堡数码印刷有限公司

版　　次：2024年7月第1版

印　　次：2024年7月第1次印刷

规　　格：700 mm × 1000 mm　1/16

印　　张：19.75

字　　数：350千字

书　　号：978-7-5676-6927-7

定　　价：78.00元

目　录

第一章　绪　论

师生信任关系的增进是良好师生关系构建的基石，对于教育治理现代化的推进、全面发展和个性化发展相结合的人才培养具有基础性作用。

第一节　研究背景

信任关系是教学相长、实现教育目的的逻辑起点。较之于城市，农村学校留守儿童多，师资力量薄弱①，部分学生学习基础相对较差、学习热情缺失②，个别教师背离教书育人的宗旨……师生信任关系存在诸多不容忽视的严重问题。师生信任关系的增进对于促进教育公平与农村孩子的健康成长至关重要，然而，农村中学师生信任关系未引起教育理论界和教育实践界的高度关注和重视，目前尚未发现针对我国农村中学师生信任关系的专题研究。对于农村中学师生信任关系现状、存在问题及影响因素的探寻，既是信息化社会发展的必然诉求，也是对我国农村中学师生信任关系问题的现实观照和回应，亦是顺应了笔者对师生信任关系研究的浓厚兴趣。

一、信息社会的诉求

信任是人类社会不可或缺的要素，自古以来就是人际交往与合作的基

① 杨天平.我国农村中小学布局调整的原因、进程、问题及对策[J].教育理论与实践,2013(16):17-22.

② 谢泽源,杨晓荣,谢梅林.欠发达地区农村初中生辍学原因及对策:基于对江西省H县的调研分析[J].中国教育学刊,2012(3):37-40.

础。当前信任问题备受关注，首先源于信息社会发展的现实诉求。在信息社会，随着经济的快速发展和社会的急剧变迁，特别是现代化与城市化进程的加快，我国传统家族式结构逐渐消散，人们彼此间的信任、交往与合作不再以地缘和亲缘关系为前置条件。人们的交往对象、交往方式、交往内容以及价值标准等发生了显著变化，人们之间的信任关系更多地建立在趣缘基础之上，兼具传统性与现代性特征，彼此间的信任关系逐渐由特殊信任走向普遍信任。信息社会的基本特征是社会风险凸显，由于人们彼此间的信任关系处在与传统社会截然不同的开放性环境中，人们需要通过向他人“敞开胸怀”来构建与他人的基本信任及实现自我[①]。这使得信任问题不再被视为理所当然，信任学理上的深入探讨越来越多。

目前，我国社会面临较为严峻的信任危机，失信现象不仅存在于社会组织与社会群体之间，也存在于个体之间，这对人们的生活习惯和思想行为产生了深远的负面效应。作为社会人的中学师生也必然会受到社会不信任思想的浸染，从而导致部分师生彼此之间不信任，进而造成师生冲突现象增多。中学师生信任关系作为一种特殊的信任关系，包括学生对教师的信任和教师对学生的信任。受信息化、城市化和流动社会等因素的影响，师生情感交流逐渐减少，甚至有的学生和家长越来越质疑教师的师德水平、学校制度及制度执行的公正性，认为有的教师只在乎自身利益，并不太关心学生的长远发展。一方面，部分学生不主动亲近教师，就算亲近也并非真心尊敬和信任教师。另一方面，部分教师也不信任学生和家长，由于教学绩效考核等压力，部分教师将教育教学工作的重心置于学生学业成绩的提高上，甚至有的老师在学生的德育、美育、体育和劳育上“缺场”，未真正考虑学生的全面发展和个性化发展，导致了社会、家长和学生对学校教师群体的质疑和不信任。

农村中学师生信任关系危机与社会大环境脉脉相通。虽然农村中学的信息化程度不如城市中学，受信息技术及社会转型等方面的冲击要弱于城市中学，但是，农村中学师生同样深受信息技术发展及社会转型的影响。农村学生可以通过新媒体技术来获取自己想学的知识和信息，甚至有的学

① 安东尼·吉登斯.现代性的后果[M].田禾,译.南京:译林出版社,2011:105-106.

生无须请教教师便可解决学习上的难题，教师知识权威日趋瓦解。在情感和行为上，师生间的有效情感交流减少，有的学生不仅不主动与教师沟通交流，碰到困难也不向教师寻求帮助，更不会和教师说心里话等。即便教师在课下主动与学生沟通交流，关心学生的学习和生活，一些学生也对来自教师的关心表现出漠然态度，甚至认为这种关心是一种压力和负担，对其隐私和自由造成了威胁，因而回避教师的关心，个别学生还会顶撞教师，与教师发生言语、肢体冲突等。而且，在数字化和流动时代，农村中学师生信任关系的增进不仅离不开师生个体的高度道德自律，还需要具有普适性的制度来保障。此外，受多数学生父母外出打工、农村中学师资力量薄弱等因素的影响，农村中学师生信任关系问题具有其独特性。总而言之，探讨农村中学师生信任关系是信息社会发展的必然诉求。

二、现实问题的驱动

“课堂上的我实在是太过于卑微了，费尽心思、呕心沥血地想要引起注意，哪怕学生就偶尔抬起眼皮瞅我两眼，我都会更来劲，然而，我的念念不忘，却没有任何回响。”

这是一位农村中学教师在朋友圈上的独白，言辞间无不透露着无奈、酸楚和无助。她满腔热情地给学生上课，却未能得到学生的理解、回应与配合，一个人在讲台上悲壮地唱着“独角戏”。从言辞间可见，这位教师对工作兢兢业业、认真负责，殷切期望学生理解她的良苦用心，能够在课堂上多学点知识。但是，学生的冷漠回应将这位教师的满腔热情浇冷了，她痛心疾首、不知所措。虽然这只是一位教师的内心独白，却反映了一个现实：部分教师的课堂上，师生关系淡漠，互动贫乏，学生未认真听课，教师也没有成就感。

农村教育是我国教育事业不可或缺的一部分，其水平决定了我国教育的整体水平，其发展关系到国家和民族的未来。部分学生为何不爱学习？部分学生为何不回应、不配合和不信赖教师？究竟是什么原因造成了课堂上的师生关系淡漠和互动贫乏？为何会出现这些不良现象呢？最根本的原因就是稳固的师生信任关系尚未建立，因此增进师生信任关系是解决这些问题的关键。当学生在认知、情感和行为上信任教师，学生便会端正学习态度，主动学习，积极与教师互动，愿意听从教师教导，向教师寻求帮助，以及和教师分享秘密、说心里话等，教育教学中的各种问题便能迎刃而解。这是笔者开展农村中学师生信任关系研究的原动力。笔者非常期望解决这些现实问题，改变这种不良状况；迫切想让农村的孩子们学到更多的知识和本领，更加健康快乐地成长；也期盼越来越多的教师愿意扎根农村，奉献农村，能在教育教学工作中获得更多的成就感和幸福感，实现自我价值和社会价值。

三、本人经历与兴趣的激发

在博士研究生导师的悉心指导下，笔者于博一、博二期间一直从事师生关系方面的研究。虽然师生互不信任并不必然导致师生冲突，但是师生冲突事件的发生与学生对教师的不理解、师生互不信任等密切相关。师生失信关系是师生冲突产生的前置性因素，师生冲突是师生失信关系的极端表现形式。在探究农村中学师生冲突问题的过程中，笔者认为师生信任关系在构建良好师生关系上具有重要的作用。师生信任关系是一个值得深入探究的领域，但是，从以往的文献来看，探讨师生信任关系的研究寥寥可数，且尚未发现关于我国农村师生信任关系的专题研究。而师生失信关系的形成原因与师生冲突的产生原因具有一定的相似性和重合性，如部分学生对教师品格、能力信任的缺乏，教师公信力的下降，师生互动过程中的情感疏离，教师对优等生的特殊信任，学校制度信任的缺失等，不仅与师生个体特征和师生互动过程因素相关，受家长、同伴、新媒体等第三方因素的影响，而且与学校制度因素密切关联。师生信任关系研究与师生冲突研究是交叉关系，其最大不同之处在于：师生信任关系是师生关系的内核，而师生冲突是师生关系的特殊表现形式；师生冲突研究侧重于通过化解师生冲突来构建良好师生关系，师生信任仅是化解师生冲突的重要途径之一，而师生信任关系研究侧重于通过增进师生信任关系来构建正向师生关系，更加强调师生的品格和师生对彼此的期望与承诺。

美国著名管理学家德鲁克提出，管理的本质在于信任，而非强权[①]。同理，师生冲突的化解、良好师生关系的构建也建立在师生信任关系基础之上，而非教师规训基础之上。信任是学生管理工作的高级境界。只有当师生信任关系由虚情信任转向真情信任，由威慑信任转向认同信任，由特殊信任转向普遍信任，由人际信任转向制度信任，师生冲突才可能真正化解，正向师生关系才可能得以真正构建，“学生乐学，教师乐教”的局面才会形成。师生信任关系的建立是教育教学工作顺利开展的基础和逻辑起点，关系到学生的全面发展和个性化发展，关系到教师的职业成就感、自我效能感和幸福感的实现。事实上，师生信任关系的构建过程就是落实立德树人根本任务的过程，师生信任关系研究是对师生冲突、师生关系研究的拓展和深化。

第二节　研究意义

师生关系问题是教育理论与实践领域中一个历久弥新的问题，以开放思维来研究师生关系的重构问题是时代发展、社会变迁和教育改革的必然要求。提及师生关系的重构，最为关键的应是信任关系。信任关系是师生关系重构的逻辑起点和应然之态。建立师生信任关系的过程其实就是实施道德教育、进行道德实践、帮助学生养成良好道德品质、落实立德树人目标的过程。然而，虽然关于师生关系的研究成果丰硕，学者从不同层次、不同视角探讨和研究了师生关系，却忽视了信任关系在师生关系建构中的前置性和基础性作用，很少有研究专门探讨师生信任关系问题，且研究不太深入。

本书基于农村中学师生信任关系上存在的问题和困惑，比如农村中学师生信任关系的现状如何，哪些因素影响师生信任关系，现代性对师生信任关系有无影响，师生信任关系如何生成，师生信任关系的增进存在哪些现实困境，如何增进师生信任关系，农村中学师生信任关系较之于城市中学师生信任关系具有哪些独特性等，试图对这些问题和困惑予以理性思考

① 彼得·德鲁克.21世纪的管理挑战[M].朱雁斌，译.北京：机械工业出版社，2009：167.

和解决，以重构良好师生关系，进一步促进教育公平和推进教育治理现代化，培养全面发展和个性化发展相结合的人才。具体而言，本书的研究意义至少包括以下几个方面。

一、拓展师生关系理论体系

信任关系是研究师生关系的必要视角，为师生冲突的消解、正向师生关系的构建、教学道德性的回归、课堂教学效果的提升、学校信任氛围的形成、教育治理现代化的推进以及立德树人根本任务的落实等提供坚实基础。虽然以往的师生关系研究在理论层面上取得了丰硕成果，促进了师生关系的良性发展，但是，随着现代化的发展、社会环境的变迁、教育改革的深化，不同的思想文化和价值观念不断冲突与交融，传统师生关系已经远远不能适应当今时代的发展诉求，不利于素质教育的实施。同时，由于有的师生和家长深受社会不良思想文化的浸染，造成了目前部分师生、家校互不信任的局面，导致师生冲突的增多和教育道德性的偏失等。因此，专门探讨师生信任关系问题具有紧迫性和必要性。然而，在新时代背景下，虽然学者从不同的学科背景、理论视角和关注焦点探讨了师生关系问题，这些研究的观点和视角也关注到了师生关系中的信任问题，认识到了信任关系对于师生关系重构的重要性，但是研究并未深度触及师生关系重构中的信任问题及信任关系在教育教学中的前置性作用。

本书试图通过对以往师生关系及师生信任关系的文献梳理，将师生关系的研究范围缩小至信任关系层面，主要针对农村中学师生信任关系的现实困境，探讨如何增进师生信任关系这一问题。本书立足于农村中学师生信任关系上的实际问题，通过信任理论的引入和审视，将师生关系置于信任关系中来考量，不仅丰富和充实了师生关系的理论研究，而且提供了师生关系重构的新视角、新思路。总之，将师生关系置于信任关系的网络来考量，基于农村中学师生信任关系的现状、影响因素及存在问题等来探讨师生信任关系的增进问题，既是一种理论自觉，又可为实践层面上的师生关系反思提供新视角，由此，可以充实师生关系的理论体系和拓展师生关系的研究领域。

二、培养师生可信任特质

没有可信性，就没有信任[①]。可信性是信任的前提和依据，师生可信任特质是师生具有可信性的表征。教师的可信任特质指教师的德性和知性，具体包括教师的教学能力、管理能力、言语品格和行为品格等方面。学生的可信任特质主要指学生的学习态度和动机、道德品质和道德行为等方面。这些特质不仅直接影响师生信任关系的建立，而且还影响学生的健康成长、教师的专业发展和职业幸福感、教学道德性的建构以及教育教学工作质量的提高等。教师的可信任特质如言行一致等，会对学生的思想行为和未来发展产生深远影响。学生信任教师就会愿意听从教师的教导，主动与教师沟通等，进而建立起信任整个世界的价值观念体系。学生的可信任特质也会影响教师的自我效能感、职业态度和职业发展。学生信任教师是教师教书育人的不竭动力，教师会因学生的信任而更加热爱教育教学工作，全身心地培育人才。师生可信任特质的缺失则会导致师生冲突和师生信任危机的发生，进而造成教学道德性偏失。从教师角度而言，评价一名教师是否值得信任的主要依据，是教师能否始终将学生的身心健康全面发展放在首位。教师不断完善品格、提高教学管理能力，有助于学生信赖教师，提高学习自主性，提升自我效能感，自觉养成良好的道德行为习惯，促进学业成绩的提高，进而实现全面发展。所以，教师应将因学生信任产生的压力转化为工作动力，以崇高的师德师风和精湛的教学技能赢得学生的认同、尊敬和信任。从学生角度来说，学生应端正学习态度和动机，完善品格，努力提高学业成绩，提升道德水平等，自觉成长为一名全面发展、值得信任的人。

三、增进师生交流合作

高度的师生信任关系有助于促进师生沟通交流，达成共识，增长智慧，体验生命和完善人格[②]。只有当师生处在信任关系的情境下，学生才

① 阿兰·佩雷菲特.信任社会:论发展之缘起[M].邱海婴,译.北京:商务印书馆,2016:646.

② 翟振元.现代师生关系:学习共同体[N].中国青年报,2016-12-02(8).

会更加主动地求知、内化道德价值，形成良好的行为习惯，与教师共同建构知识和探索意义。感受到教师信任的学生，才可能表现出更多的自主性、责任心、控制感以及对学业的投入。在信息化时代，只有彼此信任，共同合作成长，师生才能成功应对时代与环境带来的挑战。由于受工具主义、功利主义等思想的影响，当前我国师生关系出现了一些问题，如师生冲突时有发生。而师生冲突问题多数源自不和谐、不信任、不尊重的师生关系，师生冲突是师生信任危机的重要表征。教师公平公正的态度、认真倾听学生意见、与学生积极沟通交流、保护学生隐私等，不仅是增进师生信任关系的有效措施，也是预防和减少师生冲突、化解师生信任危机的有效策略。在教学过程中，信任关系是促进师生合作以及共同完成教学任务的桥梁。教学道德性的建构、教学效果的提升都离不开师生信任关系，离开了信任，教学中的师生合作便如无根之基，教学道德性无法回归，教学目标难以实现。

四、形塑学校信任文化

信任包括师生之间和师生对学校的信任。信任关系是学校教育场域中最重要的表征，没有信任，学校系统便不复存在。学校信任文化是一个规则系统，包括价值规范和制度等。信任文化是一所学校存在和发展的必要条件，是学校工作顺利开展的前提和基础。具体而言，信任文化可以促进学校关爱和信任氛围的形成，防范师生不良行为，降低师生冲突发生的可能性，化解师生信任危机，提升教育道德性，优化学校管理效能，促进师生的共同成长。学校规范的一致性、学校秩序的稳定性、学校工作的透明度、学校环境的熟悉度、师生个体和学校机构的责任性等五方面，构成了学校信任或不信任文化的背景。学校信任文化是学校文化传统等诸多因素共同作用的结果①。师生冲突的产生在很大程度上源于师生不同的文化背景、行为习惯、互动模式等，这些导致了学生归属感和自我效能感的丧失，进而造成师生信任的匮乏，以及学生对教师权威的否认。形塑学校信任文化氛围，构建学校信任体系，一是要促进师生的沟通交流，建立师生

① 彼得·什托姆普卡.信任：一种社会学理论[M].程胜利，译.北京：中华书局，2005：160-184.

信任关系，弥补当前互联网时代严重缺乏情感互动的缺口，让信任成为激活学生学习的意图和动机。二是要加强对师生的信任教育。提高师生的道德敏感性，重视家庭生活中隐含的信任教育；在学校扎实开展信任主题教育，将信任教育与学校的资源结合起来，开展对信任与不信任话题的宣传讨论活动等。三是完善学校制度。仅靠榜样示范来建立道德性的学校信任体系已不适用，还需要构建以正式制度和非正式制度为基础的校园信任体系，健全学校监督机制，严格执行学校制度，调整师生交往规则，以更好地增进师生信任关系。制度信任是师生个体特征、师生交往过程信任的有益补充。

第三节 相关概念

华南师范大学赵敏教授提出："人们是通过概念来思考、对话和讨论的。界定清楚自己使用的概念，弄清一个概念的流行含义、支配含义以及某些特殊含义，这样才能知道我们要说什么，要表达哪种观念。"[①]关于农村中学师生信任关系的增进研究，首先就必须界定研究中的相关概念及内涵，这样才能更明确研究的范畴、目标和重难点。

一、信任、关系及信任关系

（一）信任

对于信任的概念，学者从不同的学科视角进行了阐述，鉴于吉登斯的观点对于本研究具有很好的阐释力，因此本书主要借鉴了吉登斯关于信任的定义。吉登斯认为，信任是对个体或系统的可靠性所持有的信心，这种信心表达了积极的期望和承诺等[②]。由此可知，信任包括人际信任和系统（制度）信任，人际信任以对方的德性为依据，如诚实友善等，系统信任则以对其原则正确性的信赖为基础。信任指向他人或与人有关的物，是一

① 赵敏.教师制度伦理研究[M].北京：社会科学文献出版社，2016：21.

② 安东尼·吉登斯.现代性的后果[M].田禾，译.南京：译林出版社，2011：26-31.

种主观态度，包含了期望和承诺。信任不仅与现在相关，而且指向未来，具有不确定性、风险性、主观性、依赖性等特征。在本书中，信任是指在不确定性和风险性条件下，信任者对被信任者的预期行为或系统之可依赖性的一种积极的心理状态。信任既包括人际信任，也涉及系统信任。具体而言，信任既包括教师和学生对彼此的目的或行为持积极的期望和信念，愿意冒风险接受对方的行为甚至缺点，也包括师生个体对自己诺言实现的信心，还包括师生对学校制度的信任，相信学校制度的正确性。一方面，学生可以通过调整心态，端正学习动机和态度，养成诚实善良等品格，以及正确认识、悦纳自我等四个方面赢得教师信任；教师可以通过提高教师公信力、对学生持积极的期望和信念、加强家校合作等赢得学生信任。另一方面，学校制度为促进师生信任提供外在动力，为师生信任关系的维系提供制度基础。

（二）关系

《现代汉语词典》（第7版）中的“关系”有6种含义，包括“①事物之间相互作用、相互影响的状态”和“②人和人或人和事物之间的某种性质的联系”等[①]。本书中的“关系”含义特指第②种，侧重于人与人之间某种性质的联系，即人际关系。人际关系的内涵丰富广博，概念在我国被高频使用。在西方社会心理学中该概念的逻辑起点是“自我”，多数学者将其视为个体间的心理间距与行为意向。关系因个体间的联系而形成，取决于个体的意愿、观念等[②]。本书中的“关系”也涉及人与物之间的联系，如人与制度的相关性。概言之，本书主要探讨教师与学生的关系，关系的直接主体为教师和学生，间接关系则涉及学校、家庭、社会与师生之间的联系。

① 中国社会科学院语言研究所词典编辑室.现代汉语词典[M].7版.北京：商务印书馆，2016:478.

② 杨宜音.试析人际关系及其分类：兼与黄光国先生商榷[J].社会学研究，1995(5):18–23.

（三）信任关系

信任关系连接过去与未来、全知与无知，具有不对称性、不确定性、相互依赖性、主观性等特点，其本质是信任感。信任关系可以被理解为连接个体与他人或个体与系统之间关系的社会纽带，其形成既与信任主体有关，也与信任客体有关。从内容上来看，信任关系包括认知、情感和行为信任；从范围而言，信任涉及殊化信任和普遍信任[①]。

信任关系是一种社会关系，包括为人所信和信任他人或社会系统。信任关系不仅是组织、个体满意与发展的必需条件，而且是组织健康存在的重要表征。卢曼认为，信任关系由信任的内化、信任的习得和符号控制组成，并在社会情景中找到适宜的落脚点，呈现出持续性、依赖性和不确定性等结构特征。信任关系包括制度、文化、心理等方面的特性[②]。而良好的信任关系一般要经历以下五个发展阶段：接触、了解、认同、信任、形成团体意识[③]。现代社会的信任关系的特征主要表现在以下五个方面。

一是“脱域性”环境是信任关系构建的客观条件。现代社会的信任关系是一种建立在纯粹关系、抽象基础和面向现在与未来的“脱域性”信任关系之中的。吉登斯从现代性出发来探讨信任关系，将信任视为本体安全的根本和个体正常有序生活的关键要素。他分析了现代性的三大动力机制，即时空分离、脱域机制的发展以及知识的反思性运用。他从社会变迁这一逻辑前提出发来探究人类信任关系的历史变迁，并将其视为社会纽带形成的过程。吉登斯将地域性环境视为前现代社会中信任关系建立不可或缺的外在条件，认为信任关系主要体现在亲缘关系上；现代性的三大动力机制则逐渐消解了这种地域性环境，将人们之间的信任关系置于与传统社会大相径庭的开放性环境中[④]。

---

① 付春新，赵敏．师生信任：教学道德性建构的逻辑起点[J]．课程·教材·教法，2019(12)：70-74.

② 尼古拉斯·卢曼．信任：一个社会复杂性的简化机制[M]．瞿铁鹏，李强，译．上海：上海人民出版社，2005：48.

③ 黎斌，郭振玺．论组织中的信任关系[J]．探索，1992(1)：49-54.

④ 安东尼·吉登斯．现代性的后果[M]．田禾，译．南京：译林出版社，2011：46；郭忠华．信任关系的变革：吉登斯现代性思想的再思考[J]．现代哲学，2008(1)：99-103.

二是信任关系具有主观性、时间差、不确定性和风险性这四种性质。主观性与个体的主观认知和情感等紧密关联；时间差是指承诺在前，实现在后；不确定性是指诺言能否实现具有不确定性；风险性是指信任双方缺乏足够的依据来断定对方是否值得信任[①]。信任关系的实质就是风险承担下的委托与依赖，包括需要、实施和确认三个要素。其中，风险是信任生成的社会背景，而信任是承担风险的行为[②]。

三是信任关系的形成既与个体特征、互动过程相关，也同社会环境紧密相连。个体特征包括个体的能力、品格、信任意愿和行为等；互动过程以互惠为核心，不同发展阶段中个体的表现各异；社会环境主要涉及社会规范制度。个体的能力、品格、信任意愿和行为等为信任关系的建立搭建坚实基础，互动过程和社会规范制度则为信任关系的建立提供现实依据和保障。从信任关系角度来看，信任关系中的个体处于双重位置，既可能是施信者，也可能是受信者。他人是否信任自己，固然不是由信任主体自身决定，但是否给予对方信任则由信任主体自主决定。信任并非盲从，不同于毫无依据的信任，若在对方能力和品格等都得到确证的情况下依然拒绝信任，这就走向了与盲从相反的另一极点[③]。信任关系的达成离不开施信者与受信者对彼此的认可和相互支持。影响信任主体对信任对象的守信可能性的判断以及信任主体的冒险承受能力的因素具体包括：了解程度，相处时间，社会经验，判断能力，社经地位，社会文化规范，制度等[④]。品格、能力信任是个体可信任的前提条件，互动过程、文化规范的差异等则会导致不同社会情境中的信任关系存在较大差别[⑤]。

四是信任关系及其强度与信任双方密切关联[⑥]。莱恩认为，信任关系包括信任双方的依赖关系、信任的风险性或不确定性、个体的信念或期望这三方面。信任关系按程度分级，可以划分为轻度、中度、高度三种。其

① 郑也夫，彭泗清，等．中国社会中的信任[M]．北京：中国城市出版社，2003：304.

② 高玉林．论社会关系中的信任[J]．江海学刊，2013(2)：64-71.

③ 杨国荣．信任及其伦理意义[J]．中国社会科学，2018(3)：45-51.

④ 郑也夫，彭泗清，等．中国社会中的信任[M]．北京：中国城市出版社，2003：229-234.

⑤ 郑也夫，彭泗清，等．中国社会中的信任[M]．北京：中国城市出版社，2003：77.

⑥ 马克·E.沃伦．民主与信任[M]．吴辉，译．北京：华夏出版社，2004：49.

中，轻度信任关系是短期的不稳定的关系；相对于轻度信任关系，中度信任关系要稳固一些，经由治理机制而形成；高度信任关系中的信任感和信任度最高，是这三种关系中最稳固的关系[①]。还有学者认为信任关系表现为充分信任关系、怀疑关系和不信任关系三个层次[②]。

五是信任关系的修复指将不信任关系恢复为信任关系。信任转化为不信任比不信任转化为信任更容易[③]，而且不信任关系有可能反复出现。信任建立和信任破坏的过程具有显著的不对称性[④]。信任关系包括信任感和信任度，重塑信任关系就不能只关注信任感或信任度，必须对两者都予以关注。有学者认为信任关系的修复需要双方的共同努力，迫害方诚挚的道歉能有效平复受害方的怒气和不良情绪[⑤]。还有学者提出信任的重建与人品或能力相关，具有原则性[⑥]。信任的修复需要双方合作才能实现，这就需要双方甘愿投入更多的时间和精力等。空壳关系比重建可靠的信任关系更加耗费时力。信任修补步骤包括两级：第一级包括承认破坏的存在、判断其因素的本质、承认其非建设性功能和主动担责这四个方面，第二级包括请求原谅、赔罪或重建信任。在信任关系的重构中，受害方从拒绝接受重建信任关系至谅解并提出重建策略，这是具有基础性的但不可替代的过程[⑦]。

总之，信任关系是在信任基础上形成的一种积极关系，包括为人所信和信任他人或社会系统。信任关系由信任的内化、信任的习得和符号控制组成，并在社会情境中找到适宜的落脚点，呈现出持续性、依赖性和不确定性等结构特征。信任关系的特征主要表现在如下几方面：一是建立在“脱域性”环境基础之上；二是信任关系是一种主观态度；三是信任关系的形成既与个体特质相关，也同社会环境相连；四是信任关系包括信任感

① 朱国玮，黄珺，汪浩.公众信任关系形成机理研究[J].外国经济与管理，2005(2):44-50.

② 谢光绎.论思想政治教育过程中的主客体信任关系[J].湖南社会科学，2008(4):195-197.

③ 彼得·什托姆普卡.信任：一种社会学理论[M].程胜利，译.北京：中华书局，2005:149.

④ 彼得·什托姆普卡.信任：一种社会学理论[M].程胜利，译.北京：中华书局，2005:34.

⑤ 朱国玮，黄珺，汪浩.公众信任关系形成机理研究[J].外国经济与管理，2005(2):44-50.

⑥ 李胜杰.信任的力量[M].北京：中信出版社，2004:137.

⑦ 罗德里克·M.克雷默，汤姆·R.泰勒.组织中的信任[M].管兵，等译.北京：中国城市出版社，2003:172-180.

和信任度，信任在强度上表现为充分信任关系、怀疑关系和不信任关系三个层次；五是信任关系的修复是指将不信任关系恢复为信任关系。此外，信任关系还具有原则性，不是盲目信任关系。

二、师生关系及师生信任关系

（一）师生关系

师生关系是师生信任关系的上位概念，信任关系是师生关系的内核，因此，在探究师生信任关系之前必须对师生关系的概念进行界定。师生关系是指教师与学生的关系，它是动态变化的过程，其本体价值是生活化的回归。在新时代背景下，师生关系应是一种以信任为内核，以民主平等、对话关怀、共生互学为目标的积极关系。其不仅关系到学生的身心健康、和谐发展以及教师的专业发展、自我效能感的提高、职业成就感和幸福感的实现等，还关系到教学道德性的建构、教育教学效果的提升以及立德树人根本任务的落实。随着现代化的深入发展，学生有了更加多元的学习和信息获取渠道，自主发展和自我学习的空间得以拓宽，教师已不再是学生获取知识信息的唯一来源，师生之间的情感交流减少，关系逐渐淡漠，而信任则是增进师生关系的黏合剂，能够成为学生学习成长的催化剂，激活学生的学习动机。从信任角度而言，师生关系可以分为信任关系和失信关系，为了研究方便，本书将怀疑关系和不信任关系都归属于失信关系，包括师生亲密性、支持性和冲突性等。影响师生关系的主观因素包括教师和学生，客观因素主要涉及家庭、学校、社会和历史这四个方面。师生关系的建构路径可以分为单向度、双向度和系统维度。从系统维度而言，建构主体不仅包括师生个体，还涉及家长、学校、社会等多个间接责任主体。除了将师生互动过程和师生的个性特征作为探究的重点外，还应重视师生个体与环境的交互作用，如家庭教育、家校合作、教学模式、学校环境等。总之，良好的师生关系的建构应由单向度、双向度建构转向系统建构。

（二）师生信任

师生信任是师生信任关系建立的前提和基础。本书中的师生信任是指师生愿意接受对方不足、信守承诺并对对方行为抱持良好期望的一种积极心理状态。师生信任是一个多元结构，包括生对师的信任和师对生的信任。师生信任动力涉及宏观、中观和微观三个层面：宏观层面包括社会和学校文化规则等，中观层面包括师生的社会地位、共同的利益和价值观念、师生的互动合作等，微观层面主要指师生个体的心理方面。工具主义动机和非工具主义动机是师生信任的两种不同原因，基于师生个体特征的信任、基于师生交往过程的信任和基于学校文化规制的信任是师生信任的三大来源。师生只有先信任自己，才可能更好地信任对方和赢得对方的信任。教师的职业道德、职业能力、职业动力和个性特质是教师个体特征信任的主要来源，学生的个人背景、学习态度和动机、道德品质和个人特质是学生个体特征信任的主要来源。师生交往过程的不同动机和期望影响师生信任，基于交往过程的师生信任可以分为谋算型信任、了解型信任和认同型信任这三个阶段。其中，谋算型信任建立在逃避惩罚的基础之上，了解型信任建立在对方行为可预测的基础之上，认同型信任建立在共同的意愿和期望基础之上。在当今人工智能和大数据时代背景下，社会急速转型，传统的“强关系”信任模式已经远远不能适应社会发展的需求，基于师生个体特征和师生交往过程的师生信任模式弊端凸显，基于学校制度的信任模式具有无可比拟的优势，它是师生个体特征信任和师生交往过程信任的有益补充，也可称之为补充性信任。

（三）师生信任关系

本书中的师生信任关系是指师生愿意接受对方不足、信守承诺并对对方行为抱持良好期望的一种积极的关系。本书主要以信任理论为依据来分解师生信任关系，将师生信任关系划分为师生个体特征信任、师生交往过程信任以及制度信任三个维度，并在此基础上探寻师生信任关系现状、影响因素、存在问题、增进策略等。师生信任关系包括师对生与生对师，教师和学生是不可或缺的要素，本书主要基于学生视角来探究师生信任关系，辅之以对教师和学生的访谈、观察等，以期更深入地发现师生信任关系中存在的问题，探究其影响因素，提出增进策略等。师生信任关系是一种相对稳定的积极心理关系，但在一定的情境下，师生信任关系会强化或弱化。本书将借鉴信任的生成理论来分析师生信任关系的生成逻辑，参考和借鉴以往关于信任、师生关系与师生信任的研究成果，结合学生、一线教师、学校领导、专家学者的看法和建议来探究农村中学师生信任关系的影响因素和建构路径等。制度则是师生信任关系的支撑和保障。在新时代背景下，学校制度信任作为增进师生信任关系不可或缺的组成部分显得愈发重要。至于师生失信关系及其修复，信任理论也提供了一定的理论依据。信任理论的系统性、整体性、动态性特征等则为师生信任关系研究提供了新思路。此外，信任理论对人格、互动过程、制度这三个特征的进一步分解和阐述，为师生信任关系研究中的师生个体特征、师生互动过程特征和学校制度特征提供了理论依据。

第四节　理论基础

关于农村中学师生信任关系的研究，虽然目前还未有成熟的理论可以套用，但不同学者就信任问题研究所形成的理论，可以作为研究农村中学师生信任关系的理论基础。本书主要运用彼得·什托姆普卡、尤斯拉纳、卢曼等学者的信任理论来分析、研究农村中学师生信任关系的增进问题。

一、彼得·什托姆普卡的信任理论

彼得·什托姆普卡对信任的探讨比较全面，涉及概念、种类、基础、功能和信任文化等方面[①]。其研究对农村中学师生信任关系研究的启发最大。

虽然本书对农村中学师生信任关系研究维度的划分未直接沿用彼得·什托姆普卡的观点，而是沿用了祖克尔的信任来源模式，但建立在彼得·

① 彼得·什托姆普卡.信任：一种社会学理论[M].程胜利，译.北京：中华书局，2005.

什托姆普卡关于信任维度的阐述基础之上。彼得·什托姆普卡重点分析了信任的三个维度。一是关系信任，主要涉及基于工具性的、价值论的和基于信用的合作。他认为信任是合作的情感基础，也是成功合作的产物，不信任会破坏合作。在合作的情境中，信任意味着相信他人能做好分内工作。这为师生互动过程维度的分析提供了重要参考。二是人格特质信任，也被称为信任冲动，通常与乐观主义、开放主义、成就取向等有关，这是对关系信任的补充。这一部分为师生个体特征信任维度上的信任倾向分析奠定了基础。三是文化规则的信任，它是社会整体的属性，而不是关系或个体的属性。根据规则的义务，既要信任他人，也要让他人觉得自己值得信任、有信用和可靠，具体涉及理性的、心理的、文化的内容。学校制度包括学校文化传统、价值观念、行为习惯、道德规范等方面，彼得·什托姆普卡关于文化规则的阐述为学校制度信任中的正式制度信任、非正式制度信任以及制度的执行探讨提供了理论依据。关于信任的基础，彼得·什托姆普卡认为主要有三个：反射的可信性、行动者的信任倾向以及信任文化。反射的可信性包括初级信任和背景暗示，初级信任涉及声誉、表现和外表等方面，背景暗示包括被信任者的责任、事前承诺、信任情景的促进等方面。行动者的信任倾向则源于与信任有关的生活经验，高信任能力是幸福生活的副产品。信任文化是历史的产物，它是一个规则系统——规范和价值。这三方面的理由是对维度分析的进一步深化，为深入探讨农村中学师生信任关系的影响因素、现实困境及建构策略提供了重要依据。

在彼得·什托姆普卡看来，“信任就是相信他人未来的可能行动的赌博”。信任的客体包括主要客体和次要客体：主要客体是指直接指向的客体；次要客体是指衍生而成的信任客体，依靠二手线索，如权威等来给予基本信任。他认为，对于一个行动者而言，信任与不信任的权衡非常复杂，甚至是矛盾的。他的这些观点为基于师生个体特征、师生互动过程的信任关系建构提供了重要遵循。

期望与信任具有高度的一致性，积极期望能够有效促进师生信任关系，期望是师生互动过程中不可或缺的基本要素。彼得·什托姆普卡对信任中的期望进行了深入论述，为农村中学师生信任关系研究中师生期望的探讨提供了借鉴。他认为，由信任的行动所暗示的互惠的期望可能有两种形式：对归还交付的东西的期望和对相互忠诚与相互信任的期望。期望包括三种类型，一是期望他人行动的工具性品质，如规律性、合理性、效率；二是期望他人的道德品质，如负责任、温和仁慈、诚实可靠、公平公正；三是期望他人的信用行为，如无私、利他、关爱等。但信任的内容易变，具有相对性。信任中的期望可能适合于或不适合于信任所指向的主体的性质，信任的期望与社会角色一致，而不是与人一致。与信任相关的期望不仅与受信者相关，也依赖施信者的性格。

承诺由动机驱动，是动机的外在表现形式。虽然彼得·什托姆普卡未明确提出动机方面的内容，但其对承诺进行了详细的分析。他将承诺分为三种类型，即预期信任、反应信任及唤起的信任。其中，预期信任是相信他人无论何种行为都将对自身利益、需求和期望有益，反应信任由受信者的责任义务所决定，这两种信任因工具主义动机而形成。唤起的信任则因认同而产生，建立在非工具主义动机基础之上。这为分析农村中学师生信任关系中的师生动机因素提供了借鉴。

彼得·什托姆普卡还认为，信任丰富了人际网络，促进了沟通的扩展，鼓励了对陌生人的宽容和接受，增强了个体与共同体的联结。信任功能是相对的，信任不值得信任的人与不信任值得信任的人都是不可取的。信任本质上既不是好的也不是坏的，它视情况而定。信任或不信任的文化背景包括：规范的一致性和失范性，社会秩序的稳定性和激烈变化性，社会组织的透明性与秘密性，人们对采取行动的环境的熟悉性与陌生性，其他人和机构的责任性和不负责任。人格综合征和社会情绪包括信任冲动、积极态度、乐观主义、未来取向、远大志向、成就取向等。个人和集体的资本包括财富、稳定的工作、多元的角色、权力、教育、社会网络、稳固的家庭关系等。彼得·什托姆普卡提出了两项对策性建议：调整制度和信任教育。这些研究成果为探究如何建构师生信任关系提供了重要参考。

二、尤斯拉纳的信任理论

无论是对师生个体特征信任的建构，还是对师生互动过程信任的建构，都需要以道德为支撑，学校制度信任的建构也离不开道德的滋养。美国学者尤斯拉纳将信任视为一种道德价值[①]，他的观点是探讨农村师生信任关系增进问题的道德源泉。

尤斯拉纳认为，信任他人与个体的信任倾向紧密相关，信任是一种动态的、持久的价值。信任陌生人主要源于乐观主义和自信，个人经验和家庭财富等对信任陌生人的影响非常小。在道德信任的构建上，他人对自己的态度不如自己的信任倾向重要，而且不会随时间推移而发生大的变化，同时信任是动态的。有信任感的人比没有信任感的人更容易融入集体，与他人合作。农村中学师生信任关系的增进也与师生个体的信任倾向相关，具有乐观主义和自信等积极信任倾向的师生更容易信任他人。鉴于此，农村中学师生信任关系研究中关于师生个体特征信任的分析重点探讨了学生的信任倾向。

尤斯拉纳从动机上探讨了信任，他认为基于道德主义的信任会表现出对他人的信任，也不指望有具体的回报，会信任与自己不认识的、不同的人，并为人际交往中的共处和合作提供准则。尤斯拉纳认为，基于个体的经验或期望的信任是策略性的，而非道德性的。策略性信任反映了对他人将如何行动所持的期望，道德主义信任则是对人应该怎样行动的一种表述，人们应该相互信任。道德主义信任是道德律令，即善待他人，不计回报，并在时间维度上相当稳定。乐观主义是道德主义信任的基础。普遍信任与道德主义信任都不取决于互惠。普遍信任的范围更有局限性，普遍信任是稳定的，但很难不随时间推移而变化。这为探讨教师期望、个人背景与师生信任关系的相关性提供了路径，同时为师生互动过程维度的教学道德性建构探讨提供了极为重要的支撑，也为分析教师教育信仰、利己动机转向利他动机、被动信任转向主动信任等提供了重要遵循。

尤斯拉纳的观点为基于学校制度的信任关系建构提供了理论依据，特别是关于法律遵守方面的阐述，为分析学校制度执行提供了参考。他提出了“乌比冈湖效应”，即如果居住在自己周围的大多数人都信任他人，自己也容易有信任感。他还认为，有一个度量比信任法律制度更好，这就是

① 埃里克·尤斯拉纳.信任的道德基础[M].张敦敏，译.北京：中国社会科学出版社，2006.

人们对法律是否公平的理解。具有信任感的社会培养出来的不只是人对法律的信任，还能培育出守法的行为。信任意味着搁置争议，寻求共同的基础。

三、卢曼的信任理论

卢曼是最早系统研究信任问题的社会学学者，其关于信任的观点为之后的信任研究奠定了基础[①]。卢曼将信任定义为对某人期望的信心，并将信任视为社会生活的基本事实。他认为，表现信任的意愿依赖于心理的系统结构，信任是简化社会复杂性的机制，而复杂性意指通过系统形态开放的一系列可能性，复杂性的增加和简化都属于人类回应世界结构的互补的方方面面。农村中学师生的认知、情感和行为与心理的系统结构等相关，特别是情感和行为信任水平通过信任意愿来反映。卢曼的这些观点为师生认知、情感和行为信任分析提供了逻辑理路。

卢曼对人际信任和系统信任进行了深入的分析。他认为，信任主要指人际信任，它被用来克服他人行为中的不可预测性因素。当面对复杂性的需求增长，其他人作为另一个自我，作为对这一复杂性及其简化负有共同责任的人也牵连进去时，信任必须被扩展，对这个世界的最初的无可置疑的熟悉被抑制，尽管其不可能完全被消除。扩展后的信任成为一种新形式的系统信任，这种形式包括：作为一种有意识的冒险、放弃某些可能深一层的信息以及谨慎的不介意和对结果的持续的控制。系统信任不仅适用于社会系统，也适用于作为心理系统的其他人。在大多数事例中，系统能够比较容易地承受作为信任固有的风险和复杂性。系统信任的合理基础在于信任他人的信任。卢曼的人际信任和系统信任观点为农村中学师生信任关系研究的理论框架构建提供了重要遵循。

卢曼关于人格信任的阐述为本书的师生个性特征信任探讨提供了重要理论基础。卢曼认为，人格信任不是在大型的有组织的系统中发生的，而是在简单的、日常接触的系统中发生的。信任仍是存在者的行为不容忽视

---

① 尼克拉斯·卢曼.信任:一个社会复杂性的简化机制[M].翟铁鹏,李强,译.上海:上海人民出版社,2005.

的基础，但它不是首要的采取人格信任的形式。

卢曼考虑了信任的环境条件和可能策略，也考虑了系统之内的信任形成条件，这为学校制度信任的探讨提供了重要参考。他认为，复杂性不仅被外在结构和过程简化，也被内在的结构和过程简化。他还提出，信任是否合理、正当，是否符合道德要求，的确是道德哲学中提出的问题，然而却不可能在道德哲学中得出结论。在某些情况下需要信任，而其他情况则要求不信任。信任不可能是无一例外、全然有效的准则。总之，卢曼关于信任的观点拓宽了农村中学师生信任关系研究的思路。

此外，农村中学师生信任关系研究还深受其他学者相关观点的启发，如列维斯、祖克尔、吉登斯、克雷默等的观点。本书关于师生信任关系现状描述的维度源于列维斯的观点，关于师生信任关系维度的划分源于祖克尔的信任来源模式，关于现代性对师生信任关系影响的分析源于吉登斯的观点，关于师生信任的动力、信任的原因探讨参考了克雷默的观点等。

第二章　信任、师生关系与师生信任研究

在新时代背景下，各种社会思潮和教育思想相互冲突、融合、共生，中学师生关系也随之发生变化并呈现出新的特征，师生信任危机凸显以及不和谐现象逐渐增多，越来越多的学者开始关注和谐师生关系建设问题。现有的信任、师生关系与师生信任研究则为新时代中学和谐师生关系建设研究提供了丰富的研究基础。

第一节　信任研究

师生信任关系是师生关系的内核，深入探讨师生信任关系是时代发展、社会变迁、教育改革的必然要求，社会科学领域的信任研究成果为师生信任关系研究奠定了理论基础，提供了理论分析框架，拓宽了研究思路。

一、信任的界定与实质

信任的历史渊源颇深，自人类社会产生以来，信任就通过各种形式和方式体现出来，并随着时代的发展，信任的本质和内涵等在不断发展演变。然而，关于信任的专门探讨起步较晚。在20世纪50年代，心理学家多伊奇的囚徒困境实验开启了人际信任研究的先河。20世纪70年代以后，信任逐渐发展为社会学领域的专门课题，卢曼、巴伯、祖克尔等对信任问题进行了深入探究，经济学家则从理性选择论视角研究信任问题。直到20世纪90年代，信任问题才渐渐发展为管理学等众多学科关注的焦点问题之一，代表人物有克雷默、尤斯拉纳等。国内关于信任的专门研究始于

20世纪90年代，近年来，越来越多的国内学者开始关注信任问题。许多学者围绕社会失信行为和信任度降低等问题进行探究，肯定信任在当代的社会价值和功能。一些学者结合时代背景来探讨信任问题，具有代表性的学者有郑也夫、彭泗清、郭忠华、张维迎和翟学伟等。

（一）“信任”词义溯源

一是汉语中的“信任”常做动词用。《现代汉语词典》（第7版）中的“信任”意为“相信而敢于托付”[①]，而《30000词现代汉语词典》（2版）中关于信任的解释是“相信不疑，敢于托付”[②]。

二是典籍中关于信任的思想观点不胜枚举。中外思想家非常重视对信任的探讨，许多经典著作都蕴含着丰富的关于信任的思想观点，如《论语·颜渊》中的“君子一言，驷马难追”，《程氏遗书》中的“不信不立，不诚不行”，齐美尔在《货币哲学》中提出“信任是社会中最重要的综合力量之一”。

三是西方典籍中的信任与宗教密不可分。《圣经》中的“信任”出现频次高达数十次。《古兰经》中关于信任的论述则不胜枚举，如“有信仰的人啊，你们……不要故意不忠于（背叛）你们（所受）的信任”[③]。

（二）信任的定义

对于信任的概念界定，学者们未达成共识。几十年来，学者们从不同的研究视角出发提出了无数关于信任的定义，但因理解分歧，定义各异。心理学家认为信任是处在社会关系中的个体的一种心理特质或反应等。社会学家主要从人际关系、社会环境和历史文化的视角探讨信任，强调信任的社会嵌入性。经济学家认为信任是理性计算的结果。伦理学家特别重视信任的道德性特征。管理学家则倾向于将信任视为个体的一种心理

① 中国社会科学院语言研究所词典编辑室.现代汉语词典[M].7版.北京：商务印书馆，2016：1461.

② 汉语大字典编纂处.30000词现代汉语词典[M].2版.成都：四川辞书出版社，2014：578.

③ 郑也夫.信任论[M].北京：中信出版社，2005：8.

状态[①]。

心理学家对信任的探讨聚焦在微观层面。在心理学家看来，信任是一种由情境因素导致的个体心理特质或心理反应，如信念、期望、信心、个体经验、心理状态或非理性行为等，施信者甘愿处于易受伤害的脆弱地位，抱有受信者不会伤害自己的正面期待。心理学家着重考虑个体的认知内容或行为表现，对外在环境关注极少。埃里克森将信任视为相信他人善良的信念或健康的个性特质。多伊奇将信任视为期待的行为[②]。霍斯默将信任看作预期的非理性选择行为。麦克埃利斯特认为，信任的核心内涵包括信心和意愿，不仅信任自己，而且信任他人[③]。

与心理学家一样，社会学家同样强调信任的不确定性、易受伤害性及风险性，不同之处在于，社会学家认识到了信任对于合作的重要性，更强调信任的社会属性，认为风险始终是信任最重要的因素。此外，许多学者非常重视信任的道德性。社会学家大都从人际关系、社会环境和历史文化的视角来探讨信任，普遍认为社会制度和文化规范是信任的前提和基础，作为社会人，其思想行为必然会受到社会环境的影响，人们讲信任主要是由于社会制度和规范已内化于心并转化为他们的自觉行动，人们相信社会机制的有效性[④]。社会学家齐美尔最早开启信任研究，认为现代生活建立在对他人诚实的信任之上，缺乏信任的关系都不持久，普遍信任建立在无知与知的基础之上[⑤]。卢曼认为，普遍意义上的信任是指对他人期望的信心，信任是一个广泛存在于社会生活中的复杂性简化机制[⑥]。米斯兹塔尔将信任置于社会道德基础之上来研究，认为信任主要因社会关系及其内在的义务而产生，相信对方预期行为结果的合道德性。彼得·什托姆普卡提出，“信任就是相信他人未来的可能行动的赌博”，信心和承诺是其中两

① 韦慧民，潘清泉．组织内垂直信任的主动发展[M]．北京：经济科学出版社，2013：5-6.

② 何立华．信任及其影响因素：基于中国社会的多维度考察[M]．北京：科学出版社，2017：12.

③ 韦慧民，潘清泉．组织内垂直信任的主动发展[M]．北京：经济科学出版社，2013：6.

④ 何立华．信任及其影响因素：基于中国社会的多维度考察[M]．北京：科学出版社，2017：16.

⑤ 郑也夫．信任论[M]．北京：中信出版社，2005：11.

⑥ 尼古拉斯·卢曼．信任：一个社会复杂性的简化机制[M]．瞿铁鹏，李强，译．上海：上海人民出版社，2005：3.

个主要组成元素，信任不仅指向他人的行动，还包括承担义务[①]。在吉登斯看来，信任是“信念”的一种形式，它是对人或系统之可依赖性所持有的信心[②]。福山认为，社团成员互信的前提和基础是共同的道德规范，道德内化是社团成员自愿结合的“自发社交力”。很显然，福山所理解的信任建立在制度规范基础之上[③]。综观国内，社会学家郑也夫将信任视为一种相信对方行为或周围秩序符合自己愿望的态度[④]；杨中芳和彭泗清将信任视为人际交往中的双方对对方能够履行他所被托付之义务及责任的一种保障感[⑤]；薛天山则将信任看作一种复杂的社会心理现象，认为信任是对他人（组织）恰当行为的预期，恰当行为是个人认可和期望的，但未必与社会规范及道德标准相符，信任会影响个体的行动方向和策略选择[⑥]。

管理学家结合了众多学科的观点来阐释信任概念。对信任问题的探讨主要体现在人力资源管理和组织行为学领域，学者们将信任看作管理理念和管理哲学的核心要素，以及组织网络形式运转的主因。卡拉尔将信任视为处在依赖和风险情境下的个人对他人的依靠，具体而言，依靠是将个人命运交付于他人的行为。依赖意味着被信任者的情况决定了信任者的预期结果，且被信任者的不可信赖行为会产生不良后果。消除信赖、放弃所求、减少依赖和控制受信赖者则是降低不信赖行为的有效方法[⑦]。布恩和霍尔莫斯将信任看作一种正向的期待状态[⑧]。

此外，经济学、伦理学、政治学、哲学等领域对信任也有研究。经济学家将信任问题与经济紧密联系起来。如张维迎指出，没有信任就没有交

---

① 彼得·什托姆普卡.信任:一种社会学理论[M].程胜利,译.北京:中华书局,2005:33.

② 安东尼·吉登斯.现代性的后果[M].田禾,译.南京:译林出版社,2011:26-32.

③ 弗兰西斯·福山.信任:社会道德与繁荣的创造[M].李宛蓉,译.呼和浩特:远方出版社,1998:30-35.

④ 郑也夫.信任论[M].北京:中信出版社,2005:14.

⑤ 杨中芳,彭泗清.中国人人际信任的概念化:一个人际关系的观点[J].社会学研究,1999(2):1-21.

⑥ 薛天山.人际信任与制度信任[J].青年研究,2002(6):15-19.

⑦ 罗德里克·M.克雷默,汤姆·R.泰勒.组织中的信任[M].管兵,等译.北京:中国城市出版社,2003:49-52.

⑧ 罗德里克·M.克雷默,汤姆·R.泰勒.组织中的信任[M].管兵,等译.北京:中国城市出版社,2003:153.

易，任何一笔交易的完成都是买卖双方相互信任的结果[①]。伦理学学者认为信任是一种伦理结构关系[②]。政治学教授克劳斯·奥弗认为，“信任是关于期望他人行为的信念”[③]。哲学家维特根斯坦则探究了信任和确定性的辩证关系。

虽然目前尚未形成关于信任统一的、普遍接受的概括性定义，不同学科、不同学者对信任的阐释各不相同，但可以看出，大多数学者认同信任是一种心理状态，信任包括不确定性、依赖性、易受伤害性或风险性等特征，信任主要源于受信者的动机、意图和未来行为的不确定性。其中，组织行为中的信任概念得到普遍采用，其内涵包括暴露自己弱点的意愿和积极的预期[④]。概言之，多数学者的信任概念特征涉及如下方面：一是信任是一种可以相互转化的主体间性关系。施信者和受信者是相对化的概念，两者之间是平等关系，在一定条件下双方可以相互转化。二是信任具有相互依赖性。信任关系的建立大都以利益关系为纽带，双方能够满足彼此的利益诉求，这是信任得以存在和建立的现实基础。三是信任具有不确定性和风险性。受主客观因素的影响，施信方对受信方未来行动结果并不确定，且预期行为带给信任者的风险要远远大于回报。四是时间差和不对称性。信任中的承诺在先、行动在后，存在时间差；信任的建立和破坏并不对称，信任建立的速度要远远落后于信任被破坏的速度。五是信任是一种理性选择，相信预期结果利大于弊。六是信任与自由相关，施信者不能限制受信者的行动自由。施信者具有给予信任的自由，受信者具有行动的自由。七是信任具有主观倾向性，并且处于无知与知之间。信任是施信者的主观意向，若完全了解或不熟悉对方，信任都无法存在，风险性是信任的本质特征[⑤]。

① 张维迎.信息、信任与法律[M].北京:生活·读书·新知三联书店,2003:2-3.

② 贺来,杨国荣,樊浩,等."当代社会的伦理信任问题"笔谈[J].中国社会科学,2018(3):38.

③ 马克·E.沃伦.民主与信任[M].吴辉,译,北京:华夏出版社,2004:44.

④ 韦慧民,潘清泉.组织内垂直信任的主动发展[M].北京:经济科学出版社,2013:7.

⑤ 吴晓春.信任视野下我国政府与大学关系研究[D].重庆:西南大学,2012:17.

（三）相关概念辨析

1.诚信与信任

“诚信”强调个人品性的真实无欺、真诚可信，属于个人属性；“信任”是指对个人诚实品性、个体间友爱互动和抽象原则之可靠性所持有的正确信念，它是对个人或系统所持有的信心，表示相信和托付[①]。信任所面对的是具有不确定性和不可预测性的外在环境和未来状况，且在这样的情况下，施信者依然保持着乐观主义态度，信任的范畴要远远大于诚信[②]。而诚信则偏向于伦理道德层面的个人品性，在儒家传统文化里，诚信比信任重要。诚信属于被信任者的特征，是名词；信任是指信任者的相信和托付，是动词。在当今的现实生活中，人们常处于诚信与信任的两难境地，一方面，强调个人要讲诚信，另一方面，人们又很难真正信任他人。

2.熟悉与信任

熟悉与信任的渊源颇深，关系密切。熟悉是信任的前提和依据，人们在熟悉的基础上建立“人格信任”和“人际信任”。但随着社会逐渐从“熟人”社会转向“陌生人”社会，人们又逐步建立起系统信任，货币和专家系统就是系统信任的重要组成部分。换言之，人们不仅在“熟人”中渐渐建立起人际信任，而且在陌生环境中依靠货币和专家系统逐渐建立起系统信任。当然，也存在“熟人”社会和“陌生人”社会都缺乏信任的现象，并导致社会信任度的下降[③]。

3.信用与信任

《新华汉语词典》中的“信用”包括三种释义，如能够履行跟人约定的事情而取得的信任等。而《辞海》关于“信用”的解释包括：以诚信任用人，信任使用；遵守诺言，实践成约，从而取得别人对他的信任等。信用和诚信都是名词，属于被信任者的属性，信用是一种特定的诚实，强调

① 安东尼·吉登斯.现代性的后果[M].田禾，译，南京：译林出版社，2011：30.

② 郭忠华.信任关系的变革：吉登斯现代性思想的再思考[J].现代哲学，2008(1)：99-103.

③ 郑也夫.信任论[M].北京：中信出版社，2015：232.

信守承诺，表达的是被信任者“可信任的”这一静态属性，兼具“荣誉”“信誉”之意。若强调个体是否信守承诺，多用信用一词；若涉及社会层面，多用信任一词，因为社会人际互动包括了主体的态度和判定，使用信任一词更为妥当。信用是信任的强大内在推力，其要义是因“信”而“用”，而信任的核心要义是因“信”而“任”①。

4.信心与信任

《新华汉语词典》中的“信心”指相信自己的心理。信任与信心既有区别，又紧密相连。信心是指人们对熟悉的事物保持的一种稳定的想当然的态度。信心排除外在因素，信任则会考虑不确定性和外在风险。处于信心状态中的个体会将导致失望的因素归为他人；而在怀有信任的情况下，施信者会主动承担部分责任，并责备自己。卢曼认为，信任与现代的风险性有关，信任首先意味着风险的存在，而信心却与之相反，并与信赖紧密相连，两者的区别取决于一个人过往的经历是否会导致挫折的可能性，取决于风险和危险之间的相互区别。信任和信心的共同之处在于，两者都与不确定性情况下的期望关联②。信心与信任的本质区别在于：信心是指当相应的外在规范确定时，个体对他人所抱持的积极期望③。吉登斯认为，信任与信心的不同之处在于，生活中的某些决策是基于信心基础上作出的，而信心又是在以往经验或过去的发展趋势基础上建立的，从这个角度而言，信心是信任的要素之一，但信心还不足以构成信任关系④。

5.信赖与信任

《新华汉语词典》中的“信赖”释义为信任并依赖。信赖是对能力的期望，信任是对信誉和良好愿望的期望。信任和信赖都强调可信性，相比信赖，信任指向较为具体⑤。卢曼对信任和信赖概念进行了区分，他认为二者的关键区别在于：处于信赖情形中的行为主体未考虑他人可能的选

---

① 樊浩.缺乏信用,信任是否可能[J].中国社会科学,2018(3):51-59.

② 安东尼·吉登斯.现代性的后果[M].田禾,译.南京:译林出版社,2011:26-28.

③ 郑也夫,彭泗清,等.中国社会中的信任[M].北京:中国城市出版社,2003:191.

④ 安东尼·吉登斯.现代性与自我认同:晚期现代中的自我与社会[M].夏璐,译.北京:中国人民大学出版社,2016:18.

⑤ 郑也夫,彭泗清,等.中国社会中的信任[M].北京:中国城市出版社,2003:106.

择，处于信任情境中的行为主体在做出自己的行动前会考虑他人的选择。信赖出现在非正常态的情境中，如偶发和危险情境；信任由风险决定，而非存在的危险。风险通常不会独自出现，而是作为决定和行为的组成部分出现，风险与行动并存，是一种构想行动的矛盾方式，对风险的评估具有很强的主观性。信任和信赖关系复杂，不是简单的零和博弈关系[①]。总体而言，先有信赖，后有信任，或者两者同时并存。

6.信念与信任

《新华汉语词典》中的“信念”意指自己认为正确而可信的看法。吴潜涛教授认为，信念是人们基于一定的认识基础而形成的对某一思想坚信不疑并身体力行的精神状态[②]。只有当人们坚信某种思想，并用这种思想来指导实践，信念才会真正形成。信念不同于信任，信念首先包含了人们对某种思想见解正确的认知，但认知仅是信念形成的前提。人们为这种认知付出情感，坚信思想见解的正确性，才是信念形成的关键。信念表现为行为，意志则是信念的保证，信念是认知、情感和意志的综合体。信任是信念的一种表现形式，信念为信任提供坚实的认知和情感基础，信任是信念实现的阶梯。信任与信念的最大差别在于：信念更强调个体自身的认知和情感，而信任指涉的对象既包括自身，也涉及他人[③]。

（四）信任的实质

学者从不同的理论视角来探讨信任的实质，目前，关于信任的实质主要包括关系论、人格特质论、文化规范论和制度论这四种观点。

1.关系论

持该观点的学者认为，信任是施信者与受信者之间的一种关系，个体的承诺和期望以关系的建立为目的，代表人物有列维斯、维加尔斯、彭泗清等。关系建立的主要路径如下：一是直接路径，施信者的信任行为唤起

① 尼古拉斯·卢曼.熟悉、信赖、信任：问题与替代选择[M]//郑也夫.信任：合作关系的建立与破坏.北京：中国城市出版社，2003：116-134.

② 吴潜涛.正确理解理想信念的科学含义[J].教学与研究，2011(4)：5-9.

③ 安东尼·吉登斯.现代性的后果[M].田禾，译，南京：译林出版社，2011：24.

了受信者相应的回应；二是间接路径，受信者并不知道自己行为对施信者的重要性，且虽不清楚自己是否被施信者信任，但仍然能实现施信者的目标。这是一种间接交换。通过这两条路径形成的信任关系需要一定的条件，其与两种假设相关：一是信任主体和信任客体都是理性人，以已有信息作为判断对方是否值得信任的依据；二是在风险和不确定性共存的情况下，施信者对可能的收获与损失进行估算，即便会给信任者带来损失，信任者还是会信任被信者。列维斯和维加尔斯认为，理性和情感是信任的两极，其中，认知信任和情感信任是最重要的两种信任，认知信任建立在对受信者可信性的理性考察之上，情感信任建立在强烈的情感之上，而且，随着社会的变迁，更多的社会关系将以这两种信任为基础。总之，关系论更强调信任的社会性，将信任嵌入社会生活中来考虑不同的人际关系。

2. 人格特质论

持该观点的主要是心理学学者，他们认为信任是个体经过社会学习后形成的较为稳定的人格特征。学者们对信任的定义，大致可以分为如下几种取向：（1）相信他人善良的信念或健康的人格特质；（2）风险行为；（3）对他人言行的期待；（4）心理状态；（5）个体经验。有学者认为，人际信任的程度由合作的有无来决定，信任在很大程度上是外在情境刺激下的因变量；有学者提出，信任既包括相信自己，也包括相信他人；还有学者认为，信任是相信自己，并非是否相信他人[①]。此外，学者们编制了一些相应的人际信任量表来测量个体差异。总之，学者将信任视为人格驱动力或信任主体的一种品质，这种观点在一定程度上对关系论进行了补充和修正。

3. 文化规范论

持该观点的学者将信任视为建立在社会结构和文化规范上的一种社会现象，认为信任属于文化的内在品质，是文化观念的衍生物[②]。人们之所以相互信任，是因为文化规范中包含了诚实守信等道德文化观念，而且得到人们的认可并内化为人们的行为准则。卢曼将信任视为社会复杂性的简

① 李胜杰．信任的力量[M]．北京：中信出版社，2004：12.

② 郑也夫，彭泗清，等．中国社会中的信任[M]．北京：中国城市出版社，2003：3.

化机制；巴伯认为信任建立在社会道德基础之上，相信受信者预期行为结果的合道德性；彼得·什托姆普卡认为，信任是市民文化的重要维度和重要方面，是文化资本的核心要素和社会资本的构成部分，也是文明社会能力的重要组成要素[①]；福山提出，社团成员共同的道德规范是社团成员互信的前提和基础[②]；吉登斯认为，信任具有创造性，需要嵌入社会生活中，信任与时空缺场相关，在象征标志或专家系统内所谈论的信任，建立在信赖原则的正确性基础之上[③]；尤斯拉纳认为，将普遍信任和个别信任区别开来的核心概念是个体所在的道德共同体的包容程度[④]。从这些观点可以看出，学者们将信任视为一种建立在文化规范基础上的社会现象，认为信任是一种文化资本，社会道德规范是信任中不可缺少的要素。

4.制度论

一些学者认为信任是建立在制度基础上的社会现象。制度信任的前提是相信制度的合理性、有效性和可行性。制度具有一般性或抽象性的特征，必须体现大多数人的伦理价值追求，如公平、自由，对所有人一视同仁，无人能居于制度之上，具体内容主要包括法律法规体系、明确的职责、有效的监督机制这三方面。一是制度通过法律和规章等惩罚或预防机制来降低社会的复杂性。制度中的规则是确定的、明显的，为未来的不确定性提供指南。二是信任的产生离不开有效的制度保障。制度不受个体动机的制约，有效的制度能够抑制失信行为的产生并保障失信行为受到惩罚，偶尔奖励和表彰顺从者能够促使成员更加遵守制度。三是对制度的控制依赖专家。制度是开放的，允许行为者针对新环境做出创新的反应行动。制度的可控性要求借助专家的专业知识和对制度的掌控力，以保障制度的正常运转[⑤]。

---

① 彼得·什托姆普卡.信任：一种社会学理论[M].程胜利，译.北京：中华书局，2005：18-19.

② 弗兰西斯·福山.信任：社会道德与繁荣的创造[M].李宛蓉，译.呼和浩特：远方出版社，1998：35.

③ 安东尼·吉登斯.现代性的后果[M].田禾，译.南京：译林出版社，2011：26-32.

④ 埃里克·尤斯拉纳.信任的道德基础[M].张敦敏，译.北京：中国社会科学出版社，2006：31.

⑤ 吴晓春.信任视野下我国政府与大学关系研究[D].重庆：西南大学，2012：21-23.

二、信任的类型与功能

（一）信任的类型

对于信任的类型，学者主要依据对象范围、内容、结构、发展过程、程度和来源等来划分。

从信任的对象范围来看，信任分为特殊信任和普遍信任[①]。从信任结构来看，信任分为人际信任和系统信任[②]。彼得·什托姆普卡认为，关系信任、人格特质信任和文化规则信任共同构成信任的三维状态[③]。从信任态度来看，信任分为认知信任、情感信任和行为信任[④]。从信任内容来看，彭泗清等将人际信任分为能力信任和人品信任[⑤]。从信任的发展过程来看，彭泗清将信任分为基于虚情的信任、基于认知的信任和基于真情的信任[⑥]。从信任的程度来看，信任关系表现为充分信任关系、怀疑关系和不信任关系三个层次[⑦]。从信任的来源来看，祖克尔将信任分解为过程型信任、特征型信任和制度型信任[⑧]。

（二）信任的功能

信任助推个体人格的形成与发展；增进人际交往，强化人际合作，调适人际关系；简化社会复杂性，提高组织绩效，促进社会共同体的形成等。此外，在一定条件下，不信任是信任的有益补充。信任的功能具体如下：

---

① 郑也夫，彭泗清，等. 中国社会中的信任[M]. 北京：中国城市出版社，2003：78.

② 尼古拉斯·卢曼. 信任：一个社会复杂性的简化机制[M]. 瞿铁鹏，李强，译. 上海：上海人民出社，2005：74-79；安东尼·吉登斯. 现代性的后果[M]. 南京：译林出版社，2000：30.

③ 彼得·什托姆普卡. 信任：一种社会学理论[M]. 程胜利，译. 北京：中华书局，2005：79-90.

④ 郑也夫，彭泗清，等. 中国社会中的信任[M]. 北京：中国城市出版社，2003：15.

⑤ 郑也夫，彭泗清，等. 中国社会中的信任[M]. 北京：中国城市出版社，2003：153.

⑥ 郑也夫，彭泗清，等. 中国社会中的信任[M]. 北京：中国城市出版社，2003：9.

⑦ 谢光绎. 论思想政治教育过程中的主客体信任关系[J]. 湖南社会科学，2008(4)：195-197.

⑧ 罗德里克·M. 克雷默，汤姆·R. 泰勒. 组织中的信任[M]. 管兵，等译. 北京：中国城市出版社，2003：23.

一是促进个体的人格发展。信任对于个体的人格发展至关重要，信任是自我认同的前提条件。戈夫曼指出，日常生活中信任与策略的仪式之意义远远超出对自己的自尊或他人自尊之保护（或贬损）。就它们所涉及的日常互动之实质而言——经由对身体形态、表情、目光及语言使用的控制，这些仪式触及了本体安全最根本的方面。“信任是建立‘保护壳’所需的最基本要素，而该保护壳在自我与日常现实的互动过程中牢牢护卫着‘自我’。”[①]信任促进个体与其生存环境之间的平衡，使个体心理能持续获得确定感[②]。

二是促进人际交往与合作。第一，信任促进人际交往。信任丰富和扩大人际联结的网络，促进沟通的扩展并解决阻碍自发的集体行动的“众人致误现象”；促进集体团结，降低交易成本，提高合作机会[③]；“信任是对于权威的程序公正的态度的前提”[④]。第二，信任促进合作。一方面，信任是合作的情感基础和前置条件[⑤]。在变迁的社会结构中，共同体中的信任水平决定了合作的可能性[⑥]。另一方面，“信任他人的人更容易与他人合作”[⑦]。不断的合作提高了“信任”对方的可能性，而信任度的提升又促进了彼此的合作[⑧]。

三是提升组织效能。信任有助于组织绩效的维持和提升，能够有效降低管理成本，防范违规行为，降低对未来的不确定性，提高组织效能。信任通过减少摩擦与冲突、提升团队向心力、降低管理成本等来提升管理绩效[⑨]。

---

① 安东尼·吉登斯.现代性与自我认同：晚期现代中的自我与社会[M].夏璐，译.北京：中国人民大学出版社，2016：3.

② 郭忠华.信任关系的变革：吉登斯现代性思想的再思考[J].现代哲学，2008(1)：99-103.

③ 彼得·什托姆普卡.信任：一种社会学理论[M].程胜利，译.北京：中华书局，2005：138-148.

④ 罗德里克·M.克雷默，汤姆·R.泰勒.组织中的信任[M].管兵，等译.北京：中国城市出版社，2003：451.

⑤ 彼得·什托姆普卡.信任：一种社会学理论[M].程胜利，译.北京：中华书局，2005：82.

⑥ 欧黎明，朱秦.社会协同治理：信任关系与平台建设[J].中国行政管理，2009(5)：118-121.

⑦ 埃里克·尤斯拉纳.信任的道德基础[M].张敦敏，译.北京：中国社会科学出版社，2006：273.

⑧ 罗德里克·M.克雷默，汤姆·R.泰勒.组织中的信任[M].管兵，等译.北京：中国城市出版社，2003：88.

⑨ 张慧琪.西方信任理论对构建上下级信任关系的启示[J].领导科学，2016(1)：11-12.

四是简化社会复杂性，降低未来风险和不确定性，使社会生活更具可预测性。“信任使社会复杂性简化，即通过冒险来简化生活”[①]，维持社会秩序和社会控制，表达和维护团结[②]。信任是应对不确定和不可控未来的至关重要的策略[③]。

此外，不信任有一定的替代或补充作用。信任与不信任是双极单维概念，不信任并非完全是消极的。“信任可信任的对象是有用的，而不信任不可信任的对象同样是有用的。”[④]

三、信任的产生、形成和结构

信任建立在脆弱性、不确定性和风险性等基础之上，信任的动力和信任的缘由是信任形成的关键要素。信任是一个多元结构。信任包括宏观、中观和微观层面，学者侧重于从中观和微观层面来探讨信任的形成，对于宏观层面的探讨较少。

（一）信任的产生

祖克尔提出，信任的产生主要有基于过程的信任、基于特征的信任和基于制度的信任这三种模式。里德和米尔斯等进一步指出，过程型信任来源于屡次发生的互惠交换的可靠性和稳定性，基于受信者以往的声誉、表现和行为，互惠是其核心。特征型信任建立在义务规范和社会相似性培植出的合作基础之上，如社会经济地位、价值观念、家庭背景、年龄和种族等。制度型信任的建立以规章制度为基础，强调信任与社会结构的紧密相连，如专业资质、组织机构、各种法规等[⑤]。里德和米尔斯将信任函数化，函数中包括特征变量和过程变量，认为信任可以通过组织形式和管理

---

① 尼古拉斯·卢曼.信任:一个社会复杂性的简化机制[M].瞿铁鹏,李强,译.上海:上海人民出版社,2005:78.

② 伯纳德·巴伯.信任的逻辑和局限[M].牟斌,李红,范瑞平,译.福州:福建人民出版社,1989:22.

③ 彼得·什托姆普卡.信任:一种社会学理论[M].程胜利,译.北京:中华书局,2005:32.

④ 彼得·什托姆普卡.信任:一种社会学理论[M].程胜利,译.北京:中华书局,2005:144.

⑤ 罗德里克·M.克雷默,汤姆·R.泰勒.组织中的信任[M].管兵,等译.北京:中国城市出版社,2003:23-24.

哲学之间的互动来实现。管理者的核心信念决定了总体的信任或不信任的倾向性[①]。

（二）信任的形成

对于信任的形成，米什拉、克雷默和泰勒的观点具有代表性。

米什拉认为，信任建立在脆弱性、预期或信念之上，信任是指一方当事人基于另一方在胜任、公开、关切和可信赖等四个层面的特征而愿意表现出脆弱性。其中，胜任维度主要涉及能力方面；公开维度主要涉及品格方面；关切维度指一方相信不会被另一方不公平利用，双方是互惠关系；可信赖维度包括言语和行为方面。信任是这四个维度的联合体，这四个方面覆盖了关于信任研究的主要内容，被视为一个整体结构，任何一个维度的低水平信任都会影响其他维度的高水平信任，这些维度决定了信任的整体水平[②]。

泰勒和克雷默认为，信任的动力与信任的原因是信任形成的两个关键要素。第一，信任动力涉及对宏观层面的信任模式、中观层面的社会网和微观层面的信任与不信任的心理基础等方面的关注和考虑。从宏观层面而言，管理者必须为下属营造一个信任的环境。中观层面的信任动力则主要存在三方面的探讨。一是鲍威尔提出了四种基于不同信任源的合作网：基于与亲属关系的联系，基于专业群体中的一般成员身份，基于共同的历史经历和共同的利益，基于相互依赖。二是伯特和肯兹考察了流言在人际网中的作用。三是祖克尔等发现对知识的高度重视有助于人们彼此的合作。在微观层面上，重点探讨信任与不信任的心理基础。刘易基和邦克认为，信任存在一种基于阻碍、知识、认同的三阶段发展模式。谢泼德和塔钦斯基认为，通过这些形式，可以建立长期的非等级关系。西斯金和斯蒂克尔则探索了非信任动力，探讨了误解的产生及其负面影响。克雷默调查了信

① 罗德里克·M.克雷默，汤姆·R.泰勒.组织中的信任[M].管兵，等译.北京：中国城市出版社，2003：25-26.

② 罗德里克·M.克雷默，汤姆·R.泰勒.组织中的信任[M].管兵，等译.北京：中国城市出版社，2003：353-383.

任与不信任在组织中的产生，发现个体的权力地位影响个体信息传递的方式，导致在解释信任与不信任时产生分歧和非对称制度，这些又反过来造成对互惠的失望和信任的衰减。第二，了解信任的原因。该问题包括对信任的理性动力和社会动力的微观比较。泰勒和克雷默认为，信任建立在非工具主义基础之上，对权威可信度的评价影响人们自愿接受决定和产生遵从法律的责任感。泰勒和德高依的研究发现，相信与之共处同一社会关系的他人更可能对合作做出回报；信赖在服从权威的意愿中比能力更重要；信任关系与信任动机相关。信任包括工具主义和非工具主义：非工具主义动机包括对他人的认同、内化的是非判断、与群体权威交往时的身份关注；工具主义动机观点认为，信任是对特殊他人对信任行为作出回报的期待[①]。

此外，梅耶尔等于1995年提出了一个关于人际信任的通用模型（图2-1-1），为后来的学者提供了借鉴，其不足之处在于：某些具体情境中的信任可能会表现出其特有的内涵，但在模型中反映不出来[②]。

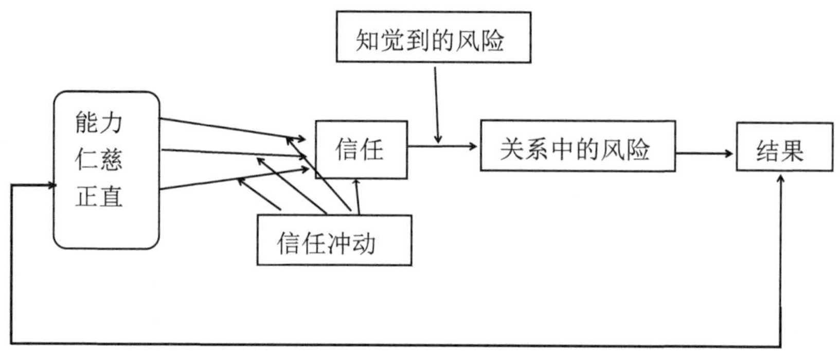

图2-1-1 人际信任的通用模型

（三）信任的结构

国外学者主要从中观和微观角度探讨信任的结构，如克雷默、巴伯等。

---

① 罗德里克·M.克雷默，汤姆·R.泰勒.组织中的信任[M].管兵，等译.北京：中国城市出版社，2003：7-15.

② 韦慧民，潘清泉.组织内垂直信任的主动发展[M].北京：经济科学出版社，2013：10.

克雷默认为，信任是多维结构，信任可以分为工作导向型信任、信用型信任和关系型信任。工作导向型信任为“技术高超的角色表演”的函数，信用型信任以义务、责任的建立为前提，关系型信任以相互合作的公平和对待态度为中心。从等级关系中居于底层的人士的观点看，信任的理由包括：一是脆弱性，底层人士依赖上层人士提供的组织资源和心理资源，如同情和社会支持；二是不确定性，表现在他们得到结果的质量方面，产生这些结果的过程是否公平和诚实。不确定性导致了底层人士缺乏判断上层人士信任值的明确信息[①]。

四、信任的破坏与影响因素

（一）信任的破坏

关于信任的破坏，有一些学者对此进行了探究。比尔斯和里普将破坏信任看作与另一个人的行为有关的没有实现的期待，或者为受信者没有做出与施信者的价值相一致的行为。文明秩序被破坏的感觉和被伤害的尊严是信任遭遇破坏而带来的危害。破坏信任的具体行为包括违反规定、改变规定、违反正式契约、败坏信誉、逃避工作责任、违反诺言、撒谎、窃取主意或名誉、公开披露他人的隐私和秘密、滥用权威、腐败、公开批评、指控错误或不公正，以及对某个团体成员的社会身份的攻击。对于信任遭到破坏存在三种不同的责任归因类型，即行为责任、角色责任和系统责任。归因是认识信任破坏的第一步，反思则是认识的第二步。至于信任破坏后的受害者的反应，主要有长期仇恨和宽恕等七类[②]。

刘易基和邦克认为，信任的衰退是信任发展过程中的一个通常反应，并通过一个模型（图2-1-2）从被侵害方的视角来说明信任破坏的流程[③]。

---

① 罗德里克·M.克雷默，汤姆·R.泰勒.组织中的信任[M].管兵，等译.北京：中国城市出社，2003：292-325.

② 罗德里克·M.克雷默，汤姆·R.泰勒.组织中的信任[M].管兵，等译.北京：中国城市出社，2003：334-352.

③ 罗德里克·M.克雷默，汤姆·R.泰勒.组织中的信任[M].管兵，等译.北京：中国城市出社，2003：165-166.

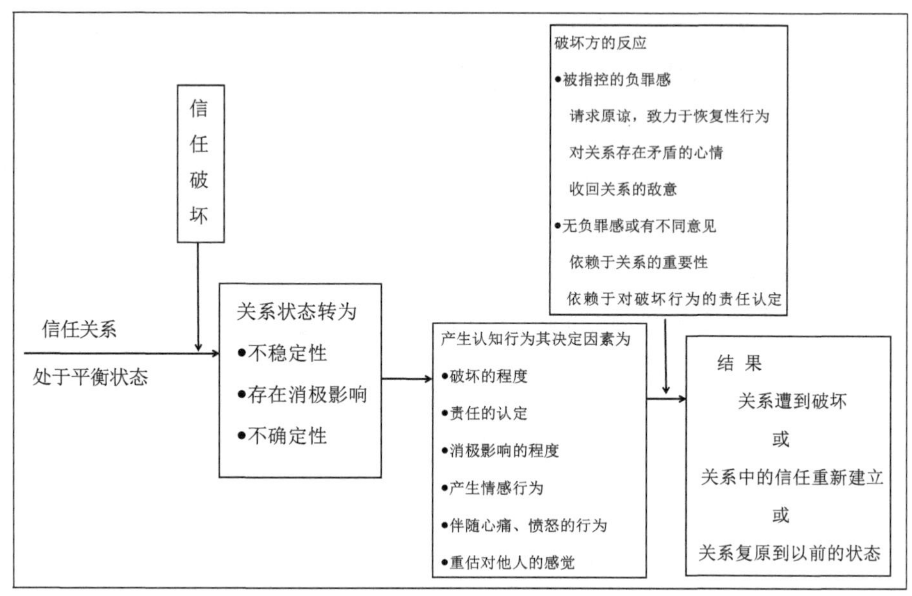

图2-1-2 信任破坏流程图（从被侵害方的视角）

（二）信任的影响因素及重建策略

关于信任的影响因素和重建策略，学者们主要从个体、关系和制度规范这三个维度来探讨。其中，个体维度包括个人背景、信任倾向等，关系维度包括个人期望和承诺、理性算计、角色认知、第三方因素，制度规范维度主要涉及文化价值观念、正式制度与非正式制度。

一是个人背景。个人背景涉及社会经济地位、权力、教育、社会网络等方面。克雷默认为，信任在很大程度上是因互惠的脆弱性和不确定性而产生，而这种互惠的脆弱性和不确定性在等级关系中是与生俱来的。由于等级关系中的上层与底层人士在权力、地位、依赖性和享有的控制力等方面大相径庭，因此，这些关系具有不同的表征。这些不对称性特征既可能产生有利效果，但也会导致失望和背叛的预期①。卢曼提出，掌握资源越多的人的“灾难线”越高，相对易损性越低，越愿意冒险信任他人。王绍光等认为，施信者是否信任受信者取决于对受信者失信可能性的判断以及

① 罗德里克·M.克雷默，汤姆·R.泰勒.组织中的信任[M].管兵，等译.北京：中国城市出版社，2003:292-296.

施信者的相对易损性这两个因素。收入和财富、稳定的工作、权力、教育、社会网络等五方面的资源有助于降低相对易损性和增进人们彼此的信任[①]。

二是信任倾向。信任倾向由动机归因、个人经历、人生态度、个人意图和能力等方面决定。多伊奇发现，个人对别人行为的归因，在判断别人信任值过程中也有重要作用，特别是，归因会深入卷入推断别人的动机、意图和性情的过程中。这些推断对决定是否信任具有关键作用[②]。有学者认为，施信者对受信者失信可能性的判断是决定是否信任受信者的重要因素，具体包括：施信者对受信者的了解程度，施信者在本地的居住时间，施信者的社会网络规模，施信者的生活经历，施信者的生活态度，施信者的判断能力，施信者的社会地位等因素[③]。克雷默和伯沃等认为，与组织认同相联系的心理和社会过程增加了个体给予他人信任的倾向以及采取信任行为的意愿。个体关于他人可信性的判断是根据他们积累的与他人交往的经历作出的。决策错误导致的信任困境包括错置的信任与不信任。在错置的信任情境下，施信者的信任行为不仅不能获得及时的回报，甚至会付出机会和社会代价，销蚀施信者对他人的信心，并造成声誉上的不良影响。在错置的不信任情境下，一贯不信任他人的个体必然会遭受损失，失去与他人合作的机会和受益等。不信任他人的人得到的是不信任。即使其动机纯粹是为了自我保护，避免声誉受损，但他可能最终生活在一个自造的无信任的皮兰德娄监狱中[④]。哈丁认为，乐观的个体因各种非道德性因素而高估可信性的概率，在社会困境中促成更大的合作[⑤]。

三是个人期望和承诺。巴伯提出并区分了信任的三种不同类型的期望：对人们坚守和执行自然和道德的社会秩序的期望，对他人技术能力的

① 郑也夫，彭泗清，等．中国社会中的信任[M]．北京：中国城市出版社，2003：230-231.

② 罗德里克·M.克雷默，汤姆·R.泰勒．组织中的信任[M]．管兵，等译．北京：中国城市出版社，2003：292-296.

③ 郑也夫，彭泗清，等．中国社会中的信任[M]．北京：中国城市出版社，2003：232-233.

④ 罗德里克·M.克雷默，汤姆·R.泰勒．组织中的信任[M]．管兵，等译．北京：中国城市出版社，2003：481-524.

⑤ 马克·E.沃伦．民主与信任[M]．吴辉，译．北京：华夏出版社，2004：275-276.

期望，对他人信用责任和义务的期望[①]。多伊奇等的研究表明，“那些强化对别人信任值预期的互动会增加信任，但是否认或者偏离这些预期的互动则会破坏信任”[②]。卢曼明确表述了由于不同的期望的存在和缺乏造成的信任度的不同[③]。克雷默和伯沃等认为，“信任决策与个体的期望相联系，不仅是对他人行为的期望，而且是对自身行为预期结果的期望”[④]。

四是理性算计。理性算计主要指互惠行为。多伊奇等发现，信任作为相互交往历史中的一个函数，在相互依赖的双方中加强或减弱。大量的实验研究表明，交换关系中的互惠加强了信任，缺少互惠则损害了信任[⑤]。克雷默等认为，互惠是信任的核心，屡次发生互惠交换的可靠性和稳定性使参与者能够学习，同样培育出人与人之间的信任[⑥]。

五是角色认知。角色认知主要指对权威信任度的判断，既包括工具性判断，也涉及关系性判断。甘贝塔将对他人行为的不知情或不确定视为信任概念的核心，认为不知情或不确定与施信者对他人的动机、他人内生性和外生性变化的反应能力的局限性有关。泰勒和德高依的研究表明，人们对组织权威信任度的评价形成了他们接受权威决策的意愿，也影响了遵守组织规章法令的义务感。工具性判断包括结果的赞许性、控制，关系性判断包括可信度、中立性、地位认同。可信任度基本上被看作是合作行为可能结果的概率分析。工具性模式表明，当人们依靠组织或易受伤害时更关注信任度；关系性模式表明，当人们和权威有个人联系或与组织达成认同时，可信任度是关键的。人们是对权威所交流的社会信息，而不是工具性

① 伯纳德·巴伯.信任的逻辑和局限[M].牟斌，李红，范瑞平，译.福州：福建人民出版社，1989：153-154.

② 罗德里克·M.克雷默，汤姆·R.泰勒.组织中的信任[M].管兵，等译.北京：中国城市出社，2003：296.

③ 尼古拉斯·卢曼.信任：一个社会复杂性的简化机制[M].瞿铁鹏，李强，译.上海：上海人民出社，2005：91-92.

④ 罗德里克·M.克雷默，汤姆·R.泰勒.组织中的信任[M].管兵，等译.北京：中国城市出版社，2003：488.

⑤ 罗德里克·M.克雷默，汤姆·R.泰勒.组织中的信任[M].管兵，等译.北京：中国城市出版社，2003：295.

⑥ 罗德里克·M.克雷默，汤姆·R.泰勒.组织中的信任[M].管兵，等译.北京：中国城市出版社，2003：23-24.

的结果做出反应。人们对善良意图比对胜任能力更为关注[①]。

六是第三方因素。第三方包括家庭、同伴和新媒体因素。伯特和肯兹提出，第三方的言论有助于强化现存关系，使自我与他我之间更加信任或不信任对方。然而，第三方更倾向于传递消极的信息[②]。巴伯则认为，家庭是信任的原始根源和场所，共同的或不同的价值观念对于可信任的能力和信用责任具有重要影响[③]。

七是文化价值观念。不信任产生于个体或组织被觉察未共享关键的文化价值观。群体外成员比群体内成员更容易被消极地模式化，因果关系的偶然归属错误也能滋生带有偏见的观察以及关于群体外和群体内成员能力、倾向和行为的错误翻译，导致不信任感随之而来。不信任的恶性循环经常被误解为根植于同可靠性和能力相联系的细节中。当同信任相关的问题在客观上是明显可以纠正的错误时，不信任的解决方式可能在于可察觉的价值非一致性或修正被伤害的荣誉上，而不在于简单地修复一个技术性错误[④]。

八是正式制度与非正式制度。信任行为会随环境的变化而变化[⑤]，制度化机制对人际信任具有替代、阻碍或促进作用。制度化机制包括正式机制和非正式机制。巴伯提出，信任从来不是完全充分的，各种替代性的和补充性的社会机制不可或缺，如法律、监督等[⑥]。彭泗清认为，当前我国信任危机的主因在于法制性的社会信任非常匮乏[⑦]。萨皮罗和祖克尔认为，正式组织化的机制起到了替代人与人之间信任的作用。西斯金和斯蒂克尔等指出，正式机制对于阻碍信任或促进信任均具有潜在的重要性。组

① 罗德里克·M.克雷默，汤姆·R.泰勒.组织中的信任[M].管兵，等译.北京：中国城市出版社，2003:448-480.

② 罗德里克·M.克雷默，汤姆·R.泰勒.组织中的信任[M].管兵，等译.北京：中国城市出版社，2003:106.

③ 伯纳德·巴伯.信任的逻辑和局限[M].牟斌，李红，范瑞平，译.福州：福建人民出版社，1989:27-29.

④ 罗德里克·M.克雷默，汤姆·R.泰勒.组织中的信任[M].管兵，等译.北京：中国城市出版社，2003:265-287.

⑤ 罗德里克·M.克雷默，汤姆·R.泰勒.组织中的信任[M].管兵，等译.北京：中国城市出版社，2003:5.

⑥ 伯纳德·巴伯.信任的逻辑和局限[M].牟斌，李红，范瑞平，译.福州：福建人民出版社，1989:1.

⑦ 郑也夫，彭泗清，等.中国社会中的信任[M].北京：中国城市出版社，2003:300.

织采纳制度化机制的一个原因，在于试图在组织内部恢复被毁坏的信任并超越组织的边界。在西斯金等研究的基础上，福克斯和威廉森等提出，仅仅当任务要求能够被足够好的理解以至于能够将与可靠性相关的投入、转变或产出进行编码和确认时，制度化机制（例如正式化、标准化）才有可能在组织中有效地培育信任[①]。

关于信任重建策略的探讨并不多。比较典型的是彭泗清教授的观点，他认为重建信任应从以下四个方面着手：加强制度化建设，树立法规制度的独立权威；健全监督机制；将道德建立在一个现实的基础上；调整人际交往的规则，建立符合时代要求的人际信任[②]。

第二节　国内外师生关系研究

一、国外师生关系研究

（一）国外师生关系研究的理论基础

国外师生关系研究主要以教师人际交往模型、依附理论、动机理论和社会生态理论等为理论基础[③]，以这四个理论的基本范畴和内涵为研究基点和分析框架。

教师人际交往模型。该模型包括亲和性和影响性两个维度，其中，亲和性维度体现了从敌对到友善的变化，影响性维度表现了从支配到顺从的变化。根据行为的变化，这两个维度的师生互动风格可以细分为引领、友爱、理解、学生自主、犹豫、不满、训诫和严格8种。这个模型由伍贝斯等于1985年开发，布雷克尔曼斯等对该模型进行了添补。

① 罗德里克·M.克雷默，汤姆·R.泰勒.组织中的信任[M].管兵，等译.北京：中国城市出版社，2003：265-267.

② 郑也夫，彭泗清，等.中国社会中的信任[M].北京：中国城市出版社，2003：301-302.

③ 陶丽，李子建.国外师生关系研究进展探析[J].比较教育研究，2016(3)：61-68；张玉茹，江芳盛.师生关系、学习动机与数学学业成就模式之验证：以PISA2003资料库为例[J].测验统计年刊，2013(21)：91-121.

依附理论。依附理论的观点主要基于亲子关系的研究，将师生关系看成是亲子关系的延展，强调师生之间的双向影响。一是学生的亲子依附关系影响其师生关系。如鲍尔比等发现，积极的亲子关系能促进孩子安全感的形成，早期所接受照顾的品质决定了孩子发展自我信任以及对他人、社会信任的程度。孩子在进到学校后，会通过早期所建立的关系基模与教师互动，进而影响师生关系。二是师生关系能有效促进亲子关系，对学生的学校适应和学业表现等具有重要影响和预测作用。如伊丽莎白和皮安塔发现，基于依附理论基础所测量到的师生关系与学校适应显著相关，并且能够有效预测学生的行为适应和学业成绩[①]。

动机理论。依附理论将师生关系当成亲子关系的延展，而动机理论认为儿童学习和自主的需要动机是基于亲近的能力，强调教师的引导角色，更加重视教师如何主导师生关系的品质，研究的焦点在于教师“控制”，如班级结构、班级气氛、期望、行为、任务及策略等，并检视良好师生关系的特定认知成果，如信念、成就等。戴维斯认为，动机理论的研究重点在于师生关系如何影响学生的动机、学习与认知发展[②]。这类研究的不足之处就是较少考虑社会动机信念对师生关系的影响。

社会生态理论。社会文化取向的观点强调从个体与环境交互的角度来研究师生关系。学者认为，师生关系反映教室、学校的社会文化氛围，也反映师生的沟通交往能力。研究师生关系时必须考虑到师生所处的班级和学校环境，师生关系不能脱离具体的时空而存在[③]。持社会文化取向观点的研究主要有教育生态学和社会建构主义，该观点将师生关系置于社会文化这一大背景下，强调知识的建构过程、师生对彼此关系的知觉、学生的能力与社会特质等[④]。

---

① 张玉茹，江芳盛.师生关系、学习动机与数学学业成就模式之验证：以PISA2003资料库为例[J].测验统计年刊，2013(21)：91-121.

② 张玉茹，江芳盛.师生关系、学习动机与数学学业成就模式之验证：以PISA2003资料库为例[J].测验统计年刊，2013(21)：91-121.

③ 孙阳，邱阳.师生关系：初中生学校适应的支持源[J].东北师范大学学报(哲学社会科学版)，2010(2)：157-160.

④ 张玉茹，江芳盛.师生关系、学习动机与数学学业成就模式之验证：以PISA2003资料库为例[J].测验统计年刊，2013(21)：91-121.

（二）国外对师生关系本质和内涵的认知

关于师生关系的本质和内涵的研究成果主要集中在教育哲学领域。马丁·布伯认为师生关系是“我—你”关系，具体包括“对话关系”“包容关系”和“共生关系”。贾尔斯指出，师生关系本质上是以一种游戏的方式体验和建构彼此间的关系，教师的生活经验会对学生产生深远影响①。内尔·诺丁斯则将师生关系视为一种双向互动关系，师和生并不平等，师和生各自扮演着不同的角色，学生的全面发展离不开教师的关心和爱护。

（三）国外对师生关系类型的认知

从以往的研究来看，学者主要以师生互动过程中的相互影响与情感特征、教师领导方式和学生情感等作为师生关系类型的划分依据。皮安塔将师生关系分为亲密、冲突和依赖三种②。利皮特等将师生互动分为权威型、民主型和放任型③。林奇等将师生关系分为最佳、合适、剥夺、疏离和混乱等五种模式④。

（四）国外对师生关系影响的认知

一是对学生的影响效果。师生关系是预测学生表现的显著性因素。师生关系影响学生的情感、认知、社会化程度、学习投入和学业成就等。首先，师生关系影响学生的自我意识。师生关系影响学生自尊，能够预测学生的主观幸福感水平⑤。其次，师生关系影响学生的个体社会化。如麦格拉思等发现，正向师生关系能够促进学生社会化，帮助学生抵御生活中压力事件带来的消极影响⑥。最后，良好的师生关系可以显著预测学生的学

---

① 陶丽，李子健.国外师生关系研究进展探析[J].比较教育研究，2016(3)：61-68.

② 胡桂锬，罗琴，王绪朗.关于师生互动状况的研究综述[J].上海教育科研，2006(10)：11-14.

③ 胡桂锬，罗琴，王绪朗.关于师生互动状况的研究综述[J].上海教育科研，2006(10)：11-14.

④ 王小凤.师生关系对学生心理健康的影响综述[J].现代教育科学，2009(2)：47-49.

⑤ 郭明佳，刘儒德，甄瑞，等.中学生亲子依恋对主观幸福感的影响：师生关系及自尊的链式中介作用[J].心理与行为研究，2017(3)：351-358.

⑥ 陶丽，李子建.国外师生关系研究进展探析[J].比较教育研究，2016(3)：61-68.

业成就等。弗雷德里克斯等发现，在学校缺乏参与的学生更容易出现学习挣扎、退学等问题行为。

二是对教师的影响效果。研究成果主要集中在教师认同和教师工作态度两方面。如奥尔特曼等认为，师生关系会影响教师的自我认同以及与学生建立良好关系的方式。

（五）国外对师生关系影响因素的认知

从以往的文献来看，国外学者主要从主观因素入手来探讨师生关系的影响因素，也有少数学者研究探讨了学校、家庭等客观因素对师生关系的影响。

1.影响师生关系的主观因素研究

一是教师因素。具体包括教师的教学风格、职业满足感、压力与情绪、教龄和经验、教育信念及自我效能等方面[①]。教师的教学风格对师生的课堂互动具有一定影响；具有较高工作满足感的教师，也往往具备较好的师生关系品质；教师的情绪和教学行为能够预测学生课堂情绪，且教龄对师生边界的影响显著[②]。

二是学生因素。此类研究主要集中在学生的背景信息、学生行为和人格特质、对教师的认知等方面[③]。大量研究表明，女生比男生拥有更多的积极的师生关系，但是也有研究显示差异不显著。在学生家庭社会经济地位、学生行为及人格特质等方面，有研究表明，处于劣势地位、存在不良表现、情绪难以自控以及学习成绩较差的学生更容易出现消极状态与极端行为，与教师发生冲突[④]。卡亚纳斯等学者的研究结果表明，当学生对教师自我揭露表现出消极态度，学生与教师的交流是逃避式动机；当教师自我揭露次数多，并且是与课程内容有关的，学生与教师的交流表现出参与式动机[⑤]。该研究涉及了学生的认知、情感和行为，对于教师的自我揭露

① 陶丽，李子建．国外师生关系研究进展探析[J]．比较教育研究，2016(3)：61-68.

② 陶丽，李子建．国外师生关系研究进展探析[J]．比较教育研究，2016(3)：61-68.

③ 陶丽，李子建．国外师生关系研究进展探析[J]．比较教育研究，2016(3)：61-68.

④ 陶丽，李子建．国外师生关系研究进展探析[J]．比较教育研究，2016(3)：61-68.

⑤ 陶丽，李子建．国外师生关系研究进展探析[J]．比较教育研究，2016(3)：61-68.

问题和问题学生也进行了深入的探讨。

三是师生间的双向影响。多布兰斯基的研究发现，师生关系的关系维度与内容维度正相关，其中，关系维度主要指教师的关怀友善以及学生寻求亲密关系的意愿和表现等，内容维度涉及学生的课堂表现及动机等[①]。

2.影响师生关系的客观因素研究

一是学校因素。学校气候和学校结构是影响师生关系的环境性因素。就宏观层面而言，学校气候主要是指学校的群体气氛，如师生彼此配合的情况以及对学校的认同感等；学校结构则包括学校规模等。从微观层面来说，学校气候主要指教室内的因素，如教学法、教师个性、日常交流、教室氛围等。比较典型的是皮亚特的研究，他认为师生间的相互合作、师生对学校的认同感、班级规模适度与否、“探究发现式”教学法、教师诚实的个性、非学术交流、教室氛围等会改善师生关系，而阻碍积极师生关系的因素包括学校和班级的规模过大、传授式教学法、教师经验不丰富、学生不配合等，而且，文化的差异也会影响教师和学生的思想行为[②]。

二是家庭及社会因素。师生关系与家庭密切相关，父母的表现和态度会影响师生关系。此外，社会也会影响师生关系。家庭、学校和社会是师生关系的间接责任主体。

（六）国外对积极师生关系建构的认知

学者从各自不同的学科背景、理论视角和关注焦点来探讨积极师生关系的建构策略，为良好师生关系的建构研究提供了理论依据。

一是厘清师生关系边界。教师不仅要厘清自我意识，也要了解学生。学者格林提出“教师即陌生人”的观点，认为教师须透过哲思来厘清自我意识，觉知自己选择的理由及判断依据，应如返乡游子般以崭新的视野来觉察生活，让学生通过教育过程来自我觉知、自我选择与自我实现，提升自我意识，不因家庭社会经济地位、性别等因素区别或分类对待学生。师生关系应是“我—你”关系。弗莱雷在《受压迫者教育学》一书中提到，

① 陶丽，李子建.国外师生关系研究进展探析[J].比较教育研究，2016(3):61-68.

② 陶丽，李子建.国外师生关系研究进展探析[J].比较教育研究，2016(3):61-68.

教师在教学过程中不仅是教师，同时也是学生；学生在教学过程中不仅是学生，同时也是教师[①]。布贝尔认为，师生信任和合适的师生边界是达成“我—你”关系的重要途径[②]。

二是师生对话。对话本质是站在对方的立场来进行理解[③]。萨尔塞多等认同“对话日记是师生交流的方式”这一观点。萨尔塞多认为，对话日记是教师理解学生的一种方式，它允许学生自我反思、自我选择、描述个人的想法和感受等。

三是文化包容等。摩西·塔尔和加布里埃尔·霍伦茨克提出，对于具有多元文化背景的学生，教师除了做好充分的教学准备，注意与学生互动的讯息传达方式和内容外，还要有解决学生之间文化冲突的能力[④]。

二、国内师生关系研究

（一）师生关系的研究视角

国内学者基于不同的研究视角来探讨师生关系，研究思路呈现出多元化趋势，其中，从哲学视角探讨的研究成果居多，从教育学、心理学、社会学和伦理学视角探讨的研究成果也占较大比例。近年来，基于文化生态学、美学和法学等视角探讨的相关成果呈上升趋势，而且越来越多的学者基于综合视角进行探究。哲学视角主要涉及解释学、互动论、现象学和后现代主义这四种。解释学的观点倡导师生间的相互理解，如张俭民教授等探讨了理解型师生关系构建[⑤]；互动论的观点突出学生的主体性地位[⑥]；

---

① 廖淑戎.理解，实践的开始：一位特殊教育教师的自我批判[J].教育实践与研究，2007(2)：187-212.

② 李瑾瑜.布贝尔的师生关系观及其启示[J].西北师大学报(社会科学版)，1997(1)：9-14.

③ 廖淑戎.理解，实践的开始：一位特殊教育教师的自我批判[J].教育实践与研究，2007(2)：187-212.

④ 陈伯璋.当前多元文化教育实践与省思：兼论新多元文化教育的可能[J].教育与多元文化研究，2009(1)：1-16.

⑤ 张俭民，董泽芳.理解型师生关系的诠释学建构[J].湖南师范大学教育科学学报，2017(5)：98-103.

⑥ 孙小红.互动论视域下积极师生关系的构建[J].教育研究与试验，2015(1)：23-26.

现象学的观点强调师生的主体间性，倡导将师生关系与生活世界紧密结合起来[①]；也有学者从技术现象学视角探讨师生关系的重构，如李海峰博士等从“互联网+”时代出发来探讨新型师生关系的构建[②]；后现代主义的观点则主张打破教师权威，将师生关系视为“对话者及其关系”[③]。教育学、心理学、社会学、伦理学视角下的师生关系研究侧重点也各不相同：教育学强调教育关系；心理学强调心理联系[④]；社会学注重社会关系；伦理学则强调师生关系的伦理道德特征，如付有能提出“公正”“幸福”“自由”三大伦理原则[⑤]；生态学倡导生态精神；美学强调审美关系等。越来越多的学者从综合视角探讨师生关系，如李方安教授以伦理学的关怀理论和现象学的主体间性理论为基点，从关系责任视角探讨和谐师生关系的构建等[⑥]。

（二）教师和学生在师生关系中的地位

对于教师和学生在师生关系中的地位问题，国内学者展开了激烈的论争，目前主要存在主客体论、互为主客体论、双主体论、主导主体论、主体间性论等观点。其中，主导主体论是我国出现较早、流传较广、争议也较多的一种学说。因主客体论、主导主体论等论说多从主客体分离、割裂、对立、冲突这样一种思维模式来分析师生关系，具有在哲学和逻辑上无法克服的困境，因此，主客体论、主导主体论等受到了前所未有的挑战。在20世纪90年代初，我国学术界对师生关系问题进行了深刻的反思。邵晓枫对1998年至2007年间的师生关系观进行了概述，认为这段时期的主流观点是师生应为民主、平等、对话的关系，同时也存在其他多种见

---

① 李长吉，陶丽．师生关系研究三十年[J]．浙江师范大学学报（社会科学版），2013(1)：86-91.

② 李海峰，王炜．“互联网+”时代的师生关系构建探析[J]．中国教育学刊，2018(7)：81-87.

③ 李社教．对话与交往：后现代主义视域中的师生关系[J]．河南大学学报（社会科学版），2007(7)：148-152.

④ 张彦君．论师生关系的心理教育价值及其实现[J]．首都师范大学学报（社会科学版），2016(4)：150-156.

⑤ 付有能．伦理关系维度的师生关系实现研究[D]．重庆：西南大学，2018：81-96.

⑥ 李方安．关系责任视角下和谐师生关系构建探析[J]．教育研究，2016(11)：119-125，155.

解[①]。哲学主体间性概念的出现则对主客体论、主导主体论等论点的不足具有弥补作用，很多学者从主体间性视角探讨师生关系[②]。

（三）师生关系的内涵和本质特征

师生关系的内涵和本质特征一直是学者关注和争论的焦点问题，学者从不同的研究视域和立场对其进行审视和探究，且研究逐渐由静态描述走向动态生成。根据侧重点的不同，师生关系可以粗略地分为人本取向、社会取向和多元取向这三种不同类型的定义方式。

1.人本取向

人本取向的师生关系的定义方式大致分为三种：一是将师生关系视为以认知、情感和行为互动为主要形式的心理关系；二是认为新时代新型师生关系是以相互理解为目的的交往关系；三是共生、共享、“亦师亦友”等关系，且更加注重师生关系的动态生成性。

2.社会取向

持社会取向观点的学者强调师生关系的社会性，认为师生关系是社会关系、人际关系、文化关系或法律关系等。一是社会关系。如贡勋、张忠华将师生关系视为教育活动中的一种社会关系，认为教师与学生处在与社会群体、社会组织相类似的班级与学校中，分别代表着一定的社会形态，拥有着各自的社会价值观，深刻反映了社会历史的变迁及社会文化的嬗变[③]。二是人际关系。如付有能从伦理关系的维度提出师生关系的核心是一种人际关系[④]。三是文化关系。如傅定涛的见解[⑤]。四是法律关系。梁鹏认为师生之间是一种“尊师爱生”的法律关系[⑥]。

① 邵晓枫.十年来我国师生关系观述评[J].教育学报,2007(5):13-19.

② 燕良轼,马秋丽.论生命视野中的师生关系[J].教师教育研究,2006(1):50-54.

③ 贡勋,张忠华.从“支配—从属”到“和谐—共生”:师生关系发展的社会学审视[J].教育评论,2016(4):30-33.

④ 付有能.伦理关系维度的师生关系实现研究[D].重庆:西南大学,2018:30.

⑤ 傅定涛.文化维度的大学师生关系论[J].现代大学教育,2009(1):14-18.

⑥ 梁鹏.断绝师生关系的法学阐释[J].中国青年社会科学,2016(1):1-4.

3.多元取向

在新时代背景下，越来越多的学者从综合视角探讨师生关系的内涵及本质特征。余娟博士在《当代新型师生关系的解读与建构》[①]一书中，基于“复杂人”假设，从伦理学、法学和教育学等视角探讨了师生关系。冯建军认为，师生关系是一种基本的教育关系；他者性视域中的师生关系是非对称的伦理关系，教师对学生的发展负有无限的责任[②]。李海峰等对现代师生关系特征进行了概括：相互促进的学伴关系，农业化生态培育关系，信源的寻径导游关系和公共关系的文化共生体[③]。

（四）师生关系的结构

基于静态和动态两种视角，师生关系结构可以分为静态结构和动态生成性结构。具体如下：

1.静态结构

静态结构主要有两种分法。一是三分法。第一类是将师生关系分为教育工作关系、社会关系、自然的人际关系[④]。第二类是将师生关系分为教学关系、社会伦理关系、情感关系。第三类是将师生关系分为社会关系、人际关系和心理关系。第四类是将师生关系分为冷漠型、冲突型和亲密型。第五类则将师生关系分为职业关系、代际关系、文化关系。班建武认为，师生关系是职业关系、代际关系、文化关系等多重关系形态的综合体[⑤]。二是四分法。一些学者将师生关系分为教学关系、心理关系、个人关系和道德关系。姚计海和唐丹认为，师生关系结构具有冲突性、依恋性、亲密性和回避性四种关系[⑥]。

① 余娟.当代新型师生关系的解读与建构[M].长春：东北师范大学出版社，2017.

② 冯建军.他者性：超越主体间性的师生关系[J].高等教育研究，2016(8)：1-8.

③ 李海峰，王炜."互联网+"时代的师生关系构建探析[J].中国教育学刊，2018(7)：81-87.

④ 陈桂生.导师与研究生关系的事态述评[J].江苏大学学报(高教研究版)，2004(3)：39-41.

⑤ 班建武.师生关系中的伦理张力及教育应对[J].教育科学研究，2016(10)：10-14.

⑥ 姚计海，唐丹.中学生师生关系的结构、类型及其发展特点[J].心理与行为研究，2005(3)：275-280.

2.动态生成性结构

许多学者认为师生关系的结构是动态生成性结构。如陈枚从社会心理学视角构建了一个“三侧面三层面”的师生交往模型[①]，杨晓则阐述了师生关系的动态生成过程[②]。

（五）师生关系的功能

国内学者分别从宏观、中观和微观层面来分析师生关系的功能，着重探讨了师生关系对学生的影响。关于师生关系功能的观点大致如下：

一是正向师生关系对教育教学工作具有积极意义。理解型师生关系的建构对师生个体成长和教育教学质量的提升具有重要价值[③]，同伴师生关系有利于创新教育[④]，师生信任关系则是建立学校良好教学秩序和有效教学管理不可或缺的要素[⑤]。

二是正向师生关系对学生的积极影响。以往研究揭示了正向师生关系对学生人格塑造、智能发展、学业表现、社会适应、创造思维、亲子关系和同伴交往等方面的积极作用。如吴水燕等人的研究结果表明，良好师生关系的建立有助于缓解学生的学习倦怠情绪[⑥]；张凤等人提出，正向师生关系有助于小学生的心理健康、学校适应、学业成绩的提升和不良行为的减少[⑦]。

三是不良师生关系对学生的消极作用。具体包括：导致学生的学习动力不足，引发学生的焦虑情绪，降低学生对教师的尊重度，造成师生关系的冷漠化以及大量体罚现象的出现等。

---

① 陈枚.师生交往矛盾的心理学分析[J].教育理论与实践,1992(11):46-52.

② 杨晓.后现代教育学中的师生关系重构[J].教育科学,2004(5):47-50.

③ 江芳,查啸虎.理解型师生关系及其建构[J].教师教育研究,2006(1):46-49.

④ 范红霞.论“同伴探索”式师生关系模式[J].教育研究,2003(4):48-52.

⑤ 李娜.构建“微交往”下高校和谐师生关系的意义和途径[J].思想理论教育导刊,2016(6):150-152.

⑥ 吴水燕,李惠怡,彭蓉,等.大学生自尊对师生关系与学习倦怠的中介作用[J].中国学校卫生,2010(8):939-941.

⑦ 张凤,高慧贤,雷秀雅.儿童的教师权威认知与师生关系的关系[J].中国心理卫生杂志,2016(5):369-374.

四是师生关系对教师的影响。对于教师来说，师生关系影响教师的职业态度、职业成就感和幸福感等。

（六）师生关系的影响因素

从以往的研究来看，学者基于各自的研究旨趣和研究视角探讨了师生关系的影响因素，既包括对师生个体主观上的探究，也包括对社会环境的分析。其中，师生个体主观因素包含教师、学生和师生互动三个方面，客观因素主要指家庭、学校、社会和历史四个层面。而且，对于师生关系影响因素的透析不只是对主客体的静态描述，更多的是从动态、发展、整体的角度来探讨，研究呈现出从静态性逻辑转向动态性逻辑的特点。

1.主观因素

一是教师因素。从教师专业素养层面而言，知识传授的技术、对知识的自我建构、追求“整全”的理想等影响师生关系[①]。从教师道德行为层面来说，教师的不道德行为、消极行为和侵权行为等不良行为直接影响师生关系[②]。从教师情感层面来讲，良好师生关系建构的最大问题是忽略了学生主体性和主动性，也未考虑生活环境对学生的影响，以及学生个性与教育之间冲突的必然性[③]。因此，师生关系的和谐与教师的专业素养、道德行为、情感能力等密切相关，这些方面的不足会导致教师权威的消解，进而造成师生的互不信任，引发师生冲突。

二是学生因素。关于学生方面的探讨以心理学视角为主，实证调查类居多。学者从学生的背景信息、认知、情感和行为等方面来分析。年级、性别、地区差异、学校类型差异等影响师生关系。学生的自尊、学习态度等影响师生关系[④]，师生关系的融洽度深受学生对教师的权威认知的

---

① 周序，李芳.教学视野中的师生关系：兼与刘艳侠博士商榷[J].四川师范大学学报（社会科学版），2016(1)：94-99.

② 西广明，蒋美勤.不平等与平等：教师行为及师生关系之趋势辨析[J].教育发展研究，2001(6)：56-57.

③ 徐赟，周兴国.行为意义理论视域下的师生关系建构[J].安徽师范大学学报（人文社会科学版），2018(2)：104-109.

④ 吴水燕，李惠怡，彭蓉，等.大学生自尊对师生关系与学习倦怠的中介作用[J].中国学校卫生，2010(8)：939-941.

影响。

三是师生互动因素。师生在互动过程中的认知和情感因素影响师生关系。徐赟等认为，对相互性行为意义的理解偏差导致了师生冲突[①]。基于动态性逻辑，张俭民等诠释了阻碍理解型师生关系生成的因素，包括占有式的交往目的、单向度的交往主体、封闭化的交往内容和规训化的交往方式等[②]。桂从路从双方社会地位的异质性出发，提出师生地位不平等、权力界限不清晰为师生关系异化留下了空间[③]。陈亮和党晶认为，忽视师生的主体间性是师生关系失真的根源[④]。朱晓宏则认为，师生之间的共同情感能够有效促进师生关系[⑤]。从以上的文献内容来看，师生理解偏差、师生地位的异质性、被忽视的主体间性、伦理失范以及传统的师生互动模式，是导致师生关系失真、师生冲突等的主要因素。

2.客观因素

从以往的研究来看，影响师生关系的客观因素涉及家庭、学校、社会环境和历史等。具体如下：

一是家庭因素。家庭背景、亲子关系、家长个人特质、与教师的沟通情况等影响师生关系。学生的家庭文化、家庭教养方式、家庭教师权威观的变迁等家庭背景因素是造成师生冲突的重要原因[⑥]，家庭社会阶层差异对师生关系具有显著影响[⑦]，亲子关系对师生关系有一定的影响[⑧]。家长

① 徐赟，周兴国.行为意义理论视域下的师生关系建构[J].安徽师范大学学报(人文社会科学版)，2018(2)：104-109.

② 张俭民，董泽芳.理解型师生关系的诠释学建构[J].湖南师范大学教育科学学报，2017(5)：98-103.

③ 桂从路.纠正跑偏的师生关系[N].人民日报，2018-01-22(5).

④ 陈亮，党晶.中小学师生交往关系的失真与重塑[J].课程·教材·教法，2018(6)：118-124.

⑤ 朱晓宏.重新理解师生关系：基于舍勒的情感现象学视域[J].首都师范大学学报(社会科学版)，2010(3)：116-120.

⑥ 汪昌华.家庭背景对小学课堂师生冲突的影响[J].教育学报，2015(6)：69-74.

⑦ 任春荣.社会阶层视角下的师生关系[J].教育学报，2017(5)：79-85.

⑧ 侯金芹，陈桂娟.亲子依恋与师生关系对中学生掌握目标定向学习动机影响的追踪研究[J].中国特殊教育，2017(4)：79-84；朱晓宏.他者经验与儿童成长：师生关系的另一种解读——基于舍勒的情感现象学理论视域[J].教育研究，2011(9)：76-81.

与教师不良的沟通方式也会影响师生关系[①]。以往的研究对于家庭的客观背景因素探讨较多，而对家长作为中介变量如何影响师生关系特别是信任关系的探讨极少。事实上，信任关系是教育教学的起点，家长在师生信任上扮演不可替代的角色，间接影响师生之间的认知、情感和行为，因此，家长是研究师生关系特别是师生信任关系不可或缺的一部分。

二是学校因素。学校教育价值导向、教育组织形式、教育行政伦理范式、教学模式、学校制度、学科文化等影响师生关系。学校教育价值导向决定着教育发展的价值取向，教育组织形式的演变影响着师生关系的动态发展过程[②]，教育行政伦理范式、教学模式影响师生关系形态[③]，学校制度和学科文化等也是造成师生关系异化的重要因素[④]。以往研究涉及学校理念、校园文化和学校管理等方面，研究内容隐含着信任的内容，如信任是教育组织形式演变与师生关系建构的联结纽带。

三是社会环境和历史因素。从社会环境层面来说，社会变迁、新媒体环境、技术话语霸权、教师责任边界的扩大等因素会导致教师权威的消解和师生关系的失衡。就历史因素层面而言，时代精神的变化对师生关系的发展具有重要影响[⑤]。从以往的研究来看，对社会环境特别是信息技术环境的探讨逐渐增多，学者越来越认识到社会环境对师生关系的重要影响，也有少数研究提到了历史因素的作用。因此，在探讨师生关系的原因上应认真考虑社会环境和历史因素的影响。

3.综合因素

一些学者从复杂性思维视域来分析影响师生关系的综合因素。如程斯辉等从社会环境和历史、师生个体、家庭教育、学校管理和政府法律法规

① 杨茹，程黎.融合教育背景下特殊学生家校互动模式的质性研究[J].教育学报，2018(2)：97-108.

② 周鸿敏.从教育组织形式的演变看师生关系的变化[J].江西教育科研，1999(6)：49-50.

③ 郭增琦.教育行政伦理范式转型与师生关系重构[J].大学教育科学，2009(4)：71-75；王默，董洋.师生关系模式对学生学业成就影响的元分析[J].全球教育展望，2017(7)：57-68.

④ 刘继青.近代中国社会转型中的师生关系畸变[J].华东师范大学学报(教育科学版)，2008(1)：20-26；王东芳.博士教育中的师生关系：学科文化视角的解读[J].比较教育研究，2015(6)：57-63.

⑤ 邵晓枫.百年来时代精神与中国师生关系观的变迁及重建[J].当代教育科学，2007(22)：31-33.

等方面分析了师生关系异化的原因[①]。学者将师生关系视为立体、动态的结构，从师生个体特质、师生互动过程、学校管理、家庭教育、社会环境等多个方面来解析影响因素。

（七）师生关系的建构

基于不同的研究视角和理论基础，学者分别从个体和系统两个层面来探讨师生关系的建构。就个体层面而言，建构包括单向度和双向度两条路径，主要以主导主体论和主体间性论为研究基础。其中：从单向度路径建构的学者着重从静态视角来探究师生个体的认知、情感和行为等；多数学者主张从双向度路径建构师生关系，且侧重于探讨积极师生关系建构中的师生互动过程，如对话、理解、民主、平等和合作等。从系统层面来说，师生关系建构主体还涉及家长、学校、社会等间接主体，除了将师生互动过程和积极师生关系的形成机制作为探究的重点外，学者还强调师生个体与环境的交互影响，认为环境对师生关系的建构具有不可忽视的作用，如家庭教育、家校合作、教学模式、学校环境等。

1.个体层面的建构研究

一是单向度主体建构研究。单向度主体指教师主体或学生主体。从以往的文献来看，学者主要从教师主体出发来探讨师生关系的建构，如充分发挥教师的主动性，重新确立教师权威和定位教师角色；了解学生；促进师生沟通和理解；尊重、关爱学生，与学生建立和谐互信关系；因材施教等[②]。针对当前我国初中师生关系疏离等不良现象，孙阳等从教师角度提出了解学生的情感需要，充分发挥教师在教育中的主动性，因材施教，促进师生沟通等策略[③]。高博铨认为，和谐的师生关系是建立在信任与尊重的基础之上，教师要认识学生受压迫的心理感受，扬弃批评等坏习惯，应关爱、倾听、支持、协助、鼓励、信任以及亲近学生，让学生感受到教师

① 程斯辉，李汉学.师生关系的异化及其治理：基于“学生欺师”现象的检视[J].教育研究与实验，2016(6)：34-39.

② 杨晓.后现代教育学中的师生关系重构[J].教育科学，2004(5)：47-50.

③ 孙阳，邱阳.师生关系：初中生学校适应的支持源[J].东北师范大学报（哲学社会科学版），2010(2)：157-160.

的关爱，支持其对自我的认识和了解，同时在过程中给予主动的协助和鼓励等，从而创造信任的校园氛围[①]。李佳丽和胡咏梅建议教师尊重、关爱学生，与学生建立和谐互信关系[②]。

二是双向度主体建构研究。从双向度主体维度探讨良好师生关系建构的研究成果较为丰硕，研究视角多元，如互动视角、现象学视角、解释学视角、后现代视角、伦理学视角、教育学视角、文化生态视角。

其一，互动视角。相关学者主要基于师生互动过程来探讨。积极师生关系的建构是从适应到凝聚再到合作的互动过程，师生相互理解才能增进师生彼此信任[③]。杜建军认为，只有通过交流互动、彼此理解和心灵沟通，师生之间的民主交往关系才能达成[④]。

其二，现象学视角。相关学者主张建立平等对话、和谐共生的主体间性师生关系。徐蕾认为，正向师生关系的建构需要师生地位、交流的平等，能在教学过程共同学习，合作创新[⑤]。

其三，解释学视角。相关学者认为理解型师生关系的建构需要通过师生的对话和理解才能实现。张俭民等主张通过主体间的对话和理解使师生在主体间的交往中实现双向建构，具体策略包括：交往目的转向生命关怀，交往主体转向双向理解，交往内容转向动态生成，交往方式转向心灵对话[⑥]。

其四，后现代视角。后现代的观点强调非理性，倡导多元化等。如周思旭提出建构非理性的、情感约定的师生关系，建构路径包括：开辟民主、平等、多元的沟通渠道；改变教师传统的角色；创新教学方式；拓展

① 高博铨.班级经营的社会学基础[J].中等教育,2007(3):56-71.

② 李佳丽,胡咏梅.不同文化背景下师生关系对中学生学业成绩的影响差异:基于PISA2012中国上海和美国学生数据的经验研究[J].河南社会科学,2017(8):113-119.

③ 孙小红.互动论视域下积极师生关系的构建[J].教育研究与试验,2015(1):23-26.

④ 杜建军.论新型师生关系的构建:基于哈贝马斯交往行为理论的研究[J].河南大学学报(社会科学版),2018(4):129-135.

⑤ 徐蕾."我与你":知识视域中的师生关系及其构建[J].中国教育学刊,2017(10):41-45.

⑥ 张俭民,董泽芳.理解型师生关系的诠释学建构[J].湖南师范大学学报教育科学学报,2017(5):98-103.

交流渠道，促进多元沟通；转变学生角色等[①]。

其五，伦理学视角。相关学者主要从伦理关怀、价值追求等方面来阐释良好师生关系的建构。如王宏探讨了新型师生关系的伦理向度与价值追求，提出：在师生教育共同体中，师和生必须具备认同、真诚、仁爱的德性；建构师生灵魂对话的交互模式；建构师生全媒体交往的育人环境[②]。

其六，教育学视角。吴康宁教授主张建立动态性的共生互学的师生关系观，教师必须因材施教，也必须以生为师[③]。吴义霞等认为，师生应是亲密关系，但也应保持距离[④]。也有研究者从信任角度探讨，认为信任是构建良好师生关系的路径[⑤]。

其七，文化生态视角。龙宝新从文化生态视域探讨共生性师生关系的建构，认为师生价值共生、智慧共生和权力共生是主要策略[⑥]。

2.系统层面的建构研究

良好师生关系的建构应走向生活[⑦]。越来越多的学者结合环境性因素来探讨，也有一些学者从中华传统文化角度来考虑良好师生关系的建构。

一是学校环境。学校在缩小师生阶层差异、提高师生亲密性和满意度上提供帮助，为改善师生关系提供外力支持[⑧]。二是家庭环境。孩子幼时与父母的互动经验为孩子与他人的交往提供指引和规范，互动经验也内化成了孩子处理与教师关系的潜在意识[⑨]。三是传统文化。构建良好师生关系，需要汲取中华优秀传统文化中关于师生关系的丰厚养料来滋养现代师

---

① 周思旭.从后现代视角论师生关系重构[J].河南师范大学学报(哲学社会科学版),2005(3):176-179.

② 王宏.新型师生关系的伦理向度与价值追求[N].光明日报,2019-03-18(15).

③ 吴康宁.学生仅仅是“受教育者”吗?:兼谈师生关系观的转换[J].教育研究,2003(4):43-47.

④ 吴义霞,何善亮.“易子而教”思想对师生关系的启示[J].上海教育科研,2011(7):15-17.

⑤ 李有增.基于对话型师生关系的教师职业道德建构[J].中国高等教育,2018(21):38-40.

⑥ 龙宝新.教学共生体中的师生关系内涵与重建[J].河南师范大学学报(哲学社会科学版),2016(5):183-188.

⑦ 陈琦,王云贵.师生关系的嬗变与超越:知识与生活的合一[J].国家教育行政学院学报,2015(11):46-50.

⑧ 任春荣.社会阶层视角下的师生关系[J].教育学报,2017(5):79-85.

⑨ 朱晓宏.他者经验与儿童成长:师生关系的另一种解读:基于舍勒的情感现象学理论视域[J].教育研究,2011(9):76-81.

生情谊[①]，如孔子的师生观[②]。四是信息化环境。苏令银认为，互联网等新技术改变了师生之间关系的培养[③]。五是多层面多侧面的师生关系建构。建构主体包括教师、学生、家庭、学校和社会多方，建构路径和方法多样。李方安从多方责任主体角度探讨了建构和谐师生关系的机制，将师生视为直接责任主体，将家庭等视为间接责任主体[④]。

三、国内外师生关系研究共识与分歧

通过对国内外师生关系的文献梳理发现，信任视角是研究师生关系的必要视角。国内外师生关系研究不仅是深入探讨师生信任关系的重要前提，而且为师生信任关系研究提供了广泛而深厚的研究基础，其共识和分歧主要体现在如下七个方面。

一是研究的理论基础。国外的师生关系研究主要基于教师人际交往模型、依附理论、动机理论和社会生态理论，侧重于从中观和微观层面探讨师生关系及师生互动。而国内的师生关系研究起步相对较晚，从宏观角度审视师生关系的研究相对较多，由于受西方哲学思想的影响，许多学者以此来阐释师生关系，如现象学。国内学者针对师生地位问题展开了激烈论争，出现了主客体论、主导主体论等诸多论点。教育中的主体间关系大致经历了从主体性、主体间性、他者性到公共性的转换[⑤]。但国内相关研究仍存在诸多不足，如理论与实践的融合度不够，对问题的剖析不深入等。

二是师生关系本质、内涵的阐释。国内外学者主要通过哲学思想来分析。国外关于师生关系的探讨大致经历了从教师中心、学生中心、师生主体间性再至他者性的过程，具有代表性的师生观有平等关系、双向的意向性关系、体验关系、不对称关系、他者关系、不平等的双向互动关系等，师生关系呈现出动态性特征。相关探讨以人本取向为主，学者从教师和学

---

① 孙向晨.师生关系是不是朋友关系[N].解放军日报,2015-06-02(11).

② 万莹,饶武元.孔子师生观与和谐师生关系的构建[J].教育学术月刊,2010(8):95-97.

③ 苏令银.论人工智能时代的师生关系[J].开放教育研究,2018(2):23-30.

④ 李方安.关系责任视角下和谐师生关系构建探析[J].教育研究,2016(11):119-125,155.

⑤ 冯建军.从主体间性、他者性到公共性:兼论教育中的主体间关系[J].南京社会科学,2016(9):123-130.

生双向度出发来诠释师生关系的内涵和本质。更多的国外学者认为师生关系是“我—你”关系，强调师生互动以及教师行为对学生的影响。统观国内的相关研究，既有静态描述也有动态阐释，大致有三种研究取向，即人本取向、社会取向和多元取向。其中，人本取向的诠释是主流——多数学者认为新型师生关系应以民主平等、对话关怀、共生共长为核心理念。具体来看，人本取向的定义方式分为三种，即心理关系、交往关系、共生共长关系等。社会取向的观点强调师生关系的社会性，认为师生关系是社会关系、人际关系、文化关系或法律关系等。多元取向的观点兼具人本性和社会性等特征，一些学者还提出师生关系具有时代性特征。虽然国内关于师生关系本质和内涵的研究成果不可胜数，但从整体上来看，关于师生关系的定义较为宏观，不够具体。从对国内外相关研究的比较可以发现，关于师生关系本质和内涵的探讨，人本取向是主流价值取向，视角趋向于动态生成而不是静态描述。从未来的发展来看，因人与环境交互作用这一特性，多元取向将是研究师生关系的主流价值取向，这是理论逻辑与实践逻辑的必然结果。而且，无论是从师生关系的人本价值取向、动态生成过程还是人与环境的交互关系来看，信任关系都是促进师生彼此尊重、对话交流、民主平等、合作共生等方面的坚实基础和直接推力。从信任关系视角来审视师生关系的本质和内涵，有助于更加全面地把握师生关系的本质、内涵和特征，拓展深化师生关系研究。

三是师生关系的品质。师生关系的品质研究以实证探究为主，基于伍贝斯的“教师互动问卷”，国外学者开发出了符合各国实际情况的问卷，并以此为测量工具，测量重点为教师及师生互动情况。然而，国内在这方面的研究非常少，未来的研究空间非常大。此外，师生互动边界问题与师生信任存在一定的因果关系，而国内对师生关系边界的探讨寥寥无几，因此，关于师生互动边界的探讨也是师生关系研究中有待细化和深化的重要议题，对于增进师生信任关系大有裨益。

四是师生关系的类型。国外学者主要基于师生互动这一微观视角来分类，如师生沟通交流中的相互影响和情感特征、教师领导方式、学生情感和心理接近性水平等。而国内师生关系研究的分类依据比较宽泛，既有实证视野，也有理论视野，主要基于师生关系的现状、历史考察和师生交往过程的特征来分类。概言之，国外研究聚焦于微观层面，而国内的分类略显粗浅，涉及微观和宏观层面。

五是师生关系的功能。国内外学者普遍认为师生关系对学生有不容忽视的作用，如影响学生的学业成就、情绪特征、学校适应、个体社会化等。国外研究聚焦在教师和学生个体层面，重点探讨其对学生认知、情感和行为等方面的作用，也分析了师生关系对教师认同和工作态度的作用。从国内的研究来看，学者也重点分析了师生关系对学生的影响，然而，与国外研究的不同之处在于，国内研究涉及的内容更广，包括学生人格特征、学习动机、社会适应、学业成就、创新潜能、亲子与同伴关系等诸多方面，但是对学生情感方面的影响剖析较少或不深入。此外，信任关系与师生关系积极功能的发挥具有不可割舍的相关性，信任关系是师生关系正向功能发挥的桥梁和纽带，遗憾的是，纵观国内外研究，从信任关系这一视角来探究师生关系功能的发挥的研究极少。虽然戴维斯等提出积极信任的师生关系能够提升中学生的学习动机与学业成绩等，但是详细、深入探讨信任关系与师生关系功能相关性的研究寥若晨星，这是值得深入思考和探索的方面。

六是师生关系的影响因素。国内外学者对此进行了广泛深入的探究。国外学者侧重于从师生个体出发来探讨，基于认知、情感、行为、背景信息、师生双向互动等因素来分析，也有少量关于客观因素的探究，如学校气候、学校结构、家庭和社会等因素，范围主要限定在教室内。研究内容涉及师生关系的边界问题和特殊学生群体问题。综观国内研究，关于师生关系影响因素的探讨不胜枚举，学者深入分析了影响师生关系的现实困境。一方面，国内学者深受国外哲学思想的浸润，从不同学科和研究视角出发对影响师生关系的深层原因进行了既有层面又有侧面的剖析。学者从教师的专业素养、道德行为、情感能力等方面来剖析影响师生关系的教师因素，这些因素会导致教师权威的消解，进而造成师生的互不信任，引发师生冲突。同时，从学生的背景信息、认知、情感和行为等方面来分析影响师生关系的学生因素，但是对学生因素与师生关系的联结的探讨并不深入，如学生对教师权威的认知——处于信任关系和不信任关系中的学生的认知不同，究竟信任是如何影响学生对教师权威的认知，从以往的研究来看，并不透彻。另一方面，关于客观因素的探讨更加宽泛，不仅涉及学校的软环境和硬环境，以及家庭的亲子关系等，而且与时代背景紧密融合，少量研究还考虑了历史因素的影响。总体而言，国内外研究内容都涉及师生关系的亲密性对师生关系的影响，但是很少有研究从信任关系视角探讨师生关系的影响因素。良好师生关系的建构离不开师生的良性互动，师生的良性互动建立在师生的情感认同、沟通对话等基础之上，而情感认同、相互理解、平等民主、沟通对话等的实现必须以师生信任为前提和基础，师生信任关系的形成离不开学校信任的构建。从根源上来说，师生关系的现实困境如师生冲突等主要由师生间的不信任关系造成的。从对师生关系的影响因素研究中发现，信任关系对于师生关系的重构极具价值，而相关研究极少，探讨师生信任关系具有非常重要的意义。

七是积极师生关系的建构。从以往的文献来看，国外相关研究主要以教师人际交往模型、依附理论、动机理论和社会生态理论为理论基础，内容大致包括：厘清师生关系边界，尊重、关心和信任学生等；师生对话不仅是口头交流，也包括日记等形式的心灵沟通；采用双主体教学模式，赋予教师适度干预的责任；文化包容、避免文化歧视、具备文化敏感度等，学者多从教师及师生互动层面探究。国内研究则分别从单向度主体、双向度主体和系统三个维度阐释师生关系的建构。从单向度主体维度的建构来看，学者主要从教师主体出发来建构师生关系，涉及教师权威、角色定位、了解关爱学生、尊重学生、发挥学生的自主性等。不过，从双向度主体维度建构良好师生关系的研究居多数，学者从各自不同的理论视角出发，基于动态生成的逻辑来探讨良好师生关系的建构。其中，互动视角强调师生的信任、对话、理解、合作、理性等；现象学视角下的师生关系建构主张师生平等、民主、对话、情感交融、合作、和谐共生；解释学视角强调师生的对话和理解；后现代视角倡导非理性和情感约定，强调师生民主、平等、对话、宽容、理解、多元沟通、角色转换等；伦理学视角重视教师的专业伦理建设，强调人文关怀和平等对话；教育学视角主张建立共生互学的师生关系，也提到了师生关系边界的问题；文化生态视角探讨共生性师生关系的建构。此外，客观环境层面的师生关系建构研究主张师生关系回归生活，学校系统层面的师生关系建构研究强调学校及家庭教育等。总而言之，无论是单向度主体建构、双向度主体建构还是系统建构，大量的研究涉及信任关系在师生关系建构中的作用，但目前只有少数研究明确提出信任能够有效促进对话型师生关系的建立等，如教师权威的确立与学生对教师个性特质的信任相关，师生的良性互动离不开师生的关系信任，学校系统信任氛围的形成离不开文化规则信任，但深入探讨师生信任关系的研究凤毛麟角。

第三节　国内外师生信任研究

一、国外师生信任研究

一是师生信任的内涵及结构。从教师层面来探讨师生信任内涵及结构的研究占多数。霍伊等将师生信任作为学校信任的组成部分来探讨，从教师层面探讨了教师信任问题，即教师对校长、同事、学生和家长的信任，认为教师信任以仁慈、可靠、称职、诚实这四个方面为基础，当受信者具备这四个特征时，教师就不太会对受信者设防。学校教师对校长、同事、学生和家长等的信任构成了学校信任的基础，反映了学校信任的基本情况[①]。香农・L.拉塞尔等将师生信任视为一种多层次结构，认为师生信任涉及师生的互惠与合作。教师依据动机品质来描述信任，信任反映利他主义意图。比吉特・马尔姆认为，成为学生信任的对象是教师能力的体现，好教师具有良好的沟通能力和优秀的个人品格，如尊重、信任等。布里克和施耐德将师生信任关系分为四个方面，即尊重、胜任、个人对他人的敬

① 韦恩·K.霍伊，塞西尔·G.米斯克尔.教育管理学：理论·研究·实践[M].7版.范国睿，译.北京：教育科学出版社，2007：174-177.

重和正直，认为这四个方面是测量师生信任关系的主要依据和维度[①]。雷纳则将信任分为能力信任、契约信任和沟通信任三种类型。能力信任包括尊重他人的知识、技能和本领，尊重他人的判断，欢迎他人的参与、并寻求来自他们的帮助，帮助他人学习技能；契约信任包括使期望适中、界限明确、委托要适当、鼓励互助意向、尊重协议、具备一致性；沟通信任包括分享信息、说真话、勇于承认错误、提供和获取建设性反馈、做好保密工作、多说有益的话[②]。

二是师生信任的测量。从以往的文献来看，学者主要测量教师信任问题。霍伊等通过教师信任量表来测量教师对校长、家长及学生、同事的信任情况，这个量表包括三个子量表，共26个题项，适用性广，小学至高中都能使用，可以就仁慈、可靠、称职、诚实等多个方面进行测量，而且测量结果可靠有效[③]。香农・L.拉塞尔等通过半结构化访谈和焦点小组访谈收集第一手资料，基于扎根理论的方法来建构师生信任过程模型，重点探讨师生信任过程中的教师理念问题。将学生生态环境（如家庭环境）和师生个体行为视为师生信任的前因，个体行为包括关切、诚信可靠、行为友善等。教师行为涉及利用个人资源，如权威、社会角色和恰当的教学方法。学生的个体行为则突出了教师向学生强调遵守社会规范以及诚实负责行为的重要性。

三是师生信任的现状及影响因素。学者从师生个体特征、师生交往过程、校长、学校结构等方面来探讨师生信任的现状及影响因素。迪米特里・范梅尔等从教师维度来探讨师生信任的现状及影响因素，其研究结果清楚地表明，学校的结构及其特征影响教师对学生的信任；相对男生而言，女生更受教师信任；在低社会经济地位学校工作的教师对学生的信任程度低于在高社会经济地位学校工作的教师，在低社会经济地位学校工作

① 迈克尔·富兰.学校领导的道德使命[M].中央教育科学研究所，加拿大多伦多国际学院，译.北京：教育科学出版社，2005:46.

② 迈克尔·富兰.学校领导的道德使命[M].中央教育科学研究所，加拿大多伦多国际学院，译.北京：教育科学出版社，2005:70-71.

③ 韦恩·K.霍伊，塞西尔·G.米斯克尔.教育管理学：理论·研究·实践[M].7版.范国睿，译.北京：教育科学出版社，2007:174-177.

的教师认为学生缺乏可教性，无法达到他们的教育期望；学校越大，教师对学生的信任度越低；相信学生的学习能力和潜力的教师更容易表现出对学生的信任；师生信任具有互惠性。瑞斯认为，具有教育热情的教师将会信任学生。虽然信任并不对称，而且微妙，但师生信任关系是相互和动态发展的。安德烈亚·G.伍滕和詹姆斯·麦克罗斯基将教师对学生的信任视为教师的社会化交际方式和学生的社会化交际取向共同作用的结果。高度自信的教师对高度自信的学生最信任，教师反应性与学生信任之间的正相关关系不受不同水平学生反应性的影响。高度自信的教师在与胆小、害羞或保守的学生相处时，被告诫要克制自己的自信行为。香农·L.拉塞尔等认为，师生的交往经验可能会影响师生信任倾向，只有当教师认识到自己在师生信任建构中的责任时，教师才会充分发挥其主动性，且师生信任的发展和维护是动态发展的过程。有研究表明，学生的一些不良表现与其感受到的学校不公平对待关联，学校教师对待学生的非言语行为会成为学生的榜样，教师的说谎行为会削弱教师管理学生的权威。被教师评价为善于求助的学生能够取得更佳的学业成就。教师对学生知识建构需求的支持程度会影响学生的求助行为。教师的教学管理方式则会影响学生的生活[①]。布里克和施耐德提出，当觉知的他人角色义务与其实际的行为方式不一致时，师生之间的信任便会萎缩；校长是促进师生信任关系的灵魂人物，校长不仅要表现出信任，而且要在学校营造一种信任文化氛围[②]。迈克尔·富兰也赞同“学校校长是增强关系中的彼此信任的关键人物”这一观点[③]。霍伊指出，学校对学术性的重视，也提高了教师对家长及学生的信任。教师对学生及家长的信任对学生学业成绩具有显著影响[④]。韩国学者金泰君等从心理学视角探究了教室里的师生信任关系，认为教师对学生

① 约翰·哈蒂，格雷戈里·C.R.耶茨.教师如何才能让学生信任自己[J].彭正梅，邓莉，伍绍杨，等译.人民教育，2019(20)：77-80.

② 富兰.学校领导的道德使命[M].中央教育科学研究所，加拿大多伦多国际学院，译.北京：教育科学出版社，2005：34，46.

③ 富兰.学校领导的道德使命[M].中央教育科学研究所，加拿大多伦多国际学院，译.北京：教育科学出版社，2005：46.

④ 韦恩·K.霍伊，塞西尔·G.米斯克尔.教育管理学：理论·研究·实践[M].7版.范国睿，译.北京：教育科学出版社，2007：174-177.

的不信任比学生对教师的不信任更严重。尤其在学生坚持个人自由而教师坚持纪律约束时，师生之间相互信任和理解的程度低。

四是师生信任的影响效果。学者认为，师生信任关系能够促进师生合作及学生发展，尤其是学生的学业表现。师生信任关系是一种道德资源，对整个教育事业都有重要作用。凯斯特发现与教师保持长期信任关系的学生更能感受到自在、安全、被尊重、被认可和被照顾。科默则认为师生信任关系通过提供依恋源促进安全感的形成。亚当斯和霍伊等认为师生信任与学生学业表现显著关联。霍伊等将信任视为学校功能良好的重要表征，认为教师信任能够促进合作、增进开放、提高学生学业表现。霍伊认为，学校信任文化的雏形就源于教师与校长、同事、学生与家长这三类人员的合作和信任关系，即处在学校信任文化中的教师信任其他人，相信学生具有学习能力和潜力，相信家长支持工作，相信学生与家长诚信友善并值得信赖[①]。安德烈亚·G.伍滕和詹姆斯·麦克罗斯基将信任视为师生关系中促进最大限度学习发生的必要组成部分。学生对教师自信心的增强和教师反应的增强都与教师信任度的增强有关。洪如玉指出，与教师比较而言，学生是弱小、易受伤害的，学生离不开教师的教导和帮助；教师是教室里的权威和主导者，相对来说是强大的一方。毋庸置疑，学生是施信者，教师是受信者，学生（和家长）必须信任教师。一方面，学生将自己的不足和脆弱暴露在教师面前；另一方面，教师将其积极的观念如关心等传递给学生。学生向教师做出承诺，他们离不开教师的教导、支持和关心。只有家长信任教师，家长才敢将孩子送至学校；只有学生信任教师，教师的教导学生才会听从。教师赢得学生的信任和具有可信性非常重要。

香农·L.拉塞尔等认为，感知的信任会对课堂氛围、社交质量、教学方法的有效性、学生行为的积极性产生正向影响。贾安米克等认为，信任是教师表达对学生关心的重要方式之一。安·班布里奇·弗莱米尔等提出，师生信任程度的加深有助于学生提问而不用担心受到难堪，或寻求反馈和澄清，当师生间建立了信任和关爱关系，一个安全的学习环境就创造

① 韦恩·K.霍伊，塞西尔·G.米斯克尔.教育管理学：理论 研究 实践[M].7版.范国睿，译.北京：教育科学出版社，2007：174-177.

了。李钟淑指出，师生信任与学生的自我认同、学校适应呈正相关。布里克和施耐德提出：关系中的信任有助于减少教师在接受新任务时的受伤感；使得公共问题在学校内部得到解决；有助于形成高效的学校组织规范，使日常工作绝对井然有序，同时教师依然能感受到在工作中的自主性和互助性；关系中的信任还是一种道德资源；能够促进个体对组织的认同。迈克尔·富兰也认同信任是一种道德资源这一观点，并进一步提出，随着时间推移，信任在交换中不断加深，这是因为在社会交往中对他人的社会期待会经行动得到证实。关系中的彼此信任能够促进信仰、价值观、组织的日常工作和个人行为等方面的发展，有助于学生端正学习态度。信任关系是校园文化的基础。信任关系创造了学校改革不可或缺的道德资源。信任激发出道德使命，并要求教师肩负起学校改革的重任①。

五是师生信任的增进路径。美国著名学者加里·D.鲍里奇认为，师生信任关系是课堂管理的基础和起点，教师可以通过专家权威、参照物权威、角色生成的权力、奖励权力和强制权力这五种传统方式来赢得学生的信任②。霍伊等提出，学校对学术性的重视，提高了教师对家长和学生的信任③。迈克尔·富兰指出，校长是增强师生关系中的彼此信任的关键人物，他（她）既要表现出这种信任，又要营造一种有着信任关系的文化氛围④。约翰·哈蒂和格雷戈里·C.R.耶茨从微观层面提出了增进师生信任的策略，认为教师在处理班级事务时要展现出积极开放的姿态，轻松地走近学生，能够运用各种友善和鼓励性语言。增进师生信任关系最重要的是要加强师生之间的沟通与互动。教师需要重视角色塑造，其言语行为和非言语行为都会影响学生对教师的信任，教师的说谎和未遵守承诺行为都会产生“瞬间决断效应”，影响学生对教师的认知；师对生的支持帮助行为

---

① 迈克尔·富兰.学校领导的道德使命[M].中央教育科学研究所，加拿大多伦多国际学院，译.北京:教育科学出版社，2005:45，46，66，68.

② 加里.D.鲍里奇.有效教学方法[M].易东平，译.南京:江苏教育出版社，2002:299-300.

③ 韦恩·K.霍伊，塞西尔·G.米斯克尔.教育管理学:理论 研究 实践[M].7版.范国睿，译.北京:教育科学出版社，2007:174-177.

④ 迈克尔·富兰.学校领导的道德使命[M].中央教育科学研究所，加拿大多伦多国际学院，译.北京:教育科学出版社，2005:46.

会增进生对师的信任，促进学生的能力发展和学校适应；师对生的方式还会影响学生的生活等，学生会从亲和友善、诚信可靠、公平公正等方面评判教师；当学生期望中的教师与现实中的教师相符度高，教师能够帮助学生实现独立和自主，能够将新旧知识联系起来，教学方法适宜，平等地对待所有学生，师生关系就会处在信任的氛围之中[①]。韩国学者金泰君等认为，当师生认同对方的观点时，师生的相互信任和理解就增加了，在这种情况下，他们将愿意接受彼此的选择，将师生冲突视为需要解决的问题而不是是非问题。师生彼此认同可能是恢复和促进建立健康课堂环境所需的师生信任关系的路径之一。

从以往的国外文献来看，探讨中学师生信任关系的专题研究较少，一些学者将师生信任作为教育信任、学校信任、师生关系的组成部分来探究，研究不太深入，且学者主要从微观和中观层面探讨师生信任关系，侧重于从教师的可信任品质来探讨教师信任问题，对于学生在师生信任中的情感和行为等的探讨略显薄弱。师生信任是一个动态发展的过程，一些研究提到了这一特点，但关于师生信任关系边界等问题，其研究成果寥寥无几，至于学校制度与师生信任关系增进的相关性探讨更是寥若晨星。

二、国内师生信任研究

信任问题是我国现阶段中小学师生关系中存在的主要问题之一。虽然目前关于师生关系的研究不胜枚举，一些研究也涉及师生信任，但是聚焦于学校师生信任的专题研究仍处于初始阶段，研究成果寥寥可数。相关研究以实证为主，研究范围和内容大致包括如下六个方面。

一是关于师生信任的概念界定。由于研究的侧重点各异，学者对师生信任概念的界定并不一致，主要有两种倾向：其一，重点从师对生的信任层面来界定；其二，从师生互信层面来界定。学者将师生信任视为保障感、心理结构、责任感和期望等。有学者认为师生信任主要是指教师对学生的信任，具体包括生命向善、生活可善、未来可期的信任，以及日常活

① 约翰·哈蒂，格雷戈里·C.R.耶茨.可见的学习与学习科学[M].彭正梅，等译.北京：教育科学出版社，2018.

动中的信任等[①]。有学者认为师生信任是一种保障感，形成于师生交往过程中对彼此的评判基础之上，相信对方能够履行责任和承担义务[②]。李晔的观点与之相似，将师生信任视为一种心理结构，包括学生对教师的信任和教师对学生的信任[③]。有学者提出，师生信任是一种双向化的责任感，以情感交流为基础，形成于师生矛盾冲突的不断化解过程中，体现在教学与管理的交往互动活动中[④]。还有学者从期望视角将师生信任度视为在不确定性条件下对合作行为的期待量[⑤]。此外，有学者认为，师生信任应具有的本质特征包括师生都认为对方是可预期和可信赖的[⑥]。

二是关于师生信任的现状描述。师生信任具有相互性、动态性、不确定性、认知性、情感性等特点，多数学者主要从认知、情感和行为三方面来描述师生信任现状及特征。由于研究对象以及研究路径的不同，学者们得出的结论也并不一致：如唐薇卿的研究表明，学生对教师的信任度高于教师对学生的信任度[⑦]；孙五俊的研究结果显示，被调查教师在师生信任上的得分高于被调查的学生[⑧]。性别、年级、地域等背景因素导致了师生之间的不同信任程度。有研究发现，不同年级的中小学生对教师的信任不同；学生与班主任之间的信任度要明显高于学生与任课教师之间的信任度；性别因素对学生与教师的影响不同，学生不会因性别差异而信任或不信任教师，但教师倾向于信任女生；对学生信任度高的教师更容易获得学生的信任，对教师信任度高的学生也更容易获得教师的信任[⑨]。一些学者将师生信任分解为人品、能力、知识和情感等维度。左晓荣通过实证调查发现，中学师生信任总体上处于中等水平，乡镇中学生对教师的信任度要

① 崔振成.中小学师生关系的伦理安全审视与建构[J].中国德育,2019(6):31-37.

② 孙五俊.高校组织中师生信任研究[D].桂林:广西师范大学,2005.

③ 李晔.师生信任及其对学生的影响[D].武汉:华中师范大学,2007.

④ 潘露.师生信任的困境与突围[J].教育学术月刊,2008(4):10-12.

⑤ 张宏,杨晓艺,李莉.中学教育中师生信任问题探索[J].内江师范学院学报,2005(1):87-90.

⑥ 孙小红.互动论视域下积极师生关系的构建[J].教育研究与试验,2015(1):23-26.

⑦ 唐薇卿.增进初中师生信任的行动研究[D].上海:上海师范大学,2018.

⑧ 孙五俊.高校组织中师生信任研究[D].桂林:广西师范大学,2005.

⑨ 李晔,刘华山.中小学生对教师的信任及问卷编制[J].心理发展与教育,2007(4):88-94;李晔.师生信任及其对学生的影响[D].武汉:华中师范大学,2007.

低于城市中学生，师生对彼此的人品和知识信任度要高于对能力和情感的信任度[①]。曾静红通过问卷调查得出的研究结论与左晓荣的研究结果并不相同，甚至有的结论相反。曾静红的研究发现，中学教师对学生的人品和知识的信任度不高，而学生对教师能力的信任度最低[②]。韦耀阳的研究发现与左晓荣的研究结论也不相同，其研究认为，高中生的人际信任度存在性别、地区差异，城市学生的人际信任度低于农村，女生低于男生[③]。陈聪的研究发现，大学生对教师可信度和信任意愿总体较高，但对教师的表露意愿较低等[④]。有学者以建构故事的方式探讨了教学中的师生信任问题，发现师生信任存在教师的主动性不高以及对学生并非一视同仁的现象[⑤]。有学者认为，当下教育信任的衰落主要体现在师生的情感性交流减少，公众对教师师德水平的质疑，部分教师对学生个性、全面的发展表现冷漠，公众对学校系统的功能性和公正性存在怀疑等方面[⑥]。

三是师生信任的结构类型。有学者认为，教育场域中存在教育个体间的信任关系和教育个体与教育系统间的信任关系[⑦]。从以往文献来看，师生信任可以分为认知、情感和行为三种类型：认知信任是指师生依据对对方能力、诚实和责任心等的认识和了解来理性判断对方的可信性；情感信任指师生对彼此的情感依赖程度；行为信任指师生相信对方的行为不会伤害自己的利益，愿意自我揭露[⑧]。以往研究对师生情感和行为信任探讨较少。左晓荣将师生信任分为人品、知识、能力和情感这四个维度，其中，人品、知识和能力都可以归为认知信任范畴[⑨]。也有学者根据师生信任的发展程度，将师生信任分为初识信任、友情信任和亲情信任[⑩]。学者认

① 左晓荣.中学师生信任及相关组织变量研究[D].桂林：广西师范大学，2008.

② 曾静红.桂林市中学师生信任状况调查研究[D].桂林：广西师范大学，2008.

③ 韦耀阳.高中生人际信任、社会支持与孤独感关系的研究[J].菏泽学院学报，2005(2)：79-82.

④ 陈聪.高校师生信任关系研究[D].杭州：浙江理工大学，2016.

⑤ 杨莎.小学英语课堂中师生信任的质性研究[D].金华：浙江师范大学，2014.

⑥ 李长伟，宋以国.现代社会中教育信任的式微与重建[J].当代教育科学，2019(2)：6-12.

⑦ 李长伟，宋以国.现代社会中教育信任的式微与重建[J].当代教育科学，2019(2)：6-12.

⑧ 李晔.师生信任及其对学生的影响[D].武汉：华中师范大学，2007.

⑨ 左晓荣.中学师生信任及相关组织变量研究[D].桂林：广西师范大学，2005.

⑩ 张宏，杨晓艺，李莉.中学教育中师生信任问题探索[J].内江师范学院学报，2005(1)：87-90.

为，师对生的信任与生对师的信任在结构上相似，但所蕴含的具体内容存在差异。李晔博士从心理学视角探讨师生之间的殊化信任，将教师的可信任特征分为教学能力、守信可靠和友善关怀这三方面，将学生的可信任特征分为学习潜力、诚信可靠、亲近教师这三方面。学生关注教师的教学能力，教师关心学生的学习潜力；学生在意教师是否公平公正、言行是否一致等，教师强调学生诚实守信等向善性品质；学生关注教师是否关心、尊重、帮助自己，教师关注学生亲近教师的意愿[①]。李晔将教学能力、学习潜力归入能力信任，将诚实可靠、友善关怀等归为人格信任。张相乐的观点与之相似，认为师生信任主要体现在能力维度、可靠性维度和善意维度上，由于角色地位悬殊、交往背景各异、人际关系状况不一、交往经验存在差异，师生在信任维度上的具体指向并不一致[②]。总之，学者主要从教师和学生的可信性方面来探讨，将师生信任分为能力信任和人格信任，也有学者认为形象是教师可信性的重要维度。

四是师生信任的功能。师生信任关系是人际关系中的一种特殊关系，不仅对教师、学生具有重大影响，而且会影响教学道德性的实现和人才的培养等。首先，信任关系对师生关系、学生发展等具有积极功能，不仅直接影响学生的动机与态度，还通过影响学生对教师期望的感知间接影响学生学业成绩[③]。师生信任关系对学生的创造性思维发展大有裨益[④]，有助于学生的心理健康、促进学生的学校适应，并减少问题行为[⑤]，增强学生的服从行为，减少师生冲突，促进师生间的情感联系和友爱关系的建立[⑥]。其次，师生信任关系的构建对于实现教育机会均等、促进学校教育

① 李晔.师生信任及其对学生的影响[D].武汉：华中师范大学，2007.

② 张相乐.论师生信任关系的构建[J].教育导刊，2010(3)：22-24.

③ 李晔.师生信任及其对学生的影响[D].武汉：华中师范大学，2007.

④ 师保国，王黎静，徐丽，等.师生关系对小学生创造性的作用：一个有调节的中介模型[J].心理发展与教育，2016(2)：175-182.

⑤ 张凤，高慧贤，雷秀雅.儿童的教师权威认知与师生关系的关系[J].中国心理卫生杂志，2016(5)：369-374.

⑥ 吴珺如.从皮格马利翁效应看高校师生信任[J].国家教育行政学院学报，2009(2)：61-64.

公平乃至整个教育事业的发展具有重要作用[①]。师生信任的教育功能主要体现在情感统一的实现、教与学效率的提高、文化共享的促进这三个方面[②]。最后，信任有利于师生之间的沟通与交往，有助于双向、和谐的校园生态文化的建立[③]。师生信任对于学生满意度的提高、学习积极性和学业成绩的提升、师生冲突的减少乃至和谐校园的创建都大有裨益[④]。从对以往文献的梳理分析来看，多数研究聚焦于师生信任对学生的影响，对教师的影响探讨较少。

五是师生信任的影响因素。师生信任并不完全对应，师和生的影响因素存在差异[⑤]。从以往的文献资料来看，影响师生信任的主要因素包括个人背景因素、自我认知、对他人的认知、沟通、情感、交往的特殊性等方面，也有少数研究涉及了家庭等因素。有学者认为，师生的个性特质影响师生信任，如能力、可靠性等[⑥]。崔振成认为，学生对教师的信任匮乏是师生信任匮乏的主要方面，表现在学生缺乏对教师情感、审美情趣、知识素养等方面的信任[⑦]。有学者提出，沟通不足是师生互不信任的原因[⑧]。还有学者认为，交往目的的工具性、交往表现的相异性和交往的相互影响性等影响师生信任[⑨]。李晔、左晓荣等通过实证调查发现，年级、地域等背景因素影响师生信任。陈聪的探讨比较全面，在类似的研究中具有代表性，其研究涉及对师生信任有影响的方面包括人口学特征、交往情境、家庭情况、教师角色认知、社会支持、安全感和信任倾向等七个，得出了一些有益的结论[⑩]，但是研究对这些影响因素的分析较为粗浅，不太深入。

---

① 李佳丽，胡咏梅．不同文化背景下师生关系对中学生学业成绩的影响差异：基于PISA2012中国上海和美国学生数据的经验研究[J].河南社会科学，2017(8)：113-119.

② 潘露．师生信任的困境与突围[J].教育学术月刊，2008(4)：10-12.

③ 陈志兴．信任：理解型师生关系建构的基石[J].思想理论教育，2011(4)：11-14.

④ 肖冰果，许建．师生信任在提高教学质量中的应用研究[J].大学教育，2017(4)：168-169，181.

⑤ 李晔．师生信任及其对学生的影响[D].武汉：华中师范大学，2007.

⑥ 李晔，刘华山．中小学生对教师的信任及问卷编制[J].心理发展与教育，2007(4)：88-94.

⑦ 崔振成．中小学师生关系的伦理安全审视与建构[J].中国德育，2019(6)：31-37.

⑧ 陈佳琪，陈奇超．是什么破坏了和谐的师生关系[N].中国教育报，2009-08-24(6).

⑨ 张相乐．论师生信任关系的构建[J].教育导刊，2010(3)：22-24.

⑩ 陈聪．高校师生信任关系研究[D].杭州：浙江理工大学，2016.

在人工智能和信息化时代，制度信任是非常重要的维度，是增进师生信任关系不可或缺的重要途径，然而，以往的研究对学校制度层面的探讨极少。

六是师生信任的构建策略。许多学者认为教师在师生信任关系的构建中居于主导地位，侧重于从师生主体性维度提出建构策略，涉及教师人格特质、师生认知、师生情感、师生沟通等方面，对环境性因素的探讨较少。具体来看，第一，教师应提高个人综合素养、关爱学生、提升能力等。教师要真心关爱学生、公平公正、树立权威[①]。教师要保持坚定信任学生的态度；重视师生沟通和传递信任；提高综合素养，特别是人格修养[②]。恢复师生信任的策略就是让学生真心接受教师的教诲，将批评性反馈视为高标准[③]。教师理应是师生信任桥梁的搭建者和维护者，理解学生、诚心诚意地爱学生、认真教学，这是构建师生信任的基石[④]。良好的教师形象、有效的沟通方式是提高师生信任的有效策略，而学生自主管理是师生信任增进后的必然结果[⑤]。第二，增进师生信任应加强师生沟通[⑥]。有学者提出，师生要相互尊重和欣赏；教师不仅要真诚对己，也要真诚对人，采用合适的方式、恰当的语言与学生沟通；教师要包容学生个性、帮助学生实现人生目标和自我超越；师生共生共存[⑦]。潘露提出三项增进师生信任关系的措施：确立合理的师生交往边界，加强教学过程中的情感互动，构建合理的教师权威[⑧]。有学者剖析了信任产生的内源性动机，并提出主体的超越性意识以及对自我和他者的超越是师生信任关系建构的前提和基础[⑨]。王平就学生对教师及教学活动的信任提出了四种建构策略：以共同的价值观为基础的同一化策略，教师道德素养、专业素养兼备的整体

---

① 高秀琳.建立师生间相互信任关系是教学相长的前提[J].前沿,2001(2):49-51.

② 杨莎.小学英语课堂中师生信任的质性研究[D].金华:浙江师范大学,2014.

③ 陈心想.建立师生信任关系的策略[N].中国教师报,2014-10-15(11).

④ 马志行.在师生间架起信任的桥梁[J].教育理论与实践,1987(1):61-63.

⑤ 陆开乐.高中师生信任的叙事研究[D].桂林:广西师范大学,2010.

⑥ 陈佳琪,陈奇超.是什么破坏了和谐的师生关系[N].中国教育报,2009-08-24(6).

⑦ 朱爱玲,公丽艳.构建现代新型师生关系的哲学思考[J].当代教育科学,2017(9):81-84.

⑧ 潘露.师生信任的困境与突围[J].教育学术月刊,2008(4):10-12.

⑨ 巨德菊.人之超越性视域下的师生信任状况研究[D].银川:宁夏大学,2016.

化策略，教师既信任自己也信任学生的双向化策略，建立在平等交流、相互了解与合作基础上的交往化策略[①]。此外，外力如学校的干预是增进师生信任关系的有效路径[②]。

概言之，目前关于师生信任关系尤其是中小学师生信任关系的研究并不多，虽然已有研究涉及师生信任的概念界定、现状及特征、结构、影响因素、影响效果、建构策略、类型等多方面，但是其深度和广度都还不够。其一是理论基础略显薄弱。多数学者从现实出发来探讨师生信任，但是探讨并不深入，具有理论深度的研究极少。其二是侧重于从教师的可信性方面来分析。学者忽视了情感信任和行为信任，而情感和行为信任是师生信任不可或缺的组成部分。其三是学者主要从师与生的关系角度探讨师生信任。如李晔在其博士论文《师生信任及其对学生的影响》中，重点探讨了教师的可信性，分别从师对生和生对师这两条路径来探讨师生信任及其对学生的影响，而对于师生互动过程、社会环境与师生信任的关系探讨极少。然而，从最根本的意义上来讲，师生信任关系涉及的是师与生，以及两者与社会环境的关系及其发生、发展的总过程，这是师生关系的基础和主要根据，且师生信任也是递次扬弃和递次生成的过程。新型师生信任关系不仅标识了人的发展，还包括了国家、师生与社会总体化的历史内涵。但是以往的研究并未紧密结合我国社会转型这一历史背景来分析和解释师生信任关系。其四是师生信任的发生机制及师生信任的本质等问题。以往研究并不深入，缺乏系统性、整体性，且研究方法单一，仅局限于某一具体学科方法的运用，缺乏多学科的交叉融合[③]。其五是师生信任对教师的影响方面的探讨并不多。学者重点探讨了师生信任关系对学生各方面的影响，但是对教师、教学、人才培养等方面的探讨有待进一步深入。其六是一些学者只是将师生信任作为学校信任、教育信任的组成部分来探讨，对师生信任着墨较少。其七是以往研究对于师生失信关系的探讨极少，失信关系究竟如何产生，应该如何化解，以往的研究很少涉及。此

① 王平.教学活动中信任机制建构策略探析[J].中国教育学刊,2007(2):54-56.

② 唐薇卿.增进初中师生信任的行动研究[D].上海:上海师范大学,2018.

③ 刘斌."信任问题"研究述评[J].理论前沿,2004(4):46-47.

外，关于师生制度信任、师生信任修复和重建的研究更是凤毛麟角。

三、师生信任关系的研究空间

从在知网的检索情况来看，关于师生信任方面的研究成果寥寥可数，专门针对基础教育阶段的相关论文则更少，笔者尚未发现专门针对农村中学师生信任关系的研究，因此，农村中学师生信任关系研究领域是一个值得深入探索的新领域。基于对以往相关文献的梳理，本书认为当下学术领域关于师生信任关系特别是农村师生信任关系研究至少存在以下研究空间。

（一）师生信任关系是探讨师生关系的必要视角

随着人工智能时代的到来，人们的文化价值观念、生活习惯和行为模式等较以往发生了很大改变，人们的思想价值观念呈现出多样性、功利性、创生性、不稳定性和不可预测性等特征，中小学师生也深受其浸染[①]。学生有了更加多元的学习和信息获取渠道，自主发展和自我学习的空间拓宽，教师不再是学生获取知识信息的唯一来源，师生关系又处在了新的时代语境中，并且有了新的时代特征。在新的时代背景下，无论是师生主客体论、主导主体论还是主体间性论等都有其自身难以克服的弊端，无论是人本取向、社会取向还是多元取向的定义方式也都存在缺陷。然而，无论是哪种理论假设，都离不开信任的桥梁和纽带作用，师生主客体关系、主导主体关系、主体间性关系等的联结同样离不开信任关系。信任关系是扭转异化的师生关系、化解师生冲突的前提和基础，时代呼唤师生信任关系的重构。在新时代背景下，审思和探讨新时期师生信任关系是必然趋势，且具有紧迫性和必要性。理解型、共生型、审美型、对话型、民主平等型、“我—你”型、“我—我”型等新型师生关系的建构，都以教师、学生和家长等之间的相互信任为前提。而且，师生信任关系是理解师生关系内涵和本质特征不可或缺的要素和维度。如何增进师生信任关系这

---

① 付春新，赵敏．新移民背景下师生冲突的特征和治理策略：基于我国12所中学的调查[J]．现代教育论丛，2019(2)：17-25.

一理论问题非常重要，但从已有的研究成果来看，关于如何增进师生信任关系的研究极少。总而言之，师生信任关系是理解、探讨师生关系的必要视角和逻辑起点，探讨如何增进师生信任关系具有非常重要的理论意义和现实意义。

（二）以教学关系为师生信任关系研究的中心

教学关系是师生关系研究的着力点，是师生关系中最根本、最本质的关系，离开了教学关系，师生关系便不复存在。师生信任关系是师生关系的内核，其研究也应以教学关系为支点。在教学活动中，教师通过与学生交往，了解学生，与学生建立信任关系；学生也通过与教师的交往加深对教师的了解、认识和理解并做出相应的反应、从教师教导中获得示范和模仿作用等，形成对教师的认知、情感和行为信任。师生在教学中的互不信任以及冲突会造成学生的消极情绪、教师权威的消解、教师自我效能感的降低、师生关系的淡漠等现象的发生，导致教学道德性偏失，影响教育教学效果，进而影响我国立德树人根本任务的实现。信任关系是消解师生冲突、建立正向师生关系、形塑学校信任氛围、提升教学道德性、推进农村教育治理现代化、培育全面发展的人才的前提和基础。

（三）结合具体的社会历史情境来探讨师生信任关系的增进

师生关系在不同的地域、不同的历史文化和时代背景下的表征是不一样的，师生关系的建构必须结合具体的情境，师生信任关系的增进同样要结合社会历史情境。吉登斯提出，前现代社会的信任关系建立在地域性环境基础之上，而现代社会的信任关系是一种“脱域性”信任关系，这种关系表现为建立在纯粹关系和抽象基础上的信任以及对现在和未来的信任[①]。随着社会的变迁，农村中学师生的信任关系也逐渐由“地域性”信任关系转向“脱域性”信任关系，越来越多的同校师生有着不同的文化背景、价值观念、思维方法、道德准则和行为习惯等，同时，师生也深受社

① 安东尼·吉登斯.现代性的后果[M].田禾，译.南京：译林出版社，2011：4-46；郭忠华.信任关系的变革：吉登斯现代性思想的再思考[J].现代哲学，2008(1)：99-103.

会人与人之间互不信任等不良思想的浸染，这些直接或间接地造成了教师权威的消弭、师生互信度低以及师生冲突增多的局面。师生信任关系可以有效地弥补师生情感互动的缺口，成为学生学习成长的催化剂，激活学生的学习意图和动机。结合具体的社会历史情境来探讨师生信任关系问题是新时代的必然诉求。

（四）师生信任关系研究应该走向整体性、系统性和过程性思维

师生信任关系的增进是一个动态发展的过程，不仅与师生个体主观因素直接相关，而且与家庭等客观环境因素紧密相连。因此，师生信任关系的增进应该走向整体性、系统性和过程性思维。对于师生信任关系影响因素的透析不只是对主客体的静态描述，更多的是要从动态、发展、整体的角度来探讨，从静态性逻辑走向动态性逻辑。师生信任关系增进的过程是不同层面、不同侧面相互影响和交互作用的过程。

一是影响因素。首先，从主观性因素来看，师生个体特质、师生理解偏差、师生地位的异质性、被忽视的主体间性、伦理失范以及传统的师生互动模式是导致师生关系失真、师生冲突增多等的主要因素。信任关系作为理解师生关系与其影响因素之间的基础和桥梁，相关研究本应或多或少涉及该问题，但是就以往的文献资料来看，从信任关系角度来探讨师生关系主观性影响因素的专题研究寥寥无几。其次，从家庭方面来讲，一些研究探讨了家庭背景、亲子关系、家长个人特质、家长与教师沟通情况等对师生关系的影响，而且对家庭客观背景因素的探讨较多，对家长作为中介变量如何影响孩子与教师的信任关系的相关探讨非常少。事实上，信任是教育教学工作的起点，家长在师生信任关系上扮演着不可替代的角色，间接影响学生对教师的认知、情感和行为信任，因此，家庭是研究师生信任关系问题的一个必不可少的维度。再次，从学校层面而言，以往研究涉及学校理念、校园文化、学校管理等方面，研究内容隐含着信任的内容，如教育组织形式的演变与师生关系的建构的关系，信任是中间的联结纽带，建立师生对学校制度的信任是建立师生信任关系的外在保障和重要基础，但探讨学校制度信任方面的研究寥若晨星。最后，从社会环境方面来讲，

针对社会环境特别是信息技术环境的探讨逐渐增多，学者渐渐认识到社会环境对于师生关系的作用，也有少数研究提到了历史对于师生关系的影响。因此，在探讨师生信任关系影响因素上也应仔细考虑社会环境和历史因素。

二是建构路径。增进师生信任关系的目标是重构良好师生关系，更好地推进教育治理现代化、培养全面发展的人才。从以往的文献资料来看，学者着重从动态性路径来建构良好师生关系，对于建构主体、建构目标、形成机制、建构策略等的探讨比较详细，成果丰硕，但也存在一些值得思考的方面。首先，研究者主要从师生互动或者侧重于从教师的角度探讨建构机制及策略，从学生层面的探讨较少，而学生视角的增加有助于对师生关系建构性质的理解，增强研究的实效性和准确性，因此，师生信任关系研究应增加学生视角。其次，学者以西方哲学理论等为理论基点来探究，但是一些研究也出现了生搬硬套之嫌，理论和实践的结合有待进一步深入。最后，系统层面的师生关系建构研究为如何增进师生信任关系提供了很有价值的参考，人本理念逐渐渗透在师生信任关系的建构过程中，但是，主体因素和环境因素的结合不太紧密，学者往往孤立地分析这些因素，将师生所处的复杂环境简单化，对不同层次内部要素之间、同一层次内部要素之间的交互作用的研究比较少，对良好师生关系的系统建构路径和方法等的分析不深入，研究的整体性、系统性和过程性有待加强。此外，师生信任关系是师生关系重构的前提和基础，也是重构过程中的黏合剂，虽然有一些研究涉及师生信任关系，但是专门探讨如何增进师生信任关系的研究极少。

概言之，通过整体性、系统性和过程性的思维方式来探讨师生信任关系特别是农村中学师生信任关系，这不仅是视角的创新，更是对已有研究的超越。师生关系所体现出来的动态性和不确定性等特征，要求我们用一种系统性和动态性思维方式来探究。良好师生关系建构离不开师生、家庭、学校和社会的彼此信任与合作，只有当多主体处于信任关系时，学校信任文化氛围才会形成，良好师生关系的建构才会得以实现。

（五）师生信任关系应兼具亲密性和公共性

只有彼此关怀友爱、真诚沟通、相互接纳、互相谅解等，师生之间的亲密关系才可能形成。师生亲密关系是增进师生信任关系的基础。但师生关系应“亲密有间”，要保持公共性，否则难以达到预期效果。这就要求师生保持适度的距离，明确交往边界和各自的角色底线，确立民主平等、公平公正、权利义务等师生交往的公共伦理原则。教师权威的确立、教师角色的定位、师生关系边界的厘清等公共性问题是探究如何增进师生信任关系的前提和基础。师生信任关系的公共性是值得探讨的问题。

（六）失信关系、教师惩戒权、师生信任边界等是师生信任关系研究的重要议题

师生关系疏离、师生冲突增多等是师生失信关系的突出表征。农村师生信任关系较之于城市师生信任关系有哪些独特性？如何化解师生失信关系？哪些主观性和环境性因素影响师生信任关系？师生信任关系的增进究竟存在哪些现实困境？教师能否体罚学生？师生信任是否存在边界？怎样才能增进师生信任关系？从目前的研究成果来看，这些问题都是师生信任关系研究中有待进一步深入的方面。

第三章　农村中学师生信任关系研究及访谈与问卷设计

师生信任关系是中学师生教学关系、心理关系、道德关系建构的桥梁和纽带。在大众媒体迅猛发展、社会急速转型和价值多元的当今时代，传统的师生关系已经远远不能适应新时代发展的诉求。师生关系不仅深受不同思想文化的浸染和裹挟，而且随之发生微妙变化。教师的知识权威逐渐消弭；学生的自主意识大大增强，渴望教师的理解、尊重和信任，期待民主平等的师生关系；学生对教师角色也有了新认知，期望教师角色由传道授业解惑者转变为学习的同行者、成长路上的点灯人和知心朋友，更加重视师生的共生合作等。师生信任关系是民主平等、共生合作师生关系建构的逻辑起点，深入探究师生信任关系对于良好师生关系的构建、教育治理现代化的推进以及全面发展的人才培养至关重要。

第一节　农村中学师生信任关系研究

一、农村中学师生信任关系研究概述

从以往的研究来看，关于师生信任关系方面的研究虽然起步较晚，比较零散，但也取得了一些成果。

一是探讨了师生信任的内涵、现状、结构类型、功能、影响因素、建构策略等方面，这为后来者展示了广阔的研究视野和研究空间。

二是侧重于从教师和学生的关系角度分析师生信任的结构，学者认为师生信任的结构包括学生对教师的信任和教师对学生的信任，并将师生信任分解为认知、情感和行为等维度，也有学者将师生信任分解为能力、知

识、情感和人格等维度，师生信任指标被细化和深化，这为系统研究师生信任关系提供了理论基础。

三是探究了师生信任的本质、发生机制以及建构等问题，这为系统深入探讨师生信任关系的生成过程、现状、影响因素、存在问题及系统建构等方面提供了理论依据和参考。

从信任研究的发展脉络来看，师生信任研究的历史并不长，许多问题尚待深入探究。就师生信任关系研究而言，主要存在如下问题：

一是师生信任关系研究的理论基础略显薄弱。学者探究了师生信任的结构、内涵和现状等方面，一些研究对师生信任问题进行了实证分析，但研究流于对表面现象的描述和浅层次分析，一些研究仅将师生信任作为学校信任和教育信任的组成部分来探讨，具有理论深度的师生信任研究凤毛麟角。

二是师生信任关系研究与时代背景、具体情境的结合不太紧密。学者聚焦于师和生这两个主体性因素来探讨师生信任问题及其建构策略，对于环境性因素与师生信任的关系以及对师生信任的影响探究较少，如学校制度、新媒体和家长等，关于师生信任关系建构策略的探讨稍显笼统。

三是探究如何增进师生信任关系方面的实证研究屈指可数，对于农村中学师生信任关系增进的探讨更是寥若晨星，目前尚未发现专门探讨农村师生信任关系的研究。农村师生信任关系较之于城市师生信任关系有哪些独特性？学生与教师之间是否存在失信问题？存在哪些失信问题？影响师生信任关系的主要因素有哪些？如何才能化解师生信任关系的现实困境并增进师生信任关系？以往研究不仅对师生信任问题的探讨浅层化，很少有学者真正深入学校特别是农村学校进行田野研究，而且缺乏直接测量中学师生信任关系方面的研究工具。

四是以往研究主要从静态视角来探讨师生信任关系问题。师生信任关系是一个动态发展的过程，不仅与施信者的信任倾向有关，与受信者的个体特征紧密相连，而且深受时代发展、教师期望、具体情境、第三方、制度等因素的影响。

五是研究的整体性、系统性和过程性不够。以往研究对于师生信任的来源、发展过程、存在问题、学校制度信任等探讨较少，这是师生信任研究有待细化和深化的重要议题。通过整体性、系统性和过程性的思维方式来探讨农村中学师生信任关系，这不仅是视角的创新，更是对以往研究的超越。

鉴于卢曼、彼得·什托姆普卡、尤斯拉纳、吉登斯、克雷默、祖克尔等人的信任理论对于农村中学师生信任关系研究具有很好的解释力，本书主要借鉴这几位社会学家的观点来构建理论框架，从师生个体特征信任、师生互动过程信任和学校制度信任三个维度来探索农村中学师生信任关系问题。采用质性与量化相结合的混合研究法，试图通过文献法在理论上探究中学师生信任关系的相关概念、形成等；通过深入农村中学开展田野调查来切实感受当前农村中学的发展状况、优势及面临的挑战，了解师生信任关系现状、影响因素及存在问题等；通过问卷调查法了解学生视角的农村中学师生信任关系现状及影响因素，发现和归纳存在的问题；通过访谈法和案例分析法进一步了解教师视角和学生视角的师生信任关系现状、影响因素、存在问题、失信关系形成原因、师生信任关系的修复和增进等，以理论与实证分析得出的结论为依据，分别从人际向度和制度向度来探讨农村中学师生信任关系的增进策略。

二、农村中学师生信任关系的维度划分与研究对象

（一）维度划分

综观国内外关于信任及师生信任的研究文献，学者对师生信任的概念界定主要有两种倾向：一是师对生的信任，二是同时包括师对生与生对师的信任。无论哪种倾向的定义，师生信任都包含信任感和信任度。本书中的师生信任包括师对生与生对师的信任。鉴于本书的最终目标是增进农村中学师生信任关系，更好地培养全面发展和个性化发展相结合的人才，因此，本书聚焦于学生视角的师生信任关系。从师生信任的关系论出发，结合国内外学者的观点，本书将师生信任界定为：师生愿意接受对方不足、信守承诺并对对方行为抱持良好期望的一种积极心理状态。师生信任是一

个包括生对师的信任和师对生的信任的多元结构，不仅涉及受信者的可信性和可预测性，而且还包括信任者对被信任者的情感和行为信任等。本书主要以信任理论为依据来分解师生信任关系，基于卢曼、彼得·什托姆普卡、吉登斯、祖克尔、郑也夫等学者关于信任结构维度的阐释，尤其是祖克尔提出的信任产生三维模式，将师生信任关系分解为师生个体特征信任、师生互动过程信任、学校制度信任三个维度，其中，师生个体特征信任和师生互动过程信任属于人际信任，具有非约束性，学校制度信任则具有约束性，是师生个体特征信任和互动过程信任的有益补充（见图3-1-1）。

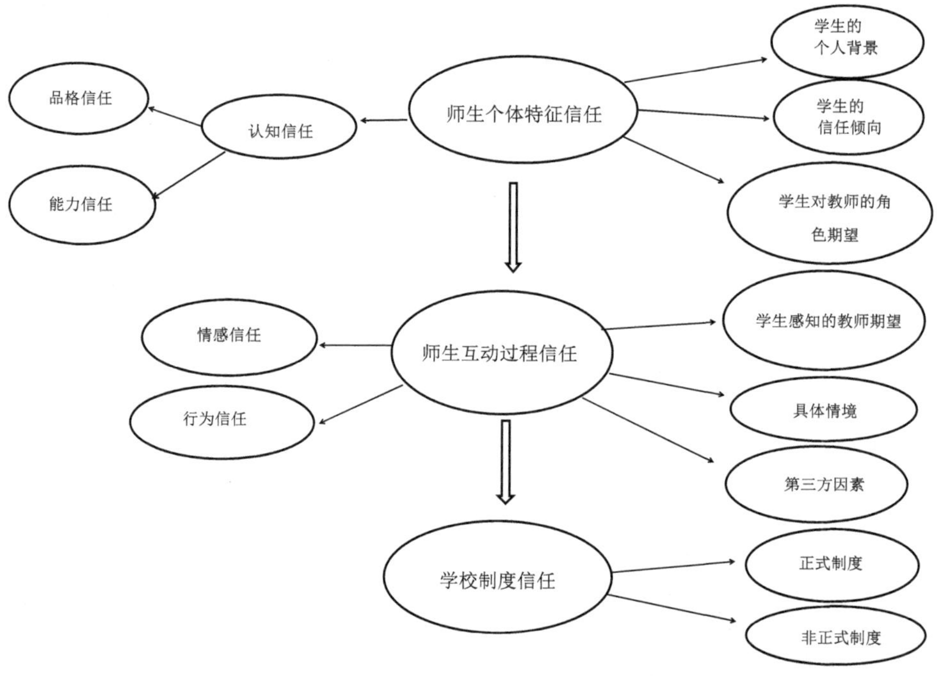

图3-1-1　农村中学师生信任关系的维度划分

1. 师生个体特征信任

师生个体特征信任主要指教师的认知信任特征，涉及教师的品格和能力这两方面，这是师生建立初始信任的基础和依据。教师品格信任主要以教师的行为品格和言语品格为依据，教师能力信任主要以教学能力和管理能力为依据。本书主要从品格信任水平和能力信任水平这两方面来描述师生个体特征信任现状，并将师生个体特征信任维度的影响变量分解为学生的个人背景、学生的信任倾向、学生对教师的角色期望。

2. 师生互动过程信任

期望和动机是师生互动过程信任的突出要素。师生互动过程信任包括谋算、了解和认同三个阶段，师生对彼此的期望是影响师生互动过程信任的核心要素。谋算型信任建立在理性算计基础之上，主要是为了逃避责罚、获得利益等，一旦利益关系不复存在，信任关系就会瓦解，这是师生信任关系最初级的阶段。了解型信任的建立则以对方行为的可预知性为基础，因师生的多次交往而彼此熟悉和了解，但并不等同于学生对教师教育教学观念及方法等方面的认同，也不等同于教师对学生学习态度和动机等方面的认可。认同型信任则建立在对对方期望及意愿的认同基础之上，师生具有共同的世界观、人生观和价值观，学生认同教师的教育教学理念及教学方法等，认同型信任中的师生具有共同的信念和目标，是师生互动过程信任的理想状态。这三个阶段都包含了师生期望、意愿的内容，涉及具体情境（主要指交往动机）和第三方因素等。其中，第一阶段和第二阶段的信任主要源于工具性动机，第三阶段信任主要源于非工具性动机。本书主要从情感信任和行为信任来描述师生互动过程信任现状。该维度的影响变量包括学生感知的教师期望、具体情境、第三方因素，第三方因素指家长、同伴和新媒体。

3. 学校制度信任

学校制度信任属于约束性信任。学校制度由具有大量特殊特征的原则、规则、准则、规范等组成。学校制度信任包括正式制度和非正式制度。正式制度是指学校明确规定的制度，具有外显性，通常以文字、书面的方式呈现出来，通过明文规定的规章制度来约束和规范学校师生的言行，保障师生的合法权益，这是一种强制性约束机制。非正式制度是指学校未明文规定的非正式规则，具有内隐性，蕴含学校文化传统、价值观念、行为习惯、道德规范等方面的内容，内化于学校师生的内心信念和行为习惯中。非正式制度是学校正式制度形成的依据，在学校的长期发展过程中逐渐形成的，在一定条件下，两者可以相互转化。总之，学校制度信任有助于师生信任由特殊信任转向普遍信任，从制度上约束师生的行为，保护师生的合法权益等。随着现代性因素对学校师生信任关系影响的日渐深入，非约束性的师生信任必然会走向具有约束性的学校制度信任。本书将学校制度信任维度分解为正式制度和非正式制度两个因素，从这两方面来探讨制度对师生信任关系的影响。

（二）研究对象

初中阶段属于义务教育阶段，是学生身心健康成长的关键期。这一阶段的学生敏感脆弱，好奇心强，渴望独立，思维活跃，容易冲动，易受外界影响，其身心发展状况特别是心理发展状况将会对他（她）的整个人生发展产生深远影响。在对部分城市中学和农村中学进行田野调查和比较分析后，笔者发现调查中的农村中学具有特殊性，且存在更多问题，如农村中学的软件和硬件设施建设相对落后，师资力量薄弱，许多学校面临生存发展困境，多数学生属于父母不在身边的留守儿童等。师生信任方面的现实问题也比较突出，如部分学生对上课不感兴趣，部分学生反感教师偏心，部分教师对学生的学习管理过严，少数学生的学习动力不足，师生交往缺乏主动性，部分家长对学生的管教和关爱不够，少数家长对学校教师的教育管理工作不配合，师生更容易发生直接冲突，学校制度不完善或执行不到位等。从目前来看，农村是我国基础教育发展及素质教育全面实施的薄弱地带，在农村中学开展师生信任关系研究对于我国整个基础教育的发展具有重大意义，不仅对农村孩子的身心健康和农村教师的职业发展、职业成就感及幸福感的提升等至关重要，而且关系到农村中学教学道德性的实现、教育教学质量的提高、教育公平的落实、教育治理现代化的推进以及全面发展人才的培养，对整个社会发展具有深远影响。

在调研区域的选择上，本书主要选取安徽作为调研省份。一方面，安徽是劳务输出大省，农村留守儿童现象突出。相关数据显示，2018年，安徽农村留守儿童数量居全国第二，共73.6万人，占全国农村留守儿童的比例为10.6%。因此，选取安徽省作为调研省份具有很强的代表性。另一方面，笔者在安徽北部某师范大学担任学生辅导员多年，学生毕业后大都在省内从事基础教育阶段的教育教学工作，一些学生扎根于农村，笔者平常与这些学生联系较多，深知他们在教育教学工作中的苦与乐，这为本书开展研究提供了便利。

三、农村中学师生信任关系研究的基本内容

（一）重难点与关键点

本书主要基于彼得·什托姆普卡、祖克尔关于信任产生的三维模式来探讨农村中学师生信任关系的增进问题，重点调查学生视角的农村中学师生信任关系现状及影响因素，分析师生信任关系增进的现实困境。在调查研究的基础上，提出增进农村中学师生信任关系的路径及策略。

本书的研究难点主要有四方面：一是对师生信任关系概念的描述和研究维度的分解，以及如何在信任理论基础上构建研究的理论框架。二是关于农村中学师生信任关系调查问卷的设计。当下尚缺乏中学师生信任关系现状及影响因素方面的可资借鉴的成熟量表，且以往的相关问卷涵盖的环境性因素极少，而本书涉及第三方因素、学校制度等环境性因素。三是需要深入学校现场，长期蹲点，观察师生的日常互动行为，并进一步探寻教师视角和学生视角的师生信任关系现状、存在困境及影响因素。四是农村中学师生信任关系的形成是一个动态的生成过程，与主观因素和客观环境因素都密切相关，师生个体的态度、情感等方面的主观性较强。

本书关键包括两方面：一是对师生信任关系的分解，在对信任理论解读的基础上，将师生信任关系分解为不同的研究维度，构建整个研究的理论框架。二是编制师生信任关系现状与影响因素的访谈提纲和调查问卷，选择抽样对象，运用统计软件对调查数据进行处理和分析。

（二）研究方法

“研究方法”是从事研究的计划、策略、手段、工具、步骤以及过程的总和，是研究的思维方式、行为方式以及程序和准则的集合[①]。方法本

① 陈向明.质的研究方法与社会科学研究[M].北京:教育科学出版社,2000:5.

身无对错好坏之分，但必须与研究问题、内容和思路等相匹配。本书采取质性与量化相结合的混合法，具体通过如下方法及步骤来实现研究目标。

1. 文献研究法

在文献综述、信任理论解读、概念界定、研究维度分解、师生信任关系生成路径、信任关系现状维度及影响因素变量确定这六部分内容上，本书主要运用文献研究法。通过整理分析国内外相关文献，充分了解师生关系特别是师生信任关系方面的研究现状及研究空间，全面梳理关于师生信任特别是中学师生信任的研究成果，通过对信任理论的详细解读来获得对信任理论的深入理解，构建本书的理论基础和研究框架。概括归纳出信任、师生信任、关系、信任关系、师生信任关系等核心概念的基本内涵。以信任理论为基础，将师生信任关系研究分为三个维度，即师生个体特征信任、师生互动过程信任和学校制度信任。深入探讨农村中学师生信任关系的形成，将农村中学师生信任关系现状分为认知、情感和行为两个维度。将信任关系的影响变量分解为学生的个人背景、学生的信任倾向、学生对教师角色的期望、学生感知的教师期望、具体情境、第三方因素、学校制度等七个方面。文献研究法有助于明确师生信任关系的测量维度、指标以及具体内容和方法，对师生信任关系研究结果作出假设，为编制调查问卷、设计访谈提纲提供理论支撑。

2. 问卷调查法

问卷调查法是以书面提出问题的方式来搜集资料的一种研究方法，侧重意见、态度或看法的调查。本书试图通过问卷调查法来全面了解学生视角的农村中学师生信任关系现状及影响因素，发现和归纳存在的问题。一是在编制问卷之前，采用了开放式问卷调查法。选取两所农村中学的210名学生作为调查对象，收集学生视角的教师可信任和不可信任特征，从而为调查问卷及访谈提纲的编制提供参考依据。二是在数据采集方面，选择安徽部分农村中学作为调查对象，采取整班抽样法，对初一至初三的学生进行师生信任关系现状及影响因素的问卷调查。整个测量过程分为试测和正式施测两个阶段。试测阶段选取3所农村中学的170名学生作为调查对象，以检验问卷表述方式、项目和内容等能否被学生理解，题量是否合适，考察量表信效度，挑出主要项目，删去与主题相关度较低的项目。正式施测阶段则选取安徽11所中学的1950名学生作为调查对象。关于农村中学师生信任关系的问卷调查包括现状和影响因素两方面的内容，涉及师生个体特征信任、师生互动过程信任、学校制度信任三个维度。《农村中学师生信任关系调查问卷》（学生卷）中的第一部分和第二部分包括师生个体特征信任和师生互动过程信任维度，涉及认知、情感和行为信任，第三部分涉及学生的个人背景等七个影响变量。

3.访谈法

访谈法是研究者通过与被研究者口头交谈的方式收集、建构第一手资料的研究方法。访谈双方的地位并不平等，目的和方式特定化，内容等受研究者控制，反映的是特定的社会现实[①]。访谈法能够弥补问卷调查法不能深究的缺憾，不仅有助于进一步探究教师视角和学生视角的中学师生信任关系现状及影响因素，而且有助于深入了解农村中学师生的内心世界，更好地发现师生信任关系增进的现实困境。本书以半开放式访谈为主，访谈对象包括学生、教师、学校管理者和家长等，试图通过对师生及相关人员的访谈，获取一手资料，并以受访对象的理解与认识为重要依据，深入探究师生信任关系的现状，发现和归纳农村中学师生信任关系上存在的失信问题等，分析师生失信关系的形成原因，汲取处理师生失信关系的经验教训，借鉴增进师生信任关系的成功经验，思考师生信任关系的增进策略等。

4.参与型观察法

参与型观察法是观察者与被观察者一起生活、工作，在与被观察者密切的接触和直接体验中倾听和观看他们言行的一种方法，其主要目的是从日常生活中发现和挖掘实践性真理和理论性真理[②]。笔者深入多所农村中学，了解这些学校的发展现状、优势及困境等，走进教室，深入课堂听课，走上讲台授课，批改作业，与学生亲密交流，帮助班主任解决管理难题，和教师交谈，体验农村中学教师的日常生活等，以赢得农村中学师生

① 陈向明.质的研究方法与社会科学研究[M].北京:教育科学出版社,2000:167.

② 陈向明.质的研究方法与社会科学研究[M].北京:教育科学出版社,2000:228-232.

对笔者的信任，获得最真切的体验。本书试图通过对学校教师、学生的研究性观察，更客观地了解日常生活中师生的精神风貌、行为表现，了解师生关系特别是师生信任关系的现状，直接、完整和全面地感知师生信任关系增进的现实困境及其对师生个体、师生关系、教学道德性建构等方面的影响，深入探究师生信任关系的影响因素及信任关系的形成路径等，为本书的研究提供第一手资料和论证依据。

5.案例分析法

案例不单是一个事件或事故的报道，它是特征的载体。案例分析法是一种在真实情境或背景下对案例的独特解读与深入剖析的质的研究方法，且每个类型的事物都能通过一个典型个案代表。案例分析具有生动和鲜明的诠释力，通过对案例的剖析有助于深入、系统地理解师生信任关系上存在的问题。本书主要通过两条路径来选取典型案例：一是对农村中学的田野调查。通过深入课堂、与师生交谈，以及对师生行为的观察等来获取与师生信任相关的鲜活案例。二是通过农村中学师生的口述来获取典型案例。本书试图通过案例法进一步发现和归纳农村中学师生信任关系上存在的问题，剖析农村中学师生失信关系的形成原因及发展过程，从案例中汲取经验教训，获得增进师生信任关系的成功经验和启发，建立起对农村中学师生信任关系建构的深入、周全的理解。

（三）研究思路

本书遵循教育实证研究的范式，忠于事实和数据，注重在调研的基础上得出研究结论。大致的研究思路如下：

基于卢曼、彼得·什托姆普卡、吉登斯、尤斯拉纳、克雷默、祖克尔、郑也夫等的信任理论，从师生个体特征信任、师生互动过程信任和学校制度信任三个维度来构建本书的理论框架；基于祖克尔的信任来源模式观点，探讨师生信任关系的形成过程；选取安徽11所农村中学作为调研对象，深入其中3所农村中学进行田野研究，通过问卷调查、访谈法来了解师生信任关系特征、影响因素、存在问题等；从师生个体特征信任和师生互动过程信任维度来描述师生信任关系现状，包括认知、情感和行为两方面；将师生信任关系影响因素变量分解为学生的个人背景、学生的信任倾向、学生对教师的角色期望、学生感知的教师期望、具体情境、第三方因素、学校制度等七个因素，透过这些变量来剖析师生信任关系的影响因素；在中学师生信任关系现状及影响因素研究的基础上，分析师生信任关系增进的现实困境，明确需要解决的问题；针对现实问题，分别从师生个体特征信任、师生互动过程信任和学校制度维度来探讨增进师生信任关系的系统策略，建构符合现代性情境的民主平等、对话关怀、共生互学的“我—你”师生关系。

第二节　访谈设计与实施

一、访谈目的与提纲设计

质性研究以研究者本人为研究对象，在自然情境下采用访谈、观察等多种资料收集方法对社会现象进行整体性探究，通过归纳法来分析原始资料，在分析过程中形成结论和理论，通过与研究对象互动对其行为和意义建构以获得解释性理解的一种活动[①]。质性研究的主要目的在于深入理解人类的精神世界及所属的物质世界，探寻并掌握人类建构其意义的历程，并对历程加以描述。质性研究者通过对人类实践活动的观察，来对人类的行为和具体事件进行更为清楚、深层的思考，进而诠释人类的行为与经验[②]。

质性研究是一种在自然情境下的研究。为了深入了解被研究者的精神世界和所属的物质世界，研究者与被研究者之间建立良好关系是不可或缺的要素，但研究者的个体因素、研究者与被研究者之间的关系可能会影响研究的效果。那么，如何减少或避免研究者、研究关系对研究的不良影响？事实上，质性研究者在进入研究现场之前就会意识到自身的主观性可能影响资料的来源以及在此基础上形成的研究报告。因此，研究者会更加

① 陈向明.质的研究方法与社会科学研究[M].北京：教育科学出版社，2000：12.

② 李慧.论质性研究方法的特殊价值[J].大学教育科学，2011(6)：82-85.

客观，而不是带有主观意见、成见或偏见来研究其对象，况且，质性研究的价值并非对某个场域做出判断，而是通过对资料的分析归纳形成理论和结论，通过与被研究者的互动来理解其行为。质性研究的核心在于研究者对研究对象持开放态度，并具有一定的反思自省能力。当研究者在担心研究是否具有客观性时，这表明研究带有一定的客观性。鉴于此，本书秉持在实践中不断反思、不断改进，及时调整研究思路，尽可能减少因研究者、研究关系导致的主观误差，尽量深入农村中学，运用专业知识来理解教师、学生、家长、学校管理人员等受访对象的回复与反应，为调查问卷题项的设计提供鲜活的素材，也为探讨师生信任关系现状、存在问题、影响因素、失信关系的形成、如何增进师生信任关系等提供第一手资料。笔者初步设计了面向师生等受访人员的访谈提纲。为了提高访谈的信效度，笔者邀请了3位教育管理专家以及5位教学管理经验丰富的中学教师，就访谈提纲进行评价并提出修改意见，在经过认真细致、反复地修改后，形成了本书的首轮访谈提纲，具体内容见附录3、附录4、附录5、附录6和附录7。

二、访谈对象与实施过程

本书采取目的抽样法，选择具有代表性的研究对象进行访谈调查。访谈对象涉及农村中学师生、学校管理者和家长，对学生的访谈还运用了焦点小组访谈法。受访者包括15名教师、64名学生、6名学校管理人员和7名学生家长。访谈从2019年6月开始，至10月完成，全部由笔者访谈。以半开放式访谈为主，通过研究者与被研究者之间的对话，获得被研究者的相关信息，让被研究者讲述自己的故事，介绍相关经验以及诠释自己的思想。访谈对象及访谈信息如下所示：

一是对教师的访谈。了解教师的个人基本信息、教师的自我认同感和职业认同感、职业态度和动机、教师与学生的沟通交流情况、教师的授课情况、师生信任关系现状及特征、教师信任或不信任的学生的特点、教师与学生家长的沟通情况、师生信任的影响、教师信任学生时的表现、教师被学生信任或不信任时的表现、教师处理师生失信问题的经验教训以及增进师生信任关系的成功经验等，访谈对象以安徽省11所被调研学校的教师为主，还包括河南、山东2所农村中学的2名教师。二是对学生的访谈。了解学生的基本情况、与父母的沟通情况、学习动机与态度、师生的日常交流情况、后进生不爱学习的缘由、对教师是否可信的总体评价、信任或不信任教师的原因及表现、学生信任或不信任的教师所具有的特征、不被教师信任的原因及表现、师生信任的影响等，访谈对象为田野调查中3所学校的学生。三是对校长的访谈。围绕学校办学优势、办学成功经验、学校发展面临的困境、对师生信任关系的看法等方面展开。主要对田野调查中3所学校的校长进行了访谈，此外，访谈对象还包括湖南湘乡某农村中学的1名校长。四是对学校其他管理人员的访谈。主要涉及日常教师管理和学生管理工作，受访对象为田野调查中的3所学校的管理人员。五是对家长的访谈。包括家长与孩子日常的沟通情况、对教师的信任情况、与教师的沟通交流情况等，受访对象为田野调查中的3所学校的学生家长。对于访谈调查，通过录音方式记录访谈内容共26次，由于多种原因，多次访谈未能录音，以日记的方式将访谈的主要内容记录下来。

本书中访谈对象的简称如下所示：其中，T为教师的简称，S为学生的简称，M为学校管理者的简称，P为家长的简称。教师受访者基本情况如表3-2-1所示，学生受访者基本情况见表3-2-2。学校管理人员受访者基本情况见表3-2-3，家长受访者基本情况则如表3-2-4所示。

表3-2-1　教师受访者基本情况

代码	性别	任教年级	任教科目	任教时间	学历层次	是否住校
T1	男	初二	数学	3年	本科	否
T2	女	初二	英语	6年	本科	否
T3	男	初三	英语	31年	中专	是
T4	男	初三	语文	8年	本科	否
T5	女	初一	地理、生物	35年	中专	是
T6	女	初三	化学	15年	本科	否
T7	男	初一	数学	5年	本科	否
T8	女	初一	英语	6年	本科	否
T9	女	初三	音乐	15年	本科	否

续 表

代码	性别	任教年级	任教科目	任教时间	学历层次	是否住校
T10	女	初一	语文	9年	本科	是
T11	女	初三	政治	25年	专科	是
T12	女	初一	语文	刚入职	本科	是
T13	女	初三	英语	6年	本科	否
T14	女	初二	体育	3年	专科	否
T15	女	初二	物理	3年	本科	否

表3-2-2 学生受访者基本情况

代码	访谈类型	性别	年级	成绩排名	与谁一起生活	是否寄宿	受访地点
S1—S3	集中访谈	女生	八年级	靠后	爷爷奶奶	否	办公室
S4—S7	集中访谈	男生	八年级	靠后	妈妈（2人）、爷爷奶奶（2人）	否	办公室
S8—S10	集中访谈	男生	七年级	居中	妈妈（1人）、爷爷奶奶（2人）	否	教室
S11—S18	集中访谈	男生（5人）、女生（3人）	七年级	靠前（2人）、居中（3人）、靠后（3人）	妈妈（1人）、爸爸（1人）、爷爷奶奶（6人）	否	办公室
S19—S28	集中访谈	女生（10人）	九年级	靠前（6人）、居中（4人）	妈妈（2人）、爷爷奶奶（6人）、其他亲戚（2人）	是	宿舍
S29—S40	集中访谈	男生（9人）、女生（3人）	八年级	靠后	妈妈（3人）、爷爷奶奶（7人）、其他亲戚（1人）、独自生活（1人）	否	办公室
S41—S50	集中访谈	女生	八年级	靠前（1人）、居中（3人）、靠后6人）	妈妈（1人）、爷爷奶奶（8人）、其他亲戚（1人）	否	操场
S51—S58	集中访谈	女生（6人）、男生（2人）	九年级	靠前（3人）、居中（3人）、靠后2人）	妈妈（2人）、爷爷奶奶（4人）；其他亲戚（2人）	是	教室

续　表

代码	访谈类型	性别	年级	成绩排名	与谁一起生活	是否寄宿	受访地点
S59—S60	集中访谈	女生（1人）、男生（1人）	八年级	靠前	妈妈（1人）、爷爷奶奶（1人）	是	走廊
S61	个别访谈	女	九年级	靠前	爷爷奶奶	是	宿舍
S62	个别访谈	男	八年级	靠前	爷爷奶奶	是	走廊
S63	个别访谈	女	九年级	居中	妈妈	是	走廊
S64	个别访谈	男	七年级	靠后	妈妈	否	教室

表3-2-3　学校管理人员受访者基本情况

代码	性别	任教年级	任职时间	学历层次	职务
M1	男	初二	5年	中专	副校长
M2	男	初三	1年	本科	校长
M3	男	初一	2年	专科	后勤处副主任
M4	女	初一	8年	专科	图书管理员
M5	女	初三	6年	本科	年级组长
M6	男	初二	10年	专科	教务处主任

表3-2-4　家长受访者基本情况

代码	性别	与学生的关系	学历层次
P1	男	爷爷	小学
P2	女	母亲	高中
P3	男	父亲	初中
P4	女	母亲	初中
P5	女	姑姑	初中
P6	女	母亲	初中
P7	男	爷爷	小学

第三节 问卷设计与实施

本书试图通过文献研究法、问卷调查法和访谈法相结合的方法，初步了解当前农村中学生对师生信任关系的理解、教师的可信任特征及其对教师信任的情感行为表现，了解教师对师生信任关系的认知及理解等，探索并形成《农村中学师生信任关系调查问卷》（学生卷）的基本框架，搜集、确定问卷的具体项目，形成初始的调查问卷。

一、师生信任关系现状维度

师生信任关系现状研究是开展师生信任关系研究的基础，本书的现状研究维度划分主要源于卢曼和列维斯的观点，并参考了其他相关研究的现状维度划分法，涉及认知、情感和行为两个维度。其中，认知维度为学生对教师可信任特征的认知，教师的可信任特征包括品格和能力；情感和行为信任主要包括学生对教师的情感依赖性和学生对教师的自我揭露性。现状研究的目标是描述现状以及发现、归纳存在问题，如：部分学生对教师情感、价值观念、知识素养等方面缺乏信任[①]，师生情感互动减少，部分家长和学生质疑教师师德水平，部分教师对学生区别对待，以及部分教师漠视学生全面发展和个性化发展诉求等[②]。

从以往的文献来看，里德和米尔斯将信任函数化，认为信任由施信者的信任倾向、信任双方的共同点及互动经历决定[③]。米什拉等将信任分为胜任、公开、关切和可信赖维度。其中，胜任主要涉及能力；公开包括公开性和忠实；关切指受信方相信不会被施信方不公平利用，双方利益均衡；可信赖指受信方言行可靠、可信赖或一致。这四个维度决定了信任的

① 崔振成.中小学师生关系的伦理安全审视与建构[J].中国德育,2019(6):31-37.

② 李长伟,宋以国.现代社会中教育信任的式微与重建[J].当代教育科学,2019(2):6-12.

③ 罗德里克·M.克雷默,汤姆·R.泰勒.组织中的信任[M].管兵,等译.北京:中国城市出版社,2003:24-25.

整体水平[①]。在师生信任现状研究方面，多数学者从教师的可信性方面来测量，将教师可信性分解为人品、能力、知识和情感等维度。李晔博士将学者常用的师生信任维度归纳为可靠、可依赖、胜任和公平这四方面，在实证调查的基础上，将中小学生对教师的信任概括为友善、可靠、责任心、公正和职业能力维度，其中，前面四个维度属于人品信任，第五个维度属于能力范畴[②]，李晔博士侧重于从教师的可信性特征来探讨师生信任现状。陈聪将高校师生信任现状分为学生信任意愿及教师可信度维度，其中，学生信任意愿涉及依赖和表露两方面，教师可信度涉及形象、品格、知识、能力、关系和认同[③]，虽然该研究在测量师生信任现状时考虑了学生的信任意愿，即情感和行为信任，但是研究仅是对信任现状的浅层化描述，并未深入探究和剖析师生信任关系上存在的问题，且无论从师生个体特征信任、师生互动过程信任来看，还是从环境性因素方面来考虑，中学和大学的差别很大。基于以往研究对信任及师生信任结构维度的划分，本书以列维斯等提出的认知、情感和行为信任为理论依据，主要参考李晔、陈聪关于师生信任关系现状调查问卷的维度及项目，从认知、情感和行为这两方面来了解现状概况，并根据农村中学师生的特点，对这两个维度的项目内容进行适当的增减、调整和修正。本书中的认知信任属于师生个体特征信任的范畴，情感和行为信任属于师生互动过程信任的范畴。

认知信任。研究中的师生个体特征信任维度主要指认知信任，即学生对教师可信性特征的认知，通过对开放式问卷调查结果的归类整理，结合以往关于教师可信性的维度划分法，将教师可信性特征分为能力、品格两方面。其中，能力包括教学能力和管理能力两方面，具体涉及知识、教学、管理、创新、信息、学习、表达等内容；以“君子欲讷于言而敏于行”（《论语·里仁》）等关于言行的论述为依据，将品格细分为言语品格和行为品格，具体涉及形象仪表、责任义务、亲和友善、诚实可信、公

① 罗德里克·M.克雷默，汤姆·R.泰勒.组织中的信任[M].管兵，等译.北京：中国城市出版社，2003：358-365.

② 李晔.师生信任及其对学生的影响[D].武汉：华中师范大学，2007：35.

③ 陈聪.高校师生信任关系研究[D].杭州：浙江理工大学，2016：17-22.

平公正等方面，其中，亲和友善、诚实可靠属于言语品格，形象仪表、责任义务、公平公正等属于行为品格。需要特别指出的是，一个人的外在形象与人的性格有关，属于人格的一部分，在研究中被认为与品格一致，而且，外在形象如教师的仪容仪表、课堂语言的恰当运用等，这也是教师职业素养的重要组成部分。因此本书将形象仪表归为行为品格维度。

情感和行为信任。情感信任属于师生互动过程信任维度。情感信任主要指学生对教师的情感依赖性，如学生愿意听从真心关心他们的教师的教导；当在重大问题上犹豫不决时，学生愿意听从教师的意见；当犯错时，学生愿意接受教师的批评等。行为信任也属于师生互动过程信任维度。行为信任主要指学生信任教师时的行为表现，即自我揭露性，如愿意和教师分享自己的小秘密，愿意和教师共享信息而不担心被教师利用，愿意向教师如实反映自己生活学习上的困难等。

本书试图通过对农村中学师生信任关系现状的调查，从认知、情感和行为上归纳师生信任关系的现状，发现农村中学师生之间存在的失信问题以及师生信任关系增进上的现实困境等。

二、师生信任关系影响变量

在农村中学师生信任关系的影响因素探讨上，本书基于师生信任来源的三维模式，以信任理论关于信任影响因素的阐述为依据，结合以往师生信任影响因素的研究，分别从主观性因素和客观性因素两方面来探讨。主观性因素涉及师生个体特征信任、师生互动过程信任两个维度。教师的个体特征维度主要指教师的可信任特征，具体包括教师的行为品格、言语品格、教学能力和管理能力四方面，学生的个体特征包括学生的个人背景、学习态度和动机、道德品质和个人特质四方面。鉴于本书的重点是探讨学生视角的师生信任关系，因此，师生个体特征信任维度主要包括学生的个人背景、学生的信任倾向以及学生对教师的角色期望。从师生互动过程信任维度来说，师生的不同动机和期望会影响师生信任关系，如工具性动机、非工具性动机、教师对学生的期望等。该维度包括学生感知的教师期望、具体情境（主要指师生的交往动机）、第三方因素这三个影响变量。

客观性因素则主要指学校制度，包括正式制度和非正式制度。学校制度是促进师生信任关系不可或缺的外在动力，为师生信任关系的构建提供良好的学校文化环境和制度保障。师生信任并非简单的对应关系，师生个体特征、师生互动过程，以及学校制度等都会影响师生信任关系，本书将师生个体特征信任、师生互动过程信任、学校制度信任这三个维度的影响变量细分为学生的个人背景、学生的信任倾向、学生对教师的角色期望、学生感知的教师期望、具体情境、第三方因素、学校制度等内容。

（一）师生个体特征信任维度

学生的个人背景。研究信任的学者普遍认为个人背景变量影响信任关系，如克雷默认为，伴随等级关系而存在的互惠的脆弱性和不确定性，在很大程度上决定了信任产生的可能性[①]。有学者认为，个人所拥有的经济、社会和文化资源有助于降低相对易损性和增进人们彼此的信任[②]。也就是说，拥有社会、经济和文化资本越多的人越容易信任他人。研究师生信任的学者同样认为年级、职务等个人背景变量影响师生信任关系，如李晔博士等在实证研究中发现，不同年级的中小学生对教师的信任度不同，年级越高，信任度反而越低，学生对班主任的信任度要高于任课教师[③]。本书中学生的个人背景涉及学生性别、年级、是否为学生干部、成绩排名、和谁一起生活、是否寄宿、与父母的交流情况等七个变量。

信任倾向。信任倾向是施信者对受信者所持的是否信任的基本取向，由动机归因、个人经历、人生态度、个人意图和能力等方面决定，表现为乐观主义、自信、经验开放性、情绪自控等。彼得·什托姆普卡和尤斯拉纳对信任倾向进行了较为详细的论述。多伊奇发现，个人对他人行为的归因对决定是否信任具有关键作用[④]。克雷默和伯沃等认为，个人过去的交

① 罗德里克·M.克雷默，汤姆·R.泰勒.组织中的信任[M].管兵，等译.北京：中国城市出版社，2003：293.

② 郑也夫，彭泗清，等.中国社会中的信任[M].北京：中国城市出版社，2003：229-234.

③ 李晔，刘华山.中小学生对教师的信任及问卷编制[J].心理发展与教育，2007(4)：88-94.

④ 罗德里克·M.克雷默，汤姆·R.泰勒.组织中的信任[M].管兵，等译.北京：中国城市出版社，2003：296.

往经历是判断他人可信性的重要依据[①]。哈丁认为乐观主义有助于促进个体间的信任与合作[②]。王绍光等指出，对受信者的了解程度、社会网络规模、生活经历、生活态度、判断能力、社会地位等是决定施信者是否信任的前提条件[③]。动机归因、个人经历、人生态度、个人意图和能力等同样是学生信任倾向的决定性因素。概言之，信任倾向是影响学生是否信任教师的主观性因素，决定了学生信任教师的可能性及程度。

学生对教师的角色期望。学生对教师的角色认知和期待是学生判断教师可信度的重要依据，判断包括工具性和关系性两种。泰勒和迪高依的研究发现，“人们对组织权威信任度的评价形成了他们接受权威决策的意愿，也影响了遵守组织规章法令的义务感”。信任度的心理机制由关系性判断决定，而不是由工具性判断决定。工具性判断包括结果的赞许性、控制，关系性判断包括可信度、中立性、地位认同。可信任度基本上被看作是合作行为可能结果的概率分析。相比胜任能力，人们对善良意图更为关注[④]。学生对教师的角色认知和期待主要体现在教师的道德品格、职业能力、职业动力、个人特质这四方面，学生对教师的角色认知和期待影响师生信任关系水平。一是学生期待教师具有崇高的道德品质，期望教师不侵犯学生权利，能够关爱帮助学生，亲和友善、诚实守信、公平公正，认真履行教书育人的责任与义务。二是教师的职业能力是学生信任教师的基本依据，教师的职业能力具体包括教学和管理能力。学生期望教师具有良好的职业能力，期待教师学识渊博、教学管理经验丰富等。三是学生期望教师具有稳定持久的职业动力。学生期待教师能够以学生全面发展和个性化发展为职业动力和目标，而不仅是将教育教学工作当作谋生工具和常规任务。此外，教师的乐观随和、正直诚实、情绪稳定、经验开放性等个性特质是学生信任教师的重要依据，学生更信赖具有亲和力、诚实友善的教师。概言之，学生对教师角色的认知和期望影响师生信任关系。

---

① 罗德里克·M.克雷默，汤姆·R.泰勒.组织中的信任[M].管兵，等译.北京：中国城市出版社，2003：489.

② 马克·E.沃伦.民主与信任[M].吴辉，译，北京：华夏出版社，2004：275-276.

③ 郑也夫，彭泗清，等.中国社会中的信任[M].北京：中国城市出版社，2003：229-234.

④ 罗德里克·M.克雷默，汤姆·R.泰勒.组织中的信任[M].管兵，等译.北京：中国城市出版社，2003：448-480.

（二）师生互动过程维度

学生感知的教师期望。信任与期望不可分割，教师对学生的期望体现了教师对学生的信任度。教师的适当期望是促进学生身心健康成长的强大力量，有助于增进师生信任关系，为学生信任教师提供动力和支持。多伊奇等的经验研究表明，“强化对他人信任值预期的互动会增加信任”[①]。卢曼明确表述了不同的期望的存在和缺乏造成的信任度的不同[②]。巴伯提出并区分了关于信任的三种不同类型的期望，即对社会秩序、他人技术能力以及他人的信用责任与义务的期望[③]。克雷默和伯沃等认为，信任决策与个体对他人及自身的期望相关[④]。教师对学生的期望主要体现在学生的学习态度和动机、道德品质以及个性特征这三方面。一是学习态度和动机。教师的教只有通过学生的学才能起作用，当学生的学习态度和动机端正，学习愿望强烈，其学习热情自然就会持久。这不仅有助于学生学习效果的提升，实现全面发展和个性化发展，而且有助于教师的成就感、满意度的提升。二是道德品质。学生必须首先具备良好的道德品质，这也是教师决定是否信任学生最重要的依据，具体表现为道德认知、道德情感和道德行为。三是个性特征。教师期待学生具有乐观、自信、自律、外倾性、情绪自控、责任心等特征。当学生感知到教师期望、认同教师期望并将教师期望内化为行动时，教师期望就会通过学生的行动转化为现实，进而增进师生信任关系，形成良性循环。过高或过低的教师期望无益于学生对教师的认同和信任，教师对学生纯粹的道德说教和知识灌输，而不是发自内心的关爱学生，只会导致学生对教师情感上的疏离和不信任。

具体情境。师生互动过程深受具体情境的影响，其中最突出的要素是

① 罗德里克·M·克雷默，汤姆.R.泰勒.组织中的信任[M].管兵，等译.北京：中国城市出版社，2003:296.

② 尼古拉斯·卢曼.信任：一个社会复杂性的简化机制[M].瞿铁鹏，李强，译.上海：上海人民出社，2005:91-92.

③ 伯纳德·巴伯.信任的逻辑和局限[M].牟斌，李红，范瑞平，译.福州：福建人民出版社，1989:153-154.

④ 罗德里克·M.克雷默，汤姆·R.泰勒.组织中的信任[M].管兵，等译.北京：中国城市出版社，2003:488.

师生交往动机。交往动机包括工具性交往动机和非工具性交往动机，且工具性交往动机主要表现为互惠行为。大量的实验表明，互惠行为促进信任，缺少互惠则损害信任[①]。克雷默等将互惠视为信任的内核，认为多次的互惠交换行为有助于促进双方关系的可靠性和稳定性，培育出人与人之间的信任[②]。列维斯等将信任分为阻碍型、知识型和认同型模式，认为阻碍型信任模式主要源于逃避责罚，知识型信任模式源于对对方的了解，而认同型信任建立在共同的价值观念基础之上。前两种信任主要源于工具主义和功利主义动机，认同型信任模式则主要源于非工具主义动机。师生交往动机同样包括工具主义和非工具主义动机。部分学生为了逃避教师责罚而服从教师管教，虽然有的教师不是真心热爱教学工作，但为了完成上级部门布置的教学任务，只能无条件信任学生，和学生合作等，这些都属于工具主义动机。师生彼此认同，信任建立在共同的价值观念基础之上，这属于非工具主义动机。当教师教学和管理的出发点是自利，学生就不会真正信任教师；只有当教师教学和管理的出发点是利他，将学生的身心健康发展置于首位时，学生才会发自内心的依赖、信任教师。建立在工具性动机基础上的师生信任关系会随着利益的消散而消解，基于认同的师生信任关系则会随着时间的推移而更加牢固。总之，师生互动过程是一个动态发展的过程，具体情境会对其产生一定影响，会影响课堂上的师生互动行为。

第三方因素。第三方主要包括家庭、同伴和新媒体因素。伯特和肯兹提出，第三方的言论有助于强化现存关系，使自我与他我之间更加信任或不信任。然而，第三方更倾向于传递消极的信息[③]。巴伯认为，家庭是信任的原始根源和场所，共同的或不同的价值观念对于可信任的能力和信用责任具有重要影响[④]。家庭是影响师生信任关系的重要外在因素。家庭形

① 罗德里克·M.克雷默，汤姆·R.泰勒.组织中的信任[M].管兵，等译.北京：中国城市出版社，2003：295.

② 罗德里克·M.克雷默，汤姆·R.泰勒.组织中的信任[M].管兵，等译.北京：中国城市出版社，2003：23-24.

③ 罗德里克·M.克雷默，汤姆·R.泰勒.组织中的信任[M].管兵，等译.北京：中国城市出版社，2003：106.

④ 伯纳德·巴伯.信任的逻辑和局限[M].牟斌，李红，范瑞平，译，福州：福建人民出版社，1989：27-29.

塑学生的思维方式、价值观念、人生态度、行为习惯、个性特征等，学生的信任倾向与家庭结构、家庭教育理念和方式、家庭氛围等密切关联。在温暖、开明、民主家庭中长大的孩子更乐观开朗，也更容易信任他人；而在冷漠、离婚家庭中长大的孩子更容易表现出敏感、脆弱，很难发自内心地相信他人。同伴关系同样影响师生信任关系，学生与同伴之间的共同点较多，如家庭背景相似、学习成绩相当、思维方式相近、兴趣爱好相同、价值观念一致，彼此联络较多，相互影响，关系较为密切。同伴之间由于年龄相仿、处境相同等相似性特征，彼此更能相互理解，更容易产生共鸣，学生很容易受到同伴对教师的认识和看法的影响，本书中的同伴特指同学。概言之，家庭和同伴是影响师生信任关系的重要间接因素。

此外，新媒体也会对师生信任关系产生影响。新媒体技术的发展为促进师生之间的相互了解、沟通交流提供网络平台和技术手段，而且为师生信任关系的建立和发展提供舆论环境等。新媒体既可能为促进师生信任关系搭建桥梁，传播增进师生信任关系的舆论信息，也可能为师生之间建立信任关系“筑墙”和“添堵”，传播不实言论。万物互联，师生多多少少都会在网络上留下“数据脚印”，这为洞察信任关系提供了全新的方法，如微信、个人微博、QQ、博客、钉钉等①。新时代的师生信任关系在一定程度上被科技所协调和改变，而且这种趋势越来越明显，因为现在的学生从小就接触电子新媒体产品，运用新媒体手段来辅助学习和与人交往，教师也会利用新媒体手段来拓宽视野、更新教育理念、实施信息化教学，以及与学生交流互动等。如“洋葱学园”等人机交互学习的教学创新模式，为师生提供了个性化、体验式教学服务，深受师生欢迎。新媒体技术的发展影响学生的价值塑造、人格培养、能力提升、知识探究，以及师生在学习共同体中的共同探索等，在师生信任关系构建方面的作用将会越来越突出。

（三）学校制度维度

学校制度维度包括正式制度和非正式制度。学校制度中蕴涵了丰富的

① 皮埃罗·斯加鲁菲.科技与和平：科技创新如何促进人类信任与互联[M].牛金霞，译.北京：中国友谊出版公司，2019：86-87.

文化价值观念，涉及道德、文化和风俗等方面的内容。在探究学校制度时，必须先了解文化价值观念。文化价值观念影响人们的心理机制，处于友好、合作、信任文化氛围中的人们更容易信任他人，即使没有任何惩戒措施，背叛信任也会自动受到无形的惩罚。文化价值观念体现了人文精神，形塑师生行为，培养师生给予对方信任的意愿和习惯，师生共同的文化价值观能够有效促进师生信任。克雷默等的研究发现，共享文化价值观的缺失会导致不信任关系的产生[①]。虽然学校未对师生交往界限、礼仪等予以明确规定，但是师生的交往、合作等会深受学校文化价值观念的影响，良好的学校文化氛围能够促进师生信任与合作，有助于课堂教学效果的提升。因此，学校和社会应尽可能创造良好的信任文化，尊师爱生，坚持以人为本的教育理念。文化价值观念是制度特别是非正式制度的源泉，制度是文化价值观念的集中体现。

制度对人际信任具有替代、阻碍或促进作用。克劳斯·奥弗提出，“正是制度的这种暗含的规范意义以及我假定它对于其他人所具有的道德合理性使我信任那些处于相同制度中的人”[②]。巴伯提出，各种替代性的和补充性的社会机制是信任不可或缺的有益补充，如法律、合同等[③]。彭泗清等人认为，当前我国信任危机的主因在于法制性的社会信任非常匮乏[④]。萨皮罗和祖克尔发现，正式组织化的机制起到了替代人与人之间信任的作用；西斯金和斯蒂克尔等指出，正式机制对于阻碍信任或促进信任均具有潜在的重要性。组织采纳制度化机制的一个原因，在于试图在组织内部恢复被毁坏的信任并超越组织的边界[⑤]。学校制度是基于师生个体特征和师生互动过程而建立起来的约束性信任，它是促进师生信任的外在助力，为师生信任关系的建立和维持提供安全性保障，引导、约束和规范师

① 罗德里克·M.克雷默，汤姆·R.泰勒.组织中的信任[M].管兵，等译.北京：中国城市出版社，2003:265-287.

② 马克·E.沃伦.民主与信任[M].吴辉，译.北京：华夏出版社，2004:65.

③ 伯纳德·巴伯.信任的逻辑和局限[M].牟斌，李红，范瑞平，译.福州：福建人民出版社，1989:1.

④ 郑也夫，彭泗清，等.中国社会中的信任[M].北京：中国城市出版社，2003:300.

⑤ 罗德里克·M.克雷默，汤姆·R.泰勒.组织中的信任[M].管兵，等译.北京：中国城市出版社，2003:265-267.

生的思想行为，如针对师生的个人先进事迹，制度明确提出相应的奖励措施，反之，针对学生考试作弊、教师不敬业等行为，学校制度明确提出相应的惩戒措施。学者张维迎认为，制度主要指既定的制定，法律维持的信任就是一种典型的制度信任。制度信任与基于个人特征和互动过程的信任彼此联系、互为补充[①]。笔者认为正式制度是指法律形式的规则规范，它明确规定了教师的地位、权利和义务、角色及其职责等，也明确规定了学生的地位、角色和职责、权利和义务等，如《中华人民共和国教师法》《中华人民共和国义务教育法》等；非正式制度则指非法律形式的规则规范，虽然它不像正式制度具有法律效力，但是暗含规范的意义，具有道德合法性，更贴近师生的实际情况，柔性和刚性兼备，灵活性较强，如班规校规等。学校制度的有效运转离不开执行者的素养，鉴于此，教师要不断提升公信力，加强道德权威性等。总之，学校制度的完善有助于师生信任由特殊信任转向普遍信任。

三、信任词语的搜集

为了获得对农村中学师生信任关系更加全面、直观的认识与理解，本书采用了问卷调查法和访谈法。要求学生通过开放式问卷回答问题："你信任的老师具有哪些特征？你不信任的老师具有哪些特征？"选取安徽2所中学的210名学生作为调查对象，其中，七年级55人，八年级60人，九年级95人。对12名中学教师进行半结构化访谈，其中，语文老师3名、数学老师2名、英语老师5名、体育老师1名、物理老师1名，要求教师回答师生信任关系的现状及特点，以及其存在的问题、与课堂教学存在的关系等。在开放式问卷调查结果的基础上，对30名初中生进行深入访谈，其中，七年级10名、八年级10名和九年级10名，需要学生回答他们与教师的信任关系情况，并举例说明他们信任与不信任教师的缘由等。

（一）开放式问卷调查结果统计

本书主要通过开放式问卷调查法来收集学生视角的师生可信任特征的

① 张维迎.信息、信任与法律[M].北京：生活·读书·新知三联书店，2003：9-11.

词语。在学生自习时间发放问卷，当堂回收，发放210份，收回210份，收集到260个回答，除去重复的词语，共得到学生描绘的教师可信任特征75个，教师不可信任特征40个（见表3-3-1和表3-3-2）。

表3-3-1　学生眼中的教师的可信任特征

年级	教师可信任特征							
九年级	好看	声音好听	可爱活泼	幽默感	责任感	公德心	刚毅	说话有分寸
	顾及学生的感受	心灵沟通	帮助学生	宽容	不打骂人	关爱学生	引导学生树立积极的生活态度	作业布置量少
	平等对待所有学生	能力强	细心	耐心	不体罚学生	关注所有学生	关注学生心理健康	帮助学生舒缓心理压力
八年级	有衣品	说话抑扬顿挫	衣着朴素	办事效率高	班级管理得井井有条	上课严谨	资历深	不经常发火
	严格而不苛刻	讲原则	追求进步	做事果断	以身作则	理性控制脾气	管理人性化	说到做到
	为学生保密	关心学生学习和生活	亲近学生	不给学生压迫感	对学生一视同仁	遇事不立刻找家长	做事利索	上课偶尔分享自己的故事
七年级	普通话标准	和蔼可亲	平易近人	乐观阳光	有幽默感	有耐心	温柔善良	做事沉稳
	教学有方通俗易懂	因材施教	上课思路清晰	按时批改作业	讲课生动	知识渊博	严中有爱	诚实守信
	和学生成为朋友	宽容	循循善诱	经常和学生谈话	保护他人自尊心	明辨是非	公正无私	有领导能力
	关心学生	不歧视后进生	做事认真	—	—	—	—	—

表3-3-2　学生眼中的教师的不可信任特征

教师不可信任特征				
长相不好看	严肃，脸上没表情	穿着邋遢	备课不充分	懒散，没责任心
能力差	说话说不到重点	上课死气沉沉	上课死板	上课声音太小

续 表

教师不可信任特征				
下课拖堂	爱打骂学生	不尊重学生的爱好和偶像	体罚或变相体罚学生	说话不算数
占用音体美课	布置大量作业	经常罚抄学生	说话不能让学生信服	没有时间观念
把生活中的不好情绪带到课堂上	乱发脾气	辱骂同学	说话夸张	态度不认真
迟到早退	上课看手机	自私自利	自以为是	作业布置太多
不顾学生感受	不给学生自由空间	恐吓学生	重学生成绩而不看学生学习态度	不信任学生
遇事就找家长告状	对后进生毫不关心	对学生区别对待	放弃学生	不公平

（二）词语归类

笔者及15名教育经济与管理专业研究生对以上115个词语的含义进行归类、合并等，再对这些词语或短语进行讨论，明确类别及其含义。一是根据信任的定义对词语进行归类，合并内涵一致的表述（如“理性控制脾气”与“不经常发火”），剔除与信任含义较远及表述不清晰的词语（如“声音好听”“说话抑扬顿挫”“作业布置量少”“追求进步”），对含义相近的词语进行归类（如“关爱学生”与“关心学生学习和生活”），参照以往研究的分类方法，结合搜集的词语内涵与特征，将这些词语归纳为品格特征和能力特征两个维度。其中，品格特征包括形象仪表、亲和友善、责任义务、公平公正、诚信可靠等方面，能力特征则涵盖教学能力、管理能力等两方面。初步分类后，再对同一维度下的词语进行进一步归类。

具体如下：

1.品格特征

①亲和友善。

亲和：和蔼可亲，平易近人，乐观阳光，可爱活泼，幽默感，上课偶尔分享自己的故事，严中有爱；严肃、脸上没表情，爱打骂学生。

友善：温柔善良、宽容、心灵沟通、保护他人自尊、说话有分寸、顾及的学生感受；不尊重学生的爱好和偶像，不给学生自由空间。

②责任义务。

责任：责任感、按时批改作业、理性控制脾气；懒散、没责任心，上课看手机，迟到早退，备课不充分，把生活中的不好情绪带到课堂上。

义务：关注所有学生，不体罚学生，引导学生树立积极的生活态度，经常和学生谈话，帮助学生，关爱学生，不打骂人；体罚或变相体罚学生，爱打骂学生，恐吓学生，放弃学生。

③公平公正。

公平：对学生一视同仁，不歧视后进生；对后进生毫不关心，对学生区别对待。

公正：以身作则，讲原则，公正无私，明辨是非；重学生成绩而不看学生学习态度。

④诚信可靠。

诚信：公德心、说到做到、诚实守信；没有时间观念，说话不算数；

可靠：为学生保密。

⑤形象仪表。

外貌：好看，长相不好看。

穿着：有衣品，穿着邋遢，衣着朴素。

神情神态：刚毅。

2. 能力特征

① 教学能力：普通话标准、知识渊博。教学有方、因材施教、上课思路清晰、讲课生动、循循善诱。下课拖堂，占用音体美课。

②管理能力：班级管理得井井有条，有领导能力；说话不能让学生信服。

（三）访谈情况

为进一步深入了解学生和教师对师生信任关系的认识和理解情况，为师生信任关系调查问卷的编制提供参考依据，笔者对12名中学教师进行了半结构化访谈，要求教师围绕师生信任关系特征、存在问题以及师生信任与课堂教学的关系等方面来回答，对30名中学生则运用了个别访谈和分组讨论的方式，要求学生回答他们与教师的信任关系情况及存在问题，并举例说明他们信任与不信任教师的缘由等。

1.教师访谈情况

教师1：家庭因素是学生不爱学习、调皮捣蛋的主要原因。学生中留守儿童的占比在百分之八十以上，这些学生的父母都在外地打工，学生大都和爷爷奶奶一起生活，但爷爷奶奶文化水平低，又比较溺爱小孩，他们管不住小孩。对于老师而言，最重要的职责就是看管孩子，别让他们打架。

教师2：学生不可信任，必须保持界限。学生很容易改变立场，只要对他/她有利，他/她会立刻翻脸不认人，甚至诬陷老师；师生之间必须保持距离，否则容易出问题；不过，调皮捣蛋的学生在毕业后反而更亲近老师。

教师3：现在的学生和以前的学生很不一样，学生不说实话，爱撒谎，不能完全相信他们，比以前的学生更难管理。

教师4：部分学生来上学不是为了学知识的，只因为家里没人看管，家长让老师来看孩子而已，有家长就和老师说不指望孩子有出息，混个文凭就行。

教师5：现在的学生难以管理。

教师6：学生不喜欢严管的老师，老师一味的严格不是良策，宽严要有度，方法重要。

教师7：相比老师的教学方式和管理方法，学生更在乎老师的责任心；只有当学生喜欢、信任老师，学生才会爱听老师讲课，要让学生感受到老师是真心爱护他们的。

教师8：学生难管。若批评学生，学生会摆出很不在乎的表情，就算责骂也没用；有学生在上课时会主动提出到外边“凉快凉快”；有威严的男老师能够不怒自威，凭气势管住他们，弱小的老师很难管住他们；成绩好的学生大都有父母的监督。

教师9：师生交往需要把握度，对学生该严时要严；学生作业是最让老师不放心的方面，学生态度不端正，不认真，爱抄袭作业。

教师10：现在离婚家庭的孩子增多，这些学生比较难管，心理比较脆弱，而且与这些孩子家长沟通的难度大；家庭教育很关键。

教师11：老师树立威信很关键，要让学生从心底信服老师；学生会和我讲心里话和悄悄话，分享他/她在生活学习中的各种趣事和小秘密。

教师12：老师会偏爱成绩好的学生，但也不完全如此，相比之下，品格比成绩更重要；老师还是要严格管理学生，如果老师的教学方法和管理方法恰当，能够吸引学生，学生自然就会爱学习。

2.学生访谈情况

笔者对30名初中生进行了深入访谈，其中，七年级10名、八年级10名、九年级10名，需要学生回答他们与教师的信任情况及存在问题，并举例说明他们信任与不信任教师的缘由等。学生访谈情况见下表3-3-3、表3-3-4、表3-3-5。

表3-3-3 农村中学生访谈情况一览

年级	人数	观点
九年级	10名	班上完全信任老师的同学只占少数 遇到学习方面的难题，会找班上的学霸帮忙，而不是向老师请教 很少和老师说心里话，更不会和老师分享自己的小秘密 不喜欢老师偏爱成绩好的同学，特别是当成绩好的同学犯错时，老师还包庇他/她 年龄大的老师不会用微信、QQ等，我们一般不用微信、QQ和老师联系，课后和老师的交流不太多 年轻老师和资历深的老师的教学方法完全不一样，喜欢年轻老师的教学方法 语文老师是我们喜欢的类型，长得帅，又很幽默 班主任能将问题讲透，并鼓励我们越是难学的科目就越要下功夫学，大家都信服他 语文老师学识很渊博，会在课上讲一些与课文相关的内容 有的老师不是真心待我们好，所以我们不会听他的话 我们肯定喜欢形象好的老师，但如果是我们尊敬的老师，即使他穿着拖鞋来上课，我们也会认真听他讲课

续 表

年级	人数	观点
八年级	10名	班上只有不到百分之四十的同学信任老师 女生心思比较细腻，因为是男老师，很多话我们都不方便和他讲 班主任教学经验丰富，管理很严格，我们很敬佩他，他把我们当成他自己的孩子，一视同仁 因为我父亲曾经也是班主任的学生，所以他特别信任我，班主任有时会私下向我打听班上的事，我很为难，一方面是师生情，一方面是兄弟姐妹情，哪一方都不能得罪，所以，班主任问我的时候，只能说一半留一半 班主任管理严格，非常敬业，对学生特别好，大家都怕他，他会经常在教室外观察我们的上课表现，一站就是半小时，看着那双深邃的眼神，心里打哆嗦，他凭良心教学，希望我们有出息，但我们没有自由空间 现在老师管得没那么严，所以有少数同学会化妆
七年级	10名	学习不好，怪自己，不怪老师 小学没学好，基础差，所以学习跟不上 女生好管理，男生稍微调皮一些 我们不喜欢偏心的老师 有的老师上课经常吹牛，上课没有内容 只有数学课爱听，老师很严格，又很幽默，其他课没意思，听不懂，所以就睡觉 有的老师讲课的声音太小，大家对这门课不感兴趣 老师会经常让我们自习 班主任经常鼓励我们好好读书 同学会讨论哪位老师教得好、长得帅，一开始我不认可，但后来我发现同学说得对 老师不准我们玩手机，我们只能偷偷将手机带到学校

表3-3-4　师生信任关系现状访谈观点归类

维度	指标	要点归纳	观点
认知信任	品格特征	亲和友善	班主任不太随和
		责任义务	班主任经常鼓励我们好好读书 现在老师管得没那么严，所以有少数同学会化妆 班主任管理严格，非常敬业，对学生特别好，大家都怕他，他会经常在教室外观察我们的上课表现，一站就是半小时，看着那双深邃的眼神，心里打哆嗦，他希望我们有出息，凭良心教学，但我们没有自由空间

续 表

维度	指标	要点归纳	观点
认知信任	品格特征	公平公正	不喜欢老师偏爱成绩好的同学，特别当成绩好的同学犯错，老师还包庇他/她 老师把我们当成他自己的孩子，一视同仁
		诚信可靠	数学老师喜欢吹牛
		形象仪表	语文老师是我们喜欢的类型，长得帅，又很幽默 我们肯定喜欢形象好的老师，但如果是我们尊敬的老师，即使他穿着拖鞋来上课，我们也会认真听他讲课 有的老师声音太小，大家对这门课不感兴趣
	能力特征	教学能力	班主任能将问题讲透，并鼓励我们越是难学的科目就越要下功夫学，大家都信服他 年轻老师和资历深的老师的教学方法完全不一样，喜欢年轻老师的教学方法 语文老师学识很渊博，会在课上讲一些与课文相关的内容
		管理能力	班主任教学经验丰富，管理很严格，我们很敬佩他 只有数学课爱听，老师很严格，又很幽默，其他课没意思，听不懂，就睡觉
情感信任	依赖老师	听从	有的老师不是真心待我们好，所以我们不会听他的话 女生好管理，男生稍微调皮一些；班主任会私下向我打听班级情况，很为难，只能说一半 老师不准我们玩手机，我们只能偷偷将手机带到学校
		依赖	遇到学习方面的难题，会找班上的学霸帮忙 遇到困难不会向老师求助
行为信任	自我暴露	分享秘密	很少和老师说心里话，更不会分享自己的小秘密 女生心思比较细腻，因为是男老师，我们很多话都不方便和他讲

表3-3-5　师生信任关系影响因素访谈观点归类

维度	指标	观点
师生个体特征信任	个人背景	小学没学好，基础差，所以学习跟不上 我不喜欢上学，但是在家没人和我玩
	信任倾向	不喜欢从早学到晚，太辛苦，平时就爱玩，好打游戏 学习不好，怪自己，不怪老师 班主任教学经验丰富，管理很严格，我们很敬佩他，他把我们当成他自己的孩子，一视同仁

续 表

维度	指标	观点
师生个体特征信任	学生对教师的角色期望	不喜欢老师偏爱成绩好的同学，特别是当成绩好的同学犯错时，老师还包庇他/她 只有数学课爱听，老师很严格，又很幽默，其他课没意思，听不懂，就睡觉 年轻老师和资历深的老师的教学方法完全不一样，喜欢年轻老师的教学方法 语文老师是我们喜欢的类型，长得帅，又很幽默；有的老师讲课声音太小，大家对这门课不感兴趣
师生互动过程信任	学生感知的教师期望	老师经常鼓励我们好好读书 班主任能将问题讲透，并鼓励我们越是难学的科目就越要下功夫学，大家都信服他
	具体情境	女生心思比较细腻，因为班主任是男老师，我们很多话都不方便和他讲 很少和老师说心里话，更不会分享自己的小秘密 我喜欢打游戏，不爱学习 小学没学好，基础差，所以学习跟不上 我不喜欢上学，但是在家没人和我玩 不喜欢从早学到晚，太辛苦，平时就爱玩，好打游戏 老师更换频繁，一个学期就换了好几个，导致我现在听不懂
	第三方因素	家里人希望我好好学习，能考上大学 父母管得严，逼着写作业，玩手机也只允许玩一会 父母对我抱有高期待，希望我能有出息 我不喜欢上课，上课听不懂，我不愿被束缚在教室 父母都希望我们能学好，能考上大学，但是没办法，基础太差，跟不上，以后就去学门技术 同学会讨论哪位老师教得好、长得帅，一开始我不认可，但后来我发现同学说得对
	新媒体	年龄大的老师不会用微信、QQ 等，我们一般不用微信、QQ 和老师联系等
学校制度信任	制度执行	老师不准我们玩手机，我们只能偷偷将手机带到学校 现在老师管得没那么严，所以有少数同学会化妆 只要监考老师没发现，在考试时就会抄袭

四、问卷项目的编制

通过对“信任”及“师生信任关系”的词语搜集，以及对学生的开放式问卷调查，结合对师生的访谈情况，参考《信赖他人量表》、《人际信任量表》、《组织信任量表——发展与有效性》、《学生信任教师问卷》、《学生信任教师量表》（学生卷）、《高校师生信任关系调查问卷》（学生卷）等问卷的题项来编制本书的问卷项目。本书编制的《农村中学师生信任关系调查问卷》（学生卷）初稿包括三部分内容，共102个题项：一是学生个人基本信息，二是学生视角的师生信任关系现状，三是师生信任关系影响因素。首先通过文献研究法和问卷法来编制调查问卷。在调查问卷形成雏形的基础上，以对教师和学生的访谈内容为重要参照，对问卷题项反复地增减、调整和修正，形成调查问卷初稿，并将调查问卷初稿递送给相关的五位专家审阅。初审部分意见如下：

高校A教授认为，问卷调查的主题是农村中学师生信任关系，应围绕这一主题来设计问卷，问卷题项的编制要有理论依据，每一个维度以3~5道题为宜。农村中学师生信任关系现状部分的设计主要是为了反映现状和发现问题，影响因素部分主要是为了探讨影响农村中学师生信任关系的深层原因。此外，题项的设计要尽量反映农村中学师生的特点。

高校B教授认为，现状部分用量表形式合适，因为影响因素部分涉及多个变量，建议采用选择题方式来设置题项；而且，问卷的题量不能太大，不然，学生很难高质量完成。

高校C博士认为，问卷题量不能太大，与主题较远的题可以删除，如个人信息部分中关于学生家庭收入的题项，建议删除；问卷中存在含义差不多的题项，建议合并；要避免问题带有倾向性；不要问学生不知道或敏感的问题。

中学资深班主任D认为，对于问卷中的专业术语，学生很难理解，如“新媒体”等，建议用学生能够理解的词语来表达；学生存在选择性困难，如“当我在家庭中所接受的教育理念和学校的有冲突时，我会更倾向于支持”这道题中，只有“家庭的教育理念”和“学校的教育理念”这两个选项供学生选择，但还存在某些情况下更倾向于支持家庭的教育理念，而另外一些情况下更倾向于支持学校的教育理念的情况，因此，可以增加“视情况而定”这一选项。

中学资深英语教师E认为，中学生的理解能力有限，如果问题太复杂，学生就会失去答题的兴趣，随便勾选项。因此，问卷题项的设计应简洁明了，问题表述要通俗易懂、清晰精准，便于学生作答。

根据专家的建议，笔者对调查问卷进行了五次以上的认真修改，形成了预调研调查问卷《农村中学师生信任关系调查问卷》（学生卷）（见附录1），共60个题项，包括三个部分。一是个人基本情况部分（A1—A7），共7个题项，涉及学生性别、所在年级、是否学生干部、成绩排名、和谁一起生活、是否寄宿、和父母交流的情况。二是师生信任关系现状部分（B1—B34），主要包括认知信任、情感和行为信任两个维度，共34个题项。题项B1、B2是单选题，以了解学生对师生信任关系的整体认知情况；题项B3至B34则为量表形式，以了解学生对教师的认知信任、情感和行为信任水平。认知信任共22道题，涉及学生对教师品格和能力两方面的认知。其中，品格13道题（如“老师能够理性控制情绪，不会发脾气”等），主要通过教师的言语品格（B9—B13、B15）和行为品格（B3—B8、B14）来认知，具体包括形象仪表、责任义务、亲和友善、公平公正、诚信可靠等方面，能力9道题（B16—B24）；情感和行为信任共10道题（B25—B34）。三是师生信任关系影响因素部分（C1—C19），包括师生个体特征、师生互动过程和学校制度三个维度，采用选择题的形式，具体包括学生的信任倾向、学生对教师的角色期望、教师对学生的期望、师生交往动机、家庭和同伴的影响、学校制度、新媒体等变量，共19个题项。

第四节　问卷试测与施测

一、问卷试测

问卷试测主要是为了尽早发现研究设计及度量工具的不足并予以修

正，了解问卷有哪些问题难以理解和回答、哪些问题比较敏感等。本书试测的主要目的是检测《农村中学师生信任关系调查问卷》（学生卷）的可靠性、可信性，了解学生对问卷中的问题的理解程度、答案之间的界限是否模糊、语言表达是否精准等，再依据问卷预测结果，增减、调整和修正问卷内容。本书以安徽省B市3所农村中学的中学生为试测对象，以农村中学七年级到九年级的学生为抽样框。笔者于2019年10月26日至11月2日对3所农村中学的170名学生进行了试测，发放问卷170份，其中九年级60人，八年级70人，七年级40人，回收有效问卷147份，有效回收率为86.5%。试测问卷回收后，将问卷数据录入SPSS21.0中，以便进行后续分析。农村中学师生信任关系现状测量是开展农村中学师生信任关系研究的基础。《农村中学师生信任关系调查问卷》（学生卷）第二部分现状量表（B3—B34）的设计以信任理论为基础，参考了陈聪等学者的相关量表，参照了210名学生关于教师可信任特征的开放式问卷答案以及对部分师生的访谈情况。本书尝试通过对该问卷信度检验及基于信度检验的项目分析，来分析《农村中学师生信任关系调查问卷》（学生卷）第二部分现状量表题项的设计是否合理。

（一）项目分析

本书利用项目分析法检验量表或测量题项的适切程度，将分析后的不当之题删除，采用基于信度变化对不当题项筛选引起的波动作为保留或删除的依据。在本书预调研中，笔者使用SPSS21.0软件对147份有效问卷中现状量表部分的信度进行了检验，结果为认知信任量表（B3—B24）信度达到0.807，情感与行为信任量表（B25—B34）信度达到0.857。

为进一步修缮本量表，本书运用了逐一删去量表中单个题项以观察总量表信度变化的方法，若量表信度变化较大，则表明该题项对量表信度的影响较大。若删去题项后，总量表信度得到实质性提升，则可以认为该题项需要删减。认知信任量表、情感与行为信任量表的项目分析表如下所示（见表3-4-1和表3-4-2）：

表 3-4-1　认知信任量表项目分析

题项	项已删除的刻度均值	项已删除的 Cronbach's Alpha 值	注释
B3 老师的仪容仪表端庄得体、自然优雅	43.57	0.794	保留
B4 老师的普通话标准，语言表达文明规范	43.11	0.793	保留
B5 老师给人的第一印象正向积极	43.67	0.791	保留
B6 老师除了上课时间基本都在办公室，我能很方便地找到老师进行交流讨论	43.65	0.795	保留
B7 老师上课不会迟到早退	43.52	0.804	保留
B8 老师会引导我树立正确的生活态度	44.06	0.801	保留
B9 老师与我们相处时很亲切、和蔼	43.57	0.794	保留
B10 老师尊重我的爱好，给我自由空间	42.97	0.795	保留
B11 老师能够理性控制情绪，不会发脾气	42.89	0.788	保留
B12 老师上课时和同学开玩笑，都是善意的	43.64	0.796	保留
B13 老师说话有分寸，会顾及我的感受	43.34	0.794	保留
B15 老师说到做到，不会食言	43.11	0.787	保留
B16 老师不会把我和他/她私下的谈话告诉别人	43.33	0.802	保留
B17 老师对别人说我的事情，都是出于好意	43.16	0.797	保留
B18 老师批评同学都是出于对学生的关心与爱护	43.74	0.797	保留
B19老师对他/她所教科目的知识非常精通	43.77	0.799	保留
B20 老师常常采用一些新方法来教学，让我们感到很有兴趣	43.29	0.789	保留
B21 老师能敏锐地发现我学习上存在的问题	43.42	0.791	保留
B22 当我回答问题不正确时，老师会及时启发引导我回答问题	43.61	0.790	保留
B23 老师在处理他/她与学生之间的矛盾冲突时，显得很有智慧	43.53	0.793	保留
B24老师将班级管理得井井有条	43.75	0.796	保留
B14 老师偏爱成绩好的学生，不关心成绩差的学生	41.66	0.901	删除

表 3-4-2 情感与行为信任量表项目分析

题项	项已删除的刻度均值	项已删除的 Cronbach's Alpha 值	注释
B25 老师发自内心地关心我，我愿意听从老师的教导	21.701	0.856	保留
B26 当我在重要问题上拿不定主意时，我愿意依赖老师的意见	21.252	0.864	保留
B27 当我遇到困难或伤害时，我愿意依赖老师的支持和帮助	21.293	0.841	保留
B28 老师不会体罚或变相体罚我们，我愿意和他/她亲近	21.204	0.851	保留
B29 老师很为我着想，我愿意和老师共享信息	21.068	0.846	保留
B30 我愿意将我犯的错误告诉老师，即使对我不利	21.252	0.842	保留
B31 我愿意如实指出老师存在的问题，即使对我不利	21.088	0.840	保留
B32 我愿意向老师如实反馈自己在学习和生活中的困扰，即使对我不利	21.061	0.826	保留
B33 我愿意主动地跟老师进行交流，提出自己对课堂教学内容、教学方式方法等各方面的看法与意见	20.782	0.834	保留
B34 我愿意和老师说心里话，告诉老师自己的小秘密	20.095	0.835	保留

信度主要指的是测验的可靠性，即无论测多少次，测验的结果总是较为稳定，因此可以理解为，无论学生在什么时候、什么场合完成该现状量表，其结果能保持较为一致。在认知信任量表中，对于题项 B14 影响信度的主要原因，可能是因为学生回答该题时受到了社会赞许效应的影响。老师偏爱成绩好而忽视成绩差的学生不符合传统的社会期待，已经是初中水平的学生被试具有一定的社会经历与社会体验，对社会舆论与期待有意识或无意识的存在于认知中。当学生被要求回答教师是否偏爱成绩好的学生时，学生在“自己的回答是否需要符合社会期待”上存在分歧，即部分学生可能会认为自己回答教师对学生公正不倚是良好的反应，因此没有按照实际情况来回答，这导致了本题对教师是否会因学生成绩差异而存在偏爱状况的测量存在误差，因此会降低总量表信度，故删除。在情感与行为信任量表中情况良好，不需删减题目。

（二）调查问卷内容的增减、调整和修正

通过对3所农村中学学生的试测发现如下问题：一是个别题项可以用更加通俗化的语言来表述；二是对于“教师素养”这道题的回答，学生反映都重要，建议作为多选题；三是学生对“新媒体技术”这一专有名词不甚了解等。此外，部分学生可能会认为自己回答教师对学生公正不倚是良好的反应，因此没有按实际情况回答，这导致题项B14对教师是否会因学生成绩差异而存在偏爱状况的测量存在误差，降低了总量表信度。因此，本书对调查问卷内容进行了如下调整：一是删去题项B14。二是对师生信任关系现状问卷中的少数题项进行修正。将B26题项“当我在重要问题上拿不定主意时，我愿意依赖老师的意见”中的“依赖”改成了“听从”，将B27题项“当我遇到困难或伤害时，我愿意依赖老师的支持和帮助”的表述改为了“当我遇到困难或伤害时，我愿意寻求老师的支持和帮助”；增加了1道题，即“当我犯错时，我愿意接受老师的批评”，编制这道题的目的是更好地了解学生的情感信任倾向，即学生存在不良行为时，对教师的情感依赖状况如何，以便更全面地反映学生对教师的情感信任情况。三是对影响因素问卷中的部分题项进行了增减和修正。在C2题项“当我在家庭中所接受的教育理念和学校的有冲突时，我会更倾向支持”的选项中增加了“视具体情况而定”选项；将C4题项“我最看重的教师素质”从单选题改为多选题；将C15“新媒体技术对我的影响主要有”改为了“手机、电脑等新媒体对我的影响主要有”，以便于学生理解。

二、正式问卷的施测

正式问卷在试测问卷的基础上形成，共60道题，分三部分内容。一是个人基本信息（A1—A7），共7道题。二是师生信任关系现状部分（B1—B34），共34道题，主要测量农村中学师生信任关系水平。其中，B1、B2这两道题采用选择题形式，从总体上了解学生对师生信任重要性的认识情况；B3—B23为农村中学师生认知信任量表（学生卷），共21道题，主要测量学生对教师的认知信任水平；B24—B34为农村中学师生情

感和行为信任量表（学生卷），共11道题，主要测量学生对教师的情感和行为信任水平。量表采用李克特量表的5点计分法（完全符合、比较符合、一般符合、比较不符合、完全不符合），根据程度的不同，从“完全符合”至“完全不符合”分别计5至1分，B3至B34的总分值在32至160分之间，量表总分分值越高，表明农村中学师生信任关系的水平越高。三是师生信任关系影响因素部分（C1—C19），共19道题，采用选择题形式。在既有的理论框架下，从师生个体特征、师生互动过程和学校制度这三个维度来探讨影响师生信任关系的主要因素，从而为如何增进农村中学师生信任关系提供重要依据。

关于农村中学师生信任关系的问卷调查，本书以农村中学七年级至九年级学生为调查对象，通过随机抽样方法来选择样本。具体做法如下：一是从安徽抽取11所农村中学，具体包括G县D中学、L县Y中学、H县W中学、F县L中学、S县M中学、F县Z中学、S县Y中学、T县S中学、Y县X中学、L县H中学、C县Z中学等。二是从七年级、八年级和九年级中随机挑选班级和学生作为调研对象，采取整群抽样法，男生和女生都有涉及。

问卷调查必须尊重学生和相关教师的知情权。在正式问卷发放前，笔者将问卷调查的目的告知学生和教师，由发放问卷的科任教师代读知情同意书的内容。只有在相关教师和学生同意的情况下，调查问卷才能发放，在答题前，向学生保证调查问卷的保密性，以方便学生作答。本书正式调研问卷共计1950份，回收有效问卷1895份，有效回收率97.2%。将回收问卷进行编码并录入到SPSS21.0软件中，通过均值填补的方式对个别缺失值进行了填补。

三、问卷信效度分析

预调研调查问卷的信效度检验主要是为了了解问卷的大致情况、降低出错的概率，但并不保证一定没有问题。定量研究中任何一个维度（包括子维度）要保证能在后期讨论中具有说服力，其信度、效度必须同时过关。本书中的农村中学师生认知信任量表（学生卷）涉及品格信任和能力信任两个子维度，品格信任维度涉及的题项为：B3、B4、B5、B6、B7、B8、B9、B10、B11、B12、B13和B14，共12道题，能力信任涉及的题项为：B15、B16、B17、B18、B19、B20、B21、B22和B23，共9道题。品格信任主要指学生对教师品格特征的认知，可以理解为学生对教师的形象仪表、责任义务、亲和友善、公平公正、诚实可靠等方面的信任，根据教师品格的表现形式，研究中的品格信任维度分为行为品格信任和言语品格信任，行为品格包括B3、B4、B5、B6、B7和B8，共6道题，言语品格包括B9、B10、B11、B12、B13和B14，共6道题；能力信任维度涵盖教学能力和管理能力，教学能力包括B18、B19、B20和B21，共4道题，管理能力包括B15、B16、B17、B22和B23，共5道题。农村中学师生情感和行为信任量表（学生卷）包括情感信任和行为信任两个维度，情感信任主要通过学生对教师的依赖性来反映，行为信任主要通过学生的自我揭露性来反映。情感信任包括B24、B25、B26、B27和B28，共5道题，行为信任包括B29、B30、B31、B32、B33和B34，共6道题。本书不仅需要对认知信任、情感和行为信任维度这两个一级维度进行检验，还必须对量表中的二级子维度如品格信任、能力信任、情感信任和行为信任维度的信效度进行检验，唯有如此，该维度的分析才具有信效度。

（一）问卷信度分析

信度是指问卷的可信程度，也被称为可靠性。信度检验主要是为了考查问卷中各题项的内容或特质是否一致，合理的问卷应具有稳定性和可靠性等特征[①]。通常情况下，当Cronbach's Alpha系数大于0.7，量表就被认为具有高信度[②]。

从表3-4-3可知，认知信任量表信度达到0.938。其中，品格信任的相关题项共12个，量表信度值达到0.910，其二级子维度行为品格信任与言语品格信任的信度值分别达到0.830和0.862；教师能力信任的相关题项共9个，量表信度值达到0.865，其中，二级子维度教学能力信任和管理

① 吴骏.SPSS统计分析从零开始学[M].北京：清华大学出版社.2014：360.

② 荣泰生.SPSS与研究方法[M].2版.白雪梅，校.大连：东北财经大学，2012：288.

能力信任的信度值分别为0.800和0.763。两个一级子维度量表的信度均大于0.850，故该量表总体信度优良。

情感与行为量表信度达到0.901。其中，情感信任的相关题项共5个，量表信度值达到0.808；行为信任的相关题项共6个，量表信度值达到0.808。两个子维度信度均大于0.8，故该量表信度情况良好。

表3-4-3 农村中学师生信任关系各维度信度

量表内容	信度呈现	一级子维度	信度呈现	二级子维度	信度呈现
认知信任量表	0.938	品格信任	0.910	行为品格信任	0.830
				言语品格信任	0.862
		能力信任	0.865	教学能力信任	0.800
				管理能力信任	0.763
情感与行为信任量表	0.901	情感信任	0.808	—	—
		行为信任	0.808	—	—

（二）问卷效度分析

本书呈现的是结构效度，其方式是先做探索性因子分析，以揭示本问卷理论结构的大致样貌，随后采用验证性因子分析对问卷的结构效度进行检验。

1.探索性因子分析

在探索性因子分析中，通过971份样本对两量表情况进行检验。在进行探索性因子分析之前，先对研究数据进行KMO检验及Bartlett球形检验，以考察其是否适合做因子分析，其检验结果如表3-4-4所示。

表3-4-4 KMO检验及Bartlett球形检验结果

量表内容	题项数	KMO统计量	Sig.
认知信任量表	21	0.972	0.000
情感与行为量表	11	0.930	0.000

由上表可知，认知信任量表的KMO统计量为0.972，Bartlett球形检验的Sig值为0.000，情感与行为量表的KMO统计量为0.930，Bartlett球形检

验的Sig值为0.000。各量表的KMO统计量均显著大于0.6，Bartlett球形检验的Sig值均小于显著性水平0.05，说明适合做因子分析。在因子分析方面，运用主成分分析法来提取因子，采用最大方差法进行旋转。旋转后成分矩阵中剔除小于0.4载荷的数据以便观察分类情况。

（1）认知信任量表的探索性因子分析，见表3-4-5、表3-4-6。

表3-4-5　认知信任量表的解释的总方差

成分	初始特征值			提取平方和载入			旋转平方和载入		
	合计	方差	累积	合计	方差	累积	合计	方差	累积
1	10.044	47.827%	47.827%	10.044	47.827%	47.827%	5.581	26.576%	26.576%
2	0.982	4.677%	52.504%	0.982	4.677%	52.504%	5.445	25.928%	52.504%
3	0.892	4.247%	56.752%	—	—	—	—	—	—
4	0.778	3.703%	60.454%	—	—	—	—	—	—
5	0.716	3.411%	63.865%	—	—	—	—	—	—
6	0.667	3.174%	67.039%	—	—	—	—	—	—
7	0.634	3.021%	70.061%	—	—	—	—	—	—
8	0.620	2.954%	73.015%	—	—	—	—	—	—
9	0.561	2.674%	75.689%	—	—	—	—	—	—
10	0.548	2.609%	78.298%	—	—	—	—	—	—
11	0.516	2.458%	80.755%	—	—	—	—	—	—
12	0.501	2.385%	83.140%	—	—	—	—	—	—
13	0.474	2.257%	85.398%	—	—	—	—	—	—
14	0.459	2.186%	87.583%	—	—	—	—	—	—
15	0.424	2.018%	89.601%	—	—	—	—	—	—
16	0.395	1.881%	91.482%	—	—	—	—	—	—
17	0.391	1.860%	93.342%	—	—	—	—	—	—
18	0.381	1.813%	95.155%	—	—	—	—	—	—
19	0.361	1.718%	96.873%	—	—	—	—	—	—
20	0.352	1.677%	98.549%	—	—	—	—	—	—
21	0.305	1.451%	100.000%	—	—	—	—	—	—
提取方法：主成分分析法									

表 3-4-6 认知信任量表的旋转成分矩阵[a]

题项	成分	
	1	2
B3	0.595	—
B4	0.629	—
B5	0.562	0.488
B6	0.567	—
B7	0.447	0.459
B8	0.459	0.505
B9	0.718	—
B10	0.785	—
B11	0.756	—
B12	0.560	0.401
B13	0.687	—
B14	0.559	0.418
B15	—	0.601
B16	—	0.533
B17	—	0.668
B18	—	0.702
B19	—	0.659
B20	—	0.650
B21	—	0.632
B22	0.416	0.583
B23	—	0.673
提取方法：主成分分析法 旋转法：具有 Kaiser 标准化的正交旋转法		
a. 旋转在 3 次迭代后收敛		

按特征根大于1的标准对认知信任量表进行划分只能得到一个主成分，考虑到第二成分的特征根接近1，人为划分为2个成分进行效度检验，从表3-4-5和表3-4-6来看，其累积总方差达到52.504%，旋转后因子成分矩阵的结果如下：品格信任类：B3、B4、B5、B6、B7、B8、B9、B10、

B11、B12、B13、B14；能力信任类：B15、B16、B17、B18、B19、B20、B21、B22、B23。其中，虽然B7、B8、B12、B14、B22在两个主成分上均存在大于0.4的载荷值，但考虑到两者相差不大，即在数理上分类到两类题目的影响相近，且理论设计上将这些题目归属理论分类，故可以认为因子分析结果上的两个成分对应的题目如表3-4-6（加粗）所示。综上，每道题目都被较好地分类到相应的维度，因此该量表探索性因子分析的效度检验良好。

（2）情感与行为信任量表探索性因子分析，见表3-4-7、表3-4-8。

表3-4-7　情感与行为信任量表的解释的总方差

成分	初始特征值			提取平方和载入			旋转平方和载入		
	合计	方差	累积	合计	方差	累积	合计	方差	累积
1	5.571	50.642%	50.642%	5.571	50.642%	50.642%	3.425	31.141%	31.141%
2	1.118	10.167%	60.809%	1.118	10.167%	60.809%	3.264	29.669%	60.809%
3	0.674	6.130%	66.940%	—	—	—	—	—	—
4	0.645	5.863%	72.803%	—	—	—	—	—	—
5	0.561	5.104%	77.907%	—	—	—	—	—	—
6	0.483	4.388%	82.296%	—	—	—	—	—	—
7	0.446	4.052%	86.348%	—	—	—	—	—	—
8	0.439	3.991%	90.339%	—	—	—	—	—	—
9	0.379	3.444%	93.783%	—	—	—	—	—	—
10	0.372	3.377%	97.161%	—	—	—	—	—	—
11	0.312	2.839%	100.000%	—	—	—	—	—	—
提取方法：主成分分析法									

表3-4-8　情感与行为信任量表的旋转成分矩阵[a]

题项	成分	
	1	2
B24	—	**0.739**
B25	—	**0.783**
B26	**0.422**	**0.586**

续 表

题项	成分	
	1	2
B27	—	**0.738**
B28	—	**0.661**
B29	**0.490**	**0.599**
B30	**0.582**	**0.532**
B31	**0.733**	—
B32	**0.802**	—
B33	**0.774**	—
B34	**0.769**	—
提取方法：主成分分析法 旋转法：具有 Kaiser 标准化的正交旋转法		
a. 旋转在 3 次迭代后收敛		

情感与行为信任量表的效度检验情况良好，按特征根大于1的标准进行因子分析得到两个主成分，如表3-4-7和表3-4-8所示，其解释总方差达到60.809%，旋转后因子成分矩阵较为理想。第一类题目：B24、B25、B26、B27、B28，与理论设计的情感信任（B24—B28）完全相符；第二类题目：B29、B30、B31、B32、B33、B34，与理论设计的行为信任（B29—B34）也基本相符。B29、B30的因子载荷在第一类题目中的因子载荷分别为0.490和0.582，在第二类题目中的因子载荷分别为0.599和0.532，但考虑到两者相差不大，即在数理上分类到两类题目的影响相近，且理论设计上将B29、B30归为第二类题目，故可以认为B29、B30在因子分析上也属于第二类题目。因此，因子分析结果题项分类（加粗）与理论分类相符，情感与行为量表的探索性因子分析的效度得到了检验。

2. 验证性因子分析

按照先前理论分类画出认知信任量表与情感与行为量表的结构方程，并使用SPSS21.0软件的AMOS24.0进行建模与验证，本书试图通过验证性因子分析测量检验量表的结构效度。

（1）认知信任量表验证性因子分析，见图3-4-1、表3-4-9。

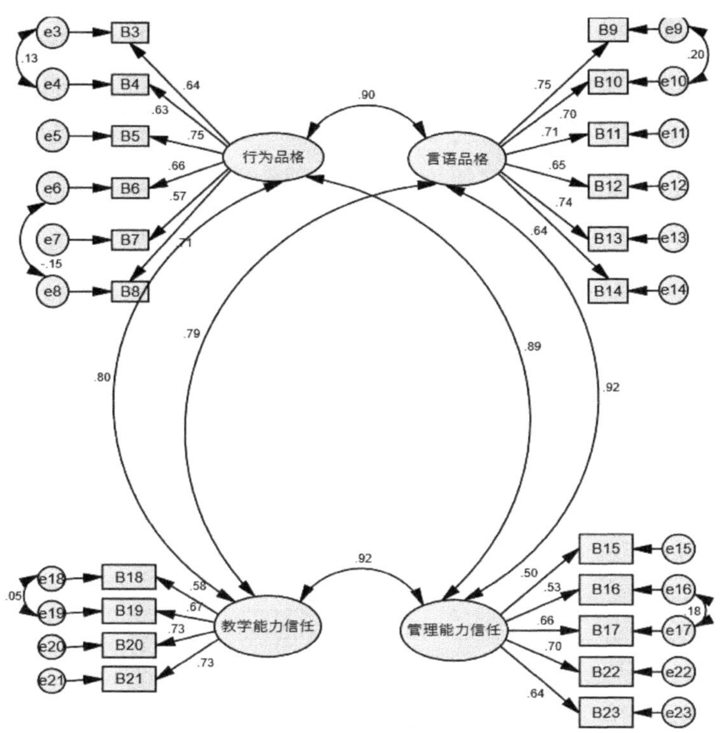

Standardized estimates
群组=Group number 1
卡方值=678.814(p值=.000);自由度=178
RMSEA=.055;RMR=.037;AGFI=.913;GFI=.933;NFI=.921;RFI=.907
卡方自由度比值=3.814；CN=286.000

图3-4-1　认知信任量表的验证性因子分析

表3-4-9　认知信任量表的验证性因子分析适配度检验

统计量	P	RMR	GFI	CFI	IFI	TLI	RESEA
拟合指标	0.00	0.037	0.933	0.939	0.940	0.929	0.055
评价标准	>0.05	<0.05	>0.90	>0.90	>0.90	>0.90	<0.08

由图3-4-1和表3-4-9可知，认知信任结构模型拟合度良好，虽P值没达标，但在实务上卡方值十分容易受到样本量的影响，而对于200份以上的样本，很多研究都是偏向于得到$P<0.05$的假设，本书有效样本数为924份，因此应配合其他指标进行分析。其余拟合指标RMR、GFI、CFI、IFI、TLI、RESEA均达到评价标准。其中，常见的比较拟合指标CFI大于0.9，表示模型拟合良好；RMSEA位于0.05~0.08的范围，属于合理拟合范

畴。其中各子维度标准化因子载荷为：行为品格（0.57~0.75）、言语品格（0.64~0.75）、教学能力信任（0.58~0.73）、管理能力信任（0.50~0.70），各维度的标准化因子载荷均大于0.5。综上，可以认为认知信任量表的验证性因子分析的结构方程模型通过检验，因此认知信任量表具有良好的结构效度。

（2）情感与行为量表验证性因子分析，见图3-4-2、表3-4-10。

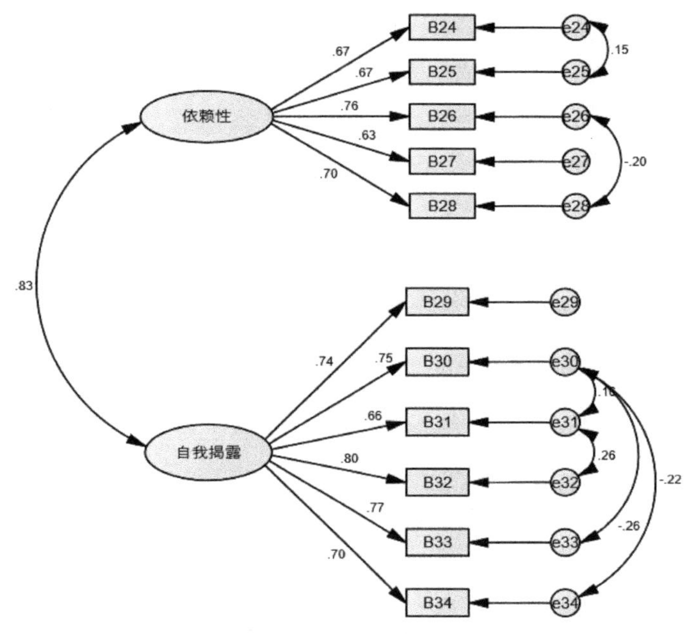

图3-4-2 情感与行为量表的验证性因子分析

表3-4-10 情感与行为量表的验证性因子分析适配度检验

统计量	P	RMR	GFI	CFI	IFI	TLI	RESEA
拟合指标	0.00	0.049	0.956	0.969	0.960	0.940	0.075
评价标准	>0.05	<0.05	>0.90	>0.90	>0.90	>0.90	<0.08

由图3-4-2和表3-4-10可知，情感与行为信任结构模型拟合度良好，虽P值也未达标，但本书有效样本数为924份，因此，卡方检验受样本影响波动大，故这不是判断模型拟合的关键指标。配合其他指标来进行分析，其余拟合指标RMR、GFI、CFI、IFI、TLI、RESEA均达到评价标准。其中，常见的比较拟合指标CFI为0.969，表示模型拟合良好；RMSEA为0.075，位于0.05~0.08的范围，属于合理拟合范畴。其中，各子维度标准化因子载荷为：依赖性（0.63~0.76）、自我揭露性（0.66~0.80），各维度的标准化因子载荷均大于0.6，载荷值比较理想。综上，可以认为情感与行为量表的验证性因子分析的结构方程模型通过检验，情感与行为量表具有良好的结构效度。

综上，本书两个量表的信度优良，具有一定的可靠性。而且，在效度检验中，无论是探索性因子分析结果还是验证性因子分析结果，两者都表明正式调研问卷具有良好的结构效度。因此，正式调研问卷的信效度得到了很好的检验。

第四章　农村中学师生信任关系现状探寻

本章重点探寻学生视角的农村中学师生信任关系现状。有两条路径：一是大规模问卷调查，二是深入农村中学进行田野调查。基于问卷调查结果，通过SPSS21.0软件对学生视角的农村中学师生信任关系现状进行描述性统计分析，从学生对教师的认知信任、情感和行为信任这两个维度来描述农村中学师生信任关系现状。同时，基于对农村中学的田野调查结果，从细微处了解和归纳教师视角和学生视角的师生信任关系特征等。本书试图通过对农村中学师生信任关系现状的描述分析，了解农村中学师生信任关系概况，发现和归纳师生信任方面存在的问题，为探讨如何增进农村中学师生信任关系提供现实依据。

第一节　基于问卷调查的师生信任关系现状

一、学生个人基本情况

（一）样本概况

本书以农村中学生为调查对象，涉及安徽省等九个县级区域，共发放调查问卷1950份，回收有效问卷1895份，有效回收率97.2%。对于调查问卷数据中存在的极少数缺失值，则采取均值填补的方式处理。本书在进行数据分析时，对部分数据进行修正处理。被调查学生基本情况如表4-1-1所示。其中，男生907名，女生988名；七年级680名，八年级570名，九年级645名；学生干部535名，非学生干部1359名；学业成绩靠前的学生441名，学业成绩居中的学生966名，学业成绩靠后的学生486名；和父母一起生活的学生939名，与隔代长辈一起生活的学生825名，与同辈（哥哥姐姐）一起生活的学生51名，与其他亲戚一起生活的学生80名；寄宿学生890名，不寄宿学生1005名；和父母经常联系的学生1216名，和父母偶尔联系的学生451名，和父母很少联系的学生170名，和父母基本上不联系的学生52名。从数据来看，学生性别比例接近1∶1，年级分布比例接近1∶1∶1，学生干部近三成，学生学习成绩排名也服从中间多两边少的正态分布，这表明所抽取的样本具有广泛性和代表性，合乎常理。

表4-1-1　农村中学生基本情况

调查对象背景资料		频率	百分比
A1性别	男	907	47.9%
	女	988	52.1%
A2所在年级	七年级	680	35.9%
	八年级	570	30.1%
	九年级	645	34.0%
A3是否学生干部	是	535	28.2%
	否	1359	71.7%
	缺失值	1	0.1%
A4学习成绩排名	靠前	441	23.3%
	居中	966	51.0%
	靠后	486	25.6%
	缺失值	2	0.1%
A5和谁一起生活	父母	939	49.6%
	隔代长辈	825	43.5%
	同辈（哥哥姐姐）	51	2.7%
	其他亲戚	80	4.2%
A6是否寄宿	是	890	47.0%
	否	1005	53.0%

续 表

调查对象背景资料		频率	百分比
A7 与父母交流的情况	基本不联系	52	2.7%
	很少联系	170	9.0%
	偶尔联系	451	23.8%
	经常联系	1216	64.2%
	缺失值	6	0.3%

（二）留守儿童占半数以上，其中多数与隔代长辈一起生活

“和谁一起生活”基本情况如表 4-1-1 所示，49.6% 的农村中学生与父母一起生活，43.5% 的学生同隔代长辈一起生活，与同辈（哥哥姐姐）一起生活的学生占 2.7%，与其他亲戚一起生活的学生占 4.2%。由数据可知，多数学生不与父母一起生活，大多数留守儿童与隔代长辈一起生活。

此外，从留守儿童在各年级的分布情况来看（如表 4-1-2 所示），八年级和九年级的留守儿童数量要少于七年级学生，这与我国民政部的相关数据统计相一致，即留守儿童主要分布在低年级，以 6—13 岁的儿童为主。当然，留守儿童的年级分布虽然有差异，但也不是非常悬殊。

表 4-1-2　留守儿童在各年级分布情况

年级	频率	百分比	有效百分比
七年级	350	36.6%	36.6%
八年级	269	28.1%	28.1%
九年级	337	35.3%	35.3%
合计	956	100.0%	100.0%

（三）多数学生会与父母经常沟通

如表 4-1-1 所示，六成以上的学生会和父母经常联系，23.8% 的学生会和父母偶尔联系，和父母很少或基本不联系的学生占 11.7%。这意味着绝大多数学生与家长的联系紧密，即使多数学生父母在外地务工，但仍会通过电话、微信等方式关爱孩子、督促孩子、引导孩子的成长，与孩子保

持紧密联系。从表4-1-3的数据来看，近半数与隔代长辈一起生活的留守儿童会经常与父母联系，1/3的留守儿童会和父母偶尔联系；除了极个别学生，与同辈（哥哥姐姐）一起生活的留守儿童会与父母经常或偶尔联系；同其他亲戚一起生活的学生，与父母基本不联系或很少联系的只占极少数。

表4-1-3　学生与父母的交流情况

<table>
<tr><td rowspan="2">指标</td><td rowspan="2">选项</td><td colspan="4">我与父母交流的情况</td><td rowspan="2">合计</td></tr>
<tr><td>基本不联系</td><td>很少联系</td><td>偶尔联系</td><td>经常联系</td></tr>
<tr><td rowspan="4">和谁一起生活</td><td>父母</td><td>19</td><td>59</td><td>111</td><td>750</td><td>939</td></tr>
<tr><td>隔代长辈</td><td>28</td><td>99</td><td>287</td><td>411</td><td>825</td></tr>
<tr><td>同辈（哥哥姐姐）</td><td>1</td><td>2</td><td>22</td><td>26</td><td>51</td></tr>
<tr><td>其他亲戚</td><td>4</td><td>10</td><td>31</td><td>35</td><td>80</td></tr>
<tr><td colspan="2">合计</td><td>52</td><td>170</td><td>451</td><td>1222</td><td>1895</td></tr>
</table>

（四）近半数学生寄宿

从表4-1-4和表4-1-5来看，农村中学非寄宿学生数为1005人，寄宿学生数为890人，非寄宿学生人数要略高于寄宿学生人数；七年级、八年级和九年级寄宿学生人数分别为272人、308人和310人，八年级和九年级的学生寄宿人数要高于七年级，寄宿学生的年级分布比较均匀，差距不太大。

表4-1-4　学生寄宿情况

<table>
<tr><td>指标</td><td>选项</td><td>人数</td><td>百分比</td></tr>
<tr><td rowspan="3">是否在学校寄宿</td><td>是</td><td>890</td><td>47.0%</td></tr>
<tr><td>否</td><td>1005</td><td>53.0%</td></tr>
<tr><td>合计</td><td>1895</td><td>100.0%</td></tr>
</table>

表 4-1-5　寄宿学生年级分布情况

指标	选项	人数	百分比	有效百分比
年级分布	七年级	272	30.6%	30.6%
	八年级	308	34.6%	34.6%
	九年级	310	34.8%	34.8%
	合计	890	100.0%	100.0%

二、学生视角的师生信任关系现状

（一）对师生信任关系的总体认知

在本书中，样本为1895个学生所填的数据，总体就是农村中学生的真实数据，其标准误越小，样本均值就越接近总体均值。均值即平均值，一般用来衡量整体平均水平，标准误则是衡量样本均值和总体均值的差距。从表4-1-6可知，标准误为0.015和0.022，已经足够小，也就是说，这些样本十分接近真实的总体数据，非常具有代表性。统计量表的中值就是中位数，众数就是数据中最多的一个，标准差和方差则衡量数据的偏离程度，比如有两组数据，一组是10、10、10、10，另一组是10、9、11、10，两组虽然均值一样，但是第一组比第二组“稳定”，第二组偏离程度大，而偏离程度大，方差和标准差也就大，方差和标准差一般用来衡量两组数据谁更“稳定”。

表 4-1-6　统计量

指标	样本数	均值	均值的标准误	中值	众数	标准差	方差
B1	1895	4.47	0.015	5	5	0.663	0.439
B2	1895	4.19	0.022	4	5	0.955	0.911

从上表4-1-6来看，统计量中B1的得分均值高达4.47，B2的得分均值为4.19，结合众数都是5，说明绝大部分学生认为师生信任关系很重要，师生互不信任对师生关系伤害程度非常大。从表4-1-7的数据来看，95.2%的学生认识到了师生相互信任的重要性，只有极少数学生持无所谓

的态度，个别学生认为师生互不信任不重要。在“师生互不信任对师生关系的伤害程度”这道题上（如表4-1-8所示），82.4%的学生认为师生互不信任对师生关系伤害非常大或比较大，11.8%的学生选择“一般”，选择“比较小”和“根本不影响”的学生只占5.8%。

表4-1-7 B1师生信任重要性统计

指标	选项	频率	百分比	有效百分比
师生信任重要性	很重要	1018	53.7%	53.7%
	重要	787	41.5%	41.6%
	无所谓	63	3.3%	3.3%
	不重要	13	0.7%	0.7%
	根本不重要	13	0.7%	0.7%
	缺失值	1	0.1%	—
合计		1895	100.0%	100%

表4-1-8 B2师生互不信任对师生关系的伤害程度统计

指标	选项	频率	百分比	有效百分比
师生不信任伤害程度	非常大	854	45.1%	45.1%
	比较大	706	37.3%	37.3%
	一般	224	11.8%	11.8%
	比较小	57	3.0%	3.0%
	根本不影响	54	2.8%	2.8%
	合计	1895	100.0%	100.0%

可见，学生视角的师生信任关系十分重要，师生互不信任对师生关系的伤害非常大。但有一点值得注意，认为师生信任重要程度不高（即选择“无所谓”“不重要”和“根本不重要”）的学生数（89人）要显著少于认为师生互不信任会对师生关系伤害较小（即选择“一般”“比较小”“根本不影响”）的学生数（335人），也就是说，有一部分学生认为师生信任关系是重要的，但师生不信任对师生关系伤害程度低，这可以一定程度印证存在某些其他因素影响了学生对师生互不信任的伤害程度的判断。

（二）认知信任维度

1.品格信任

（1）行为品格。

如表4-1-9所示，根据行为品格的定义，本书将行为品格的六个指标得分进行加总平均，并将该平均值作为行为品格维度的操作化变量，行为品格维度的均值为4.2783，这表明学生对教师的行为品格满意度非常高。

表4-1-9 行为品格统计量

样本数	均值	均值的标准误	中值	众数	标准差	方差
1895	4.2783	0.01576	4.5	5	0.68594	0.471

从表4-1-10可知，教师行为品格维度各题项的得分均值在4分以上，B3、B4、B5、B6、B7、B8这6个题项的得分均值分别为4.26、4.19、4.33、4.13、4.31、4.46。总体而言，学生对教师的行为品格非常满意。从该维度各题项的分值可以看出，学生对教师生活态度引导方面的满意度最高，相比之下，对教师的守时敬业、语言素养方面不太满意的人数要多些。

表4-1-10 行为品格信任各题项统计量

指标	样本数	均值	均值的标准误	中值	众数	标准差	方差
B3	1895	4.26	0.02	4	5	0.871	0.759
B4	1895	4.19	0.022	4	5	0.942	0.888
B5	1895	4.33	0.021	5	5	0.908	0.825
B6	1895	4.13	0.023	4	5	1.020	1.041
B7	1895	4.31	0.022	5	5	0.966	0.932
B8	1895	4.46	0.02	5	5	0.886	0.785

如表4-1-11所示，B3（仪容仪表）题项中，80.5%的学生选择“完全符合”和“比较符合”，选择“一般符合”的占17%，2.5%的学生选择“比较不符合”和“完全不符合”。

B4（语言素养）题项中，78.7%的学生选择“完全符合”和“比较符合”，选择“一般符合”的占16.1%，5.2%的学生选择“比较不符合”和“完全不符合”。从数据来看，对教师教学语言表达不满意的学生比例也比较高。据笔者在农村中学的实地观察情况来看，可能是因为农村中学少数教师特别是老教师用本地方言或不太标准的普通话进行教学，当学生犯错时，个别教师会在课上使用不文明语言来批评学生，与学生对教师课堂语言表达的期望有所差别。

B5（印象评价）题项中，选择“完全符合”和“比较符合”的比例高达82.1%，选择“一般符合”“比较不符合”和“完全不符合”的学生占17.9%。可见，绝大多数学生认为教师是正向积极的。

B6（守时敬业）题项中，选择“一般符合”的占17.0%，7.5%的学生选择“比较不符合”和“完全不符合”。从问卷数据来看，持否定态度的学生比例相对较高。结合笔者的实地调研情况做出一些推测，农村中学大部分教师不住校，一些学校也未严格执行教师坐班制度，老师上完课就可以回家或忙自己的事情，学生除了在课堂上能见到老师，平常与老师交流讨论的机会非常少，即使碰到问题也很难请教老师。当然，还存在师生信任倾向等方面的因素，如外向性格的学生更愿意主动与教师沟通交流，而内向的学生不太愿意或不敢与教师主动交流。

B7（纪律遵守）题项中，80.5%的学生选择“完全符合”和“比较符合”，选择“一般符合”“比较不符合”和“完全不符合”的学生占19.5%。可见，八成以上的学生认为教师能够严格遵守教学纪律。

B8（生活态度引导）题项中，选择“完全符合”和“比较符合”的学生占86.0%，选择“一般符合”的学生数为199，只有3.5%的学生选择“比较不符合”和“完全不符合”。从这些数据推测，绝大部分教师会在课堂上给学生传授正能量的生活态度，当学生遇到困难时，教师也会从积极面来引导学生，因此，学生对教师生活态度上的引导非常满意。

从行为品格维度各题项的具体数据来看，学生对教师引导学生生活态度方面的满意度最高，学生对教师的第一印象评价、仪容仪表、纪律遵守上的满意度也很高，但是在教师的守时敬业和课堂语言的文明规范程度方面，学生的评价要低一些，7.5%的学生对“老师除了上课时间基本都在办公室，我能很方便地找到老师进行交流讨论”持否定态度，5.2%的学生对“教师的普通话标准，语言表达文明规范”持不满意或不太满意态度。

表 4-1-11　行为品格维度频率统计

题项	选项	人数	百分比	有效百分比
B3 老师的仪容仪表端庄得体、自然优雅	完全符合	929	49.0%	49.0%
	比较符合	597	31.5%	31.5%
	一般符合	322	17.0%	17.0%
	比较不符合	22	1.2%	1.2%
	完全不符合	25	1.3%	1.3%
B4 老师的普通话标准，语言表达文明规范	完全符合	890	47.0%	47.0%
	比较符合	601	31.7%	31.7%
	一般符合	306	16.1%	16.1%
	比较不符合	66	3.5%	3.5%
	完全不符合	32	1.7%	1.7%
B5 老师给人的第一印象正向积极	完全符合	1061	56.0%	56.1%
	比较符合	492	26.0%	26.0%
	一般符合	260	13.7%	13.8%
	比较不符合	50	2.6%	2.7%
	完全不符合	27	1.4%	1.4%
	缺失值	5	0.3%	—
B6 老师除了上课时间基本都在办公室，我能很方便地找到老师进行交流讨论	完全符合	898	47.4%	47.4%
	比较符合	532	28%	28.1%
	一般符合	322	17.0%	17.0%
	比较不符合	99	5.2%	5.2%
	完全不符合	43	2.3%	2.3%
	缺失值	1	0.1%	—
B7 老师上课不会迟到早退	完全符合	1085	57.3%	57.3%
	比较符合	439	23.1%	23.2%
	一般符合	268	14.1%	14.1%

续　表

题项	选项	人数	百分比	有效百分比
B7老师上课不会迟到早退	比较不符合	66	3.5%	3.5%
	完全不符合	36	1.9%	1.9%
	缺失值	1	0.1%	—
B8老师会引导我树立正确的生活态度	完全符合	1233	65.1%	65.2%
	比较符合	393	20.7%	20.8%
	一般符合	199	10.5%	10.5%
	比较不符合	31	1.6%	1.6%
	完全不符合	36	1.9%	1.9%
	缺失值	3	0.2%	—

（2）言语品格

从表4-1-12言语品格统计量来看，言语品格维度的得分均值为3.9999，相比行为品格维度，教师言语品格维度的得分均值要小。

表4-1-12　言语品格统计量

样本数	均值	均值的标准误	中值	众数	标准差	方差
1895	3.999	0.01944	4.1667	5	0.84625	0.716

言语品格维度包括B9、B10、B11、B12、B13、B14，共6个题项。从表4-1-13来看，这六个题项的均值依次为4.15、3.79、3.73、4.27、4.06、3.99。就言语维度而言，B12得分均值最高，B11的得分均值最低，B10的得分均值也相对较低。

表4-1-13　言语品格维度各题项统计量

指标	样本数	均值	均值的标准误	中值	众数	标准差	方差
B9	1895	4.15	0.024	4	5	1.030	1.060
B10	1895	3.79	0.028	4	5	1.202	1.444
B11	1895	3.73	0.027	4	4	1.159	1.343
B12	1895	4.27	0.023	5	5	0.987	0.975
B13	1895	4.06	0.025	4	5	1.092	1.191
B14	1895	3.99	0.026	4	5	1.127	1.270

从表4-1-14来看，在B9（和蔼亲切）题项中，认为“完全符合”和“比较符合”的学生数为1447，占76.4%，认为“一般符合”“比较不符合”和“完全不符合”的比例为23.6%。

在B10（平等尊重）题项中，认为“完全符合”和“比较符合”的学生数为1203，占63.5%，选择“一般符合”“比较不符合”和“完全不符合”的学生数为690，比例为36.5%。

在B11（情绪控制）题项中，认为“完全符合”和“比较符合”的学生比例为63.2%，选择“一般符合”的学生有427人，选择“比较不符合”和“完全不符合”的学生数为270人。

在B12（亲和友善）题项中，认为“完全符合”和“比较符合”的学生数为1537，占81.1%，认为“一般符合”“比较不符合”和“完全不符合”的学生有358人。

在B13（言语有度）题项中，认为“完全符合”和“比较符合”的学生数为1404，占74.2%，认为“一般符合”“比较不符合”和“完全不符合”的学生数为488。

在B14（言行一致）题项中，选择“完全符合”和“比较符合”的学生数为1314，占69.3%，认为“一般符合”“比较不符合”和“完全不符合”的学生数为580，占30.7%。

从数据显示情况来看，学生对教师的言语品格信任水平要低于行为品格信任水平。在言语品格信任维度上，相对于教师的亲和友善，学生对教师情绪自控和平等尊重方面的满意度低，对教师言行一致方面的满意度也比较低。由此推断，绝大部分学生认为教师与学生开玩笑是善意的，多数教师与学生沟通交流时和蔼亲切、友善、语言得体，但是在情绪自控、平等尊重和言行一致方面，学生对教师的评价比较低。可见，在这些方面，部分教师未达到学生的期望值。

表 4-1-14　言语品格维度频率统计

题项	选项	频率	百分比	有效百分比
B9 老师与我们相处时很亲切、和蔼	完全符合	924	48.8%	48.8%
	比较符合	523	27.6%	27.6%
	一般符合	317	16.7%	16.7%
	比较不符合	72	3.8%	3.8%
	完全不符合	58	3%	3.1%
	缺失值	1	0.1%	—
B10老师尊重我的爱好，给我自由空间	完全符合	697	36.8%	36.8%
	比较符合	506	26.7%	26.7%
	一般符合	399	21%	21.1%
	比较不符合	180	9.5%	9.5%
	完全不符合	111	5.9%	5.9%
	缺失值	2	0.1%	—
B11老师能够理性控制情绪，不会发脾气	完全符合	574	30.3%	30.3%
	比较符合	623	32.9%	32.9%
	一般符合	427	22.5%	22.5%
	比较不符合	150	7.9%	8.0%
	完全不符合	120	6.3%	6.3%
	缺失值	1	0.1%	—
B12老师上课时和同学开玩笑，都是善意的	完全符合	1034	54.6%	54.6%
	比较符合	503	26.5%	26.5%
	一般符合	247	13.0%	13.0%
	比较不符合	59	3.1%	3.1%
	完全不符合	52	2.8%	2.8%
B13老师说话有分寸，会顾及我的感受	完全符合	860	45.4%	45.4%
	比较符合	544	28.7%	28.8%
	一般符合	302	15.9%	16.0%
	比较不符合	115	6.1%	6%
	完全不符合	71	3.7%	3.8%
	缺失值	3	0.2%	—

续 表

题项	选项	频率	百分比	有效百分比
B14老师说到做到，不会食言	完全符合	832	43.9%	43.9%
	比较符合	482	25.4%	25.4%
	一般符合	376	19.8%	19.9%
	比较不符合	128	6.8%	6.8%
	完全不符合	76	4.0%	4.0%
	缺失值	1	0.1%	—

2. 能力信任

（1）教学能力信任。

从表4-1-15中可以看出，教学能力信任维度题项的得分均值为4.2718，这表明学生对教师的教学能力信任水平非常高。

表4-1-15　教学能力信任各统计量

样本数	均值	均值的标准误	中值	众数	标准差	方差
1895	4.2718	0.01766	4.5	5	0.76896	0.591

教师教学能力维度包括4个题项。从表4-1-16来看，B18、B19、B20、B21的得分均值分别为4.31、4.22、4.18、4.38，全在4分以上。其中，B21（启发引导）的得分均值最高，B20（发现问题）的得分均值在教学能力维度中最低。

表4-1-16　教学能力信任各题项统计量

指标	样本数	均值	均值的标准误	中值	众数	标准差	方差
B18	1895	4.31	0.021	5	5	0.929	0.863
B19	1895	4.22	0.024	5	5	1.029	1.058
B20	1895	4.18	0.023	4	5	0.994	0.989
B21	1895	4.38	0.022	5	5	0.937	0.878

从表4-1-17可知，在B18（知识素养）题项上，认为“完全符合”和“比较符合”的学生数为1561，占82.6%，认为“一般符合”的学生比例为12.6%，选择“比较不符合”和“完全不符合”的学生数为91。

在B19（教学方法）题项上，认为“完全符合”和“比较符合”的学生数为1505，占79.7%，认为“一般符合”的学生比例为12.5%，选择“比较不符合”和“完全不符合”的学生数为147。

在B20（发现问题）题项中，认为“完全符合”和“比较符合”的学生数为1455，占77.1%，认为“一般符合”的学生数为314，占16.6%，选择“比较不符合”和“完全不符合”的学生比例达6.3%，学生数为119。

在B21（启发引导）题项中，认为“完全符合”和“比较符合”的学生数为1598，占84.5%，认为“一般符合”的学生数为197，占10.4%，选择“比较不符合”和“完全不符合”的学生数为96。

从数据显示情况来看，学生对教师的教学能力信任水平非常高。学生对教师的知识素养、启发引导方面的满意度要高于对教师教学方法、发现问题方面的满意度。可见，相对于知识素养和启发引导，教师在教学方法和发现学生存在问题方面的能力有一定提升空间。

表4-1-17　教学能力信任维度频率统计

题项	选项	频率	百分比	有效百分比
B18老师对他/她所教科目的知识非常精通	完全符合	1031	54.4%	54.6%
	比较符合	530	28.0%	28.0%
	一般符合	238	12.5%	12.6%
	比较不符合	56	3.0%	3.0%
	完全不符合	35	1.8%	1.8%
	缺失值	5	0.3%	—
B19老师常常采用一些新方法来教学，让我们感到很有兴趣	完全符合	993	52.4%	52.6%
	比较符合	512	27.0%	27.1%
	一般符合	237	12.5%	12.5%
	比较不符合	93	4.9%	4.9%
	完全不符合	54	2.9%	2.9%
	缺失值	6	0.3%	—
B20老师能敏锐地发现我学习上存在的问题	完全符合	927	48.9%	49.1%
	比较符合	528	27.9%	28.0%

续 表

题项	选项	频率	百分比	有效百分比
B20老师能敏锐地发现我学习上存在的问题	一般符合	314	16.6%	16.6%
	比较不符合	77	4%	4.1%
	完全不符合	42	2.2%	2.2%
	缺失值	7	0.4%	—
B21当我回答问题不正确时，老师会及时启发引导我回答问题	完全符合	1151	60.7%	60.9%
	比较符合	447	23.6%	23.6%
	一般符合	197	10.4%	10.4%
	比较不符合	55	2.9%	2.9%
	完全不符合	41	2.2%	2.2%
	缺失值	4	0.2%	—

（2）管理能力信任。

从表4-1-18中可以看出，管理能力信任维度题项的得分均值为4.1776，虽然低于教学能力信任维度题项的得分均值为4.2718，但也能反映学生对教师的管理能力信任水平高，对教师的管理能力有信心。

表4-1-18　管理能力信任统计量

样本数	均值	均值的标准误	中值	众数	标准差	方差
1895	4.1776	0.01724	4.4	5	0.75031	0.563

教师管理能力信任维度包括5个题项，如表4-1-19所示，B15、B16、B17、B22、B23的得分均值分别为4.31、3.89、4.40、4.03和4.25，有1项得分均值低于4分。其中，B17（管理观念）的得分均值最高，B15（保守隐私）和B23（班级管理）的得分均值也很高，只有B16（行为动机）的得分均值相对较低。

表4-1-19　管理能力信任各题项统计量

指标	样本数	均值	均值的标准误	中值	众数	标准差	方差
B15	1895	4.31	0.025	5	5	1.109	1.229
B16	1895	3.89	0.027	4	5	1.16	1.347
B17	1895	4.40	0.021	5	5	0.894	0.799

续　表

指标	样本数	均值	均值的标准误	中值	众数	标准差	方差
B22	1895	4.03	0.024	4	5	1.06	1.125
B23	1895	4.25	0.023	5	5	0.992	0.985

从表4-1-20可知，在B15（保守隐私）题项中，关于教师保守隐私方面，认为“完全符合”和“比较符合”的学生占81.2%。认为“一般符合”的学生数为192，认为“比较不符合”和“完全不符合”的学生数为164，占8.7%。

在B16（与人为善）题项中，67.8%的学生认为“完全符合”和“比较符合”，选择“一般符合”的学生有369人，选择“比较不符合”和“完全不符合”的学生占12.7%。可见，有不少学生质疑教师的行为动机。

B17（关心爱护）题项的得分均值最高，84.2%的学生认为“完全符合”和“比较符合”，认为“一般符合”“比较不符合”和“完全不符合”的学生占15.8%。

在B22（管理智慧）题项中，73.5%的学生认为“完全符合”和“比较符合”，选择“一般符合”的学生有340人，认为“比较不符合”和“完全不符合”的学生占8.5%。可见，仍有部分学生认为教师不能妥善处理师生冲突。

在B23（班级管理）题项中，80.5%的学生认为“完全符合”和“比较符合”，238名学生认为“一般符合”，认为“比较不符合”和“完全不符合”的学生数为130，占6.9%。

总体来看，学生对教师管理能力持高信任水平。学生对教师保守隐私、关心爱护、班级管理等三方面的信任水平要显著高于学生对教师与人为善、管理智慧的信任水平。更多的学生相信教师批评学生的动机是出于关爱，教师能够保守学生隐私，能够将班级工作安排有序，相比之下，质疑教师行为动机和管理智慧的学生的比例较高。一些学生并不认为教师和他人说自己的事情是出于好意，部分学生认为教师不擅长处理与学生的冲突，此外，也有一些学生认为教师不能保守隐私，会将和他私下的谈话告诉他人。

表 4-1-20　管理能力信任维度频率统计

题项	选项	频率	百分比	有效百分比
B15 老师不会把我和他/她私下的谈话告诉别人	完全符合	1205	63.6%	63.6%
	比较符合	333	17.6%	17.6%
	一般符合	192	10.1%	10.1%
	比较不符合	72	3.8%	3.8%
	完全不符合	92	4.8%	4.9%
	缺失值	1	0.1%	—
B16 老师和别人说我的事情，都是出于好意	完全符合	739	39.0%	39.0%
	比较符合	546	28.8%	28.8%
	一般符合	369	19.5%	19.5%
	比较不符合	139	7.3%	7.4%
	完全不符合	101	5.3%	5.3%
	缺失值	1	0.1%	—
B17 老师批评同学都是出于对学生的关心与爱护	完全符合	1160	61.2%	61.3%
	比较符合	433	22.9%	22.9%
	一般符合	226	11.9%	11.9%
	比较不符合	47	2.5%	2.5%
	完全不符合	27	1.4%	1.4%
	缺失值	2	0.1%	—
B22 老师在处理他/她与学生之间的矛盾时,显得很有智慧	完全符合	789	41.6%	41.7%
	比较符合	601	31.7%	31.8%
	一般符合	340	17.9%	18.0%
	比较不符合	90	4.8%	4.8%
	完全不符合	71	3.8%	3.7%
	缺失值	4	0.2%	—
B23 老师将班级管理得井井有条	完全符合	1013	53.4%	53.6%
	比较符合	509	26.9%	26.9%
	一般符合	238	12.6%	12.6%
	比较不符合	88	4.6%	4.7%
	完全不符合	42	2.2%	2.2%
	缺失值	5	0.3%	—

（三）情感和行为信任维度

情感信任是指学生对教师的信任意愿，主要通过学生对教师的情感依赖性来体现。行为信任则指学生信任教师时的行为表现，主要通过学生对教师的自我揭露性来体现。

1. 情感信任

从表4-1-21来看，情感信任维度的得分均值为4.1155，可见，学生对教师的情感依赖程度比较高。

表4-1-21　情感信任维度统计量

样本数	均值	均值的标准误	中值	众数	标准差	方差
1895	4.1155	0.01811	4.2	5	0.78844	0.622

情感信任维度共5个题项，从表4-1-22可知，B24、B25、B26、B27和B28的得分均值依次为：4.23、4.29、4.01、4.41、3.64，4分以上的题项共4个。B27（接受批评）题项的得分均值最高，B28（亲近老师）题项的得分均值只有3.64，可见，相比亲近教师，更多学生愿意在犯错时虚心接受教师批评。

表4-1-22　情感信任维度各题项统计量

指标	样本数	均值	均值的标准误	中值	众数	标准差	方差
B24	1895	4.23	0.021	4	5	0.927	0.859
B25	1895	4.29	0.021	5	5	0.921	0.848
B26	1895	4.01	0.027	4	5	1.167	1.361
B27	1895	4.41	0.021	5	5	0.93	0.865
B28	1895	3.64	0.029	4	5	1.25	1.563

从表4-1-23来看，在B24（听从教导）题项中，79.4%的学生认为“完全符合”和“比较符合”，认为“一般符合”的学生占16.4%，认为“完全不符合”和“比较不符合”的学生为81人。

在B25（听取意见）题项中，82.1%的学生认为“完全符合”和“比较符合”，认为“一般符合”的学生占13.3%，认为“完全不符合”或

“比较不符合”的学生为88人。

在B26（寻求帮助与支持）题项中，70.5%的学生认为“完全符合”和“比较符合”，认为“一般符合”的学生占17.6%，选择“完全不符合”和“比较不符合”的学生为224人，占11.9%。

在B27（接受批评）题项中，84.9%的学生认为“完全符合”和“比较符合”，认为“一般符合”的学生占10.6%，认为“完全不符合”和“比较不符合”的学生为85人，占4.5%。

在B28（亲近老师）题项中，只有接近六成的学生认为教师不会体罚学生，愿意亲近教师，选择“一般符合”的学生占23.8%，选择“完全不符合”和“比较不符合”的学生为336人。

由此可见，在情感信任维度上，与听从教师教导、听取教师意见、接受教师批评相比，学生向教师寻求帮助与支持，以及亲近教师这两方面的意愿得分均值较低，不少学生不愿意向教师寻求帮助与支持、不愿意亲近教师。

表4-1-23　情感信任维度人数统计

题项	选项	频率	百分比	有效百分比
B24老师发自内心地关心我，我愿意听从老师教导	完全符合	934	49.3%	49.4%
	比较符合	566	29.9%	30%
	一般符合	310	16.4%	16.4%
	比较不符合	50	2.6%	2.6%
	完全不符合	31	1.6%	1.6%
	缺失值	4	0.2%	—
B25当我在重要问题上拿不定主意时，我愿意听从老师的意见	完全符合	998	52.7%	52.8%
	比较符合	553	29.3%	29.2%
	一般符合	252	13.3%	13.3%
	比较不符合	57	3.0%	3.0%
	完全不符合	31	1.6%	1.6%
	缺失值	4	0.2%	—

续 表

题项	选项	频率	百分比	有效百分比
B26当我遇到困难或伤害时，我愿意寻求老师的支持和帮助	完全符合	894	47.2%	47.3%
	比较符合	439	23.2%	23.2%
	一般符合	333	17.6%	17.6%
	比较不符合	134	7%	7.1%
	完全不符合	90	4.7%	4.8%
	缺失值	5	0.3%	—
B27当我犯错时，我愿意接受老师的批评	完全符合	1185	62.5%	62.7%
	比较符合	419	22.1%	22.2%
	一般符合	200	10.6%	10.6%
	比较不符合	40	2.1%	2.1%
	完全不符合	45	2.4%	2.4%
	缺失值	6	0.3%	—
B28老师不会体罚或变相体罚我们，我愿意和他/她亲近	完全符合	591	31.2%	31.3%
	比较符合	513	27.1%	27.1%
	一般符合	449	23.7%	23.8%
	比较不符合	172	9.0%	9.1%
	完全不符合	164	8.7%	8.7%
	缺失值	6	0.3%	—

2.行为信任

行为信任主要通过学生自我揭露性来反映。从表4-1-24可知，该维度的得分均值为3.4705，是所有维度中的最低值。

表4-1-24 行为信任统计量

样本数	均值	均值的标准误	中值	众数	标准差	方差
1895	3.4705	0.02345	3.5	5	1.02064	1.042

学生行为信任维度共6道题，从表4-1-25来看，B29、B30、B31、B32、B33、B34的得分均值依次为3.69、3.72、3.60、3.55、3.54、2.71，这6道题全部低于4分。相比之下，学生更愿意如实告诉老师所犯错误，而不愿意和老师分享自己的小秘密。

表 4-1-25 行为信任维度各题项统计量

指标	样本数	均值	均值的标准误	中值	众数	标准差	方差
B29	1895	3.69	0.028	4	5	1.209	1.462
B30	1895	3.72	0.028	4	5	1.235	1.525
B31	1895	3.60	0.029	4	5	1.269	1.611
B32	1895	3.55	0.03	4	5	1.305	1.702
B33	1895	3.54	0.031	4	5	1.344	1.805
B34	1895	2.71	0.034	3	1	1.463	2.141

从表4-1-26来看，在B29（共享信息）题项中，认为“完全符合”和“比较符合”的学生数为1118，占59.1%，选择“一般符合”的学生占24.6%，选择“完全不符合”和“比较不符合”的学生数为308人，占16.3%。

在B30（承认错误）题项中，认为“完全符合”和“比较符合”的学生数1164，占61.7%，认为“一般符合”的学生占21.4%，认为“完全不符合”和“比较不符合”的学生数为320人。

在B31（指出问题）题项中，认为“完全符合”和“比较符合”的学生数1063，占56.5%，认为“一般符合”的学生有446人，认为“完全不符合”和“比较不符合”的学生数为371人，占19.8%。

在B32（反馈困扰）题项中，认为“完全符合”和“比较符合”的学生数1031，占54.6%，认为“一般符合”的学生占23.2%，认为“完全不符合”和“比较不符合”的学生数为419人，占22.2%。

在B33（主动交流，提出见解）题项中，认为“完全符合”和“比较符合”的学生数为1045，占55.3%，认为“一般符合”的学生比例为20.8%，认为“完全不符合”和“比较不符合”的学生数为452人，占23.9%。

在B34（分享秘密）题项中，认为“完全符合”和“比较符合”的学生数为602，占32.0%，认为“一般符合”的学生比例为19.4%，认为“完全不符合”和“比较不符合”的学生数为916人。

从行为信任维度各题项的频率统计情况来看，学生对教师的行为信任总体水平相对较低，是本书二级子维度中的最低值。学生与教师共享信息、向教师承认错误、愿意指出教师不足和反馈自身困扰的可能性相对要高些，但学生同教师说心里话、分享秘密的可能性非常低。

表 4-1-26 行为信任维度人数统计

题项	选项	人数	百分比	有效百分比
B29 老师很为我着想，我愿意和老师共享信息	完全符合	618	32.6%	32.7%
	比较符合	500	26.4%	26.4%
	一般符合	465	24.5%	24.6%
	比较不符合	182	9.6%	9.6%
	完全不符合	126	6.7%	6.7%
	缺失值	4	0.2%	—
B30 我愿意将我犯的错误告诉老师，即使对我不利	完全符合	649	34.2%	34.4%
	比较符合	515	27.2%	27.3%
	一般符合	404	21.3%	21.4%
	比较不符合	181	9.6%	9.6%
	完全不符合	139	7.3%	7.4%
	缺失值	7	0.4%	—
B31 我愿意如实指出老师存在的问题，即使对我不利	完全符合	587	31.0%	31.2%
	比较符合	476	25.1%	25.3%
	一般符合	446	23.5%	23.7%
	比较不符合	208	11.0%	11.1%
	完全不符合	163	8.6%	8.7%
	缺失值	15	0.8%	—
B32 我愿意向老师如实反馈自己在学习和生活中的困扰，即使对我不利	完全符合	601	31.7%	31.8%
	比较符合	430	22.7%	22.8%
	一般符合	439	23.2%	23.2%
	比较不符合	243	12.8%	12.9%
	完全不符合	176	9.3%	9.3%
	缺失值	6	0.3%	—

续 表

题项	选项	人数	百分比	有效百分比
B33我愿意主动地跟老师进行交流，提出自己对课堂教学内容、教学方式方法等各方面的看法与意见	完全符合	616	32.5%	32.6%
	比较符合	429	22.6%	22.7%
	一般符合	392	20.7%	20.8%
	比较不符合	252	13.3%	13.3%
	完全不符合	200	10.6%	10.6%
	缺失值	6	0.3%	—
B34我愿意和老师说心里话，告诉老师自己的小秘密	完全符合	314	16.6%	16.7%
	比较符合	288	15.2%	15.3%
	一般符合	365	19.3%	19.4%
	比较不符合	348	18.3%	18.5%
	完全不符合	568	30.0%	30.1%
	缺失值	12	0.6%	—

（四）认知信任与情感行为信任维度的比较

1. 各维度信任得分均值的比较

从表4-1-27来看，认知信任维度的得分均值为4.1789，情感和行为信任维度的得分均值为3.7848。由此可见，学生对教师的认知信任水平要显著高于情感和行为信任水平。

表4-1-27　认知信任与情感行为信任维度

一级维度	样本数	均值	标准差
认知信任	1895	4.1789	0.68230
情感和行为信任	1895	3.7848	0.84546
有效的样本数（列表状态）	1895	—	—

从表4-1-28来看，认知信任维度上的能力信任得分均值要略高于品格信任得分均值，情感和行为信任维度上的情感信任得分均值要高于行为信任得分均值。在4个二级子维度中，学生对教师的能力信任水平最高，学生对教师的行为信任水平最低，呈现出认知高、行动少的特征。学生对

教师的情感依赖性则要远远高于学生对教师的自我揭露性。

表 4-1-28　二级维度的得分比较

一级维度	二级维度	样本数	均值	标准差
认知信任	能力信任	1895	4.2192	0.71588
	品格信任	1895	4.1380	0.72385
情感和行为信任	情感信任	1895	4.1155	0.78844
	行为信任	1895	3.4705	1.02066
有效的样本数（列表状态）		1895	—	—

从表 4-1-29 来看，品格维度上的行为品格信任得分均值明显高于言语品格信任得分均值，能力维度上的教学能力信任得分均值高于管理能力信任得分均值，且学生对教师的言语品格信任得分均值是 4 个三级子维度中最低的一个。

表 4-1-29　三级子维度的得分比较

三级维度	样本数	均值	标准差
行为品格信任	1895	4.2783	0.68594
言语品格信任	1895	3.9990	0.84625
教学能力信任	1895	4.2718	0.76896
管理能力信任	1895	4.1776	0.75031
有效的样本数（列表状态）	1895	—	—

2. 学生的个人背景对各维度的影响

（1）性别因素。

性别因素对各维度的影响不太显著。从表 4-1-30 来看，学生对教师的总体信任得分均值为 4.0505，其中，男生对教师的总体信任得分均值为 4.0418，女生对教师的总体信任得分均值为 4.0589；学生对教师的认知信任得分均值为 4.1789，其中，男生对教师的认知信任得分均值为 4.1705，女生对教师的认知信任得分均值为 4.1871；学生对教师的情感和行为信任得分均值为 3.7848，其中，男生对教师的情感和行为信任得分均值为 3.7759，女生对教师的情感和行为信任得分均值为 3.7935。由上可知，男生对教师的总体信任水平要略低于女生对教师的总体信任水平，男生对教师的认知、情感和行为信任水平也都要略低于女生，但差距较小。

表 4-1-30　A1 性别因素对各维度的影响

性别	项目	认知信任维度	情感和行为维度	师生信任状况
男	有效值	901	901	901
	均值	4.1705	3.7759	4.0418
	标准差	0.70619	0.87388	0.71053
女	有效值	985	985	985
	均值	4.1871	3.7935	4.0589
	标准差	0.66045	0.81938	0.66207
总计	有效值	1886	1886	1886
	均值	4.1789	3.7848	4.0505
	标准差	0.68230	0.84546	0.68529
	Sig.	0.594	0.635	0.579

（2）年级因素。

从表 4-1-31 来看，七年级、八年级、九年级学生对教师的总体信任得分均值分别为 4.1870、3.9848、3.9657，在认知信任维度上的得分均值分别为 4.3065、4.1265、4.0904，在情感和行为信任维度上的得分均值分别为 3.9266、3.7015 和 3.7104。由此可见，七年级学生对教师的整体信任水平要高于八年级、九年级学生，而且，七年级学生对教师的认知信任、情感和行为信任水平也要高于八年级和九年级；八年级学生对教师的整体信任水平要高于九年级，对教师的认知信任水平也要高于九年级，但对教师的情感和行为信任水平要略低于九年级。从总体上来看，随着年级的上升，学生对教师的整体信任水平呈下降趋势。

表 4-1-31　A2 年级因素对各维度的影响

年级	项目	认知信任维度	情感和行为维度	师生信任状况
七年级	有效值	680	680	680
	均值	4.3065	3.9266	4.1870
	标准差	0.60058	0.76696	0.60221

续　表

年级	项目	认知信任维度	情感和行为维度	师生信任状况
八年级	有效值	565	565	565
	均值	4.1265	3.7015	3.9848
	标准差	0.73475	0.88053	0.73318
九年级	有效值	641	641	641
	均值	4.0904	3.7104	3.9657
	标准差	0.69588	0.87345	0.70138
总计	有效值	1886	1886	1886
	均值	4.1789	3.7848	4.0505
	标准差	0.68230	0.84546	0.68529
	Sig.	0.00	0.00	0.00

（3）是否学生干部因素。

从表4-1-32来看，学生干部对教师的信任得分均值为4.1196，非学生干部对教师的信任得分均值为4.0244；学生干部、非学生干部对教师的认知信任得分均值分别为4.2504、4.1519，学生干部、非学生干部对教师的情感和行为信任得分均值分别为3.8469、3.7611。由此可见，学生干部对教师的整体信任水平要高于非学生干部，学生干部对教师的认知、情感和行为信任水平也要高于非学生干部，不过，在对教师的情感和行为信任维度上，学生干部与非学生干部的得分均值相近。

表4-1-32　A3是否学生干部因素对各维度的影响

是否学生干部	项目	认知信任维度	情感和行为维度	师生信任状况
是	有效值	531	531	531
	均值	4.2504	3.8469	4.1196
	标准差	0.67293	0.84399	0.68442
否	有效值	1355	1355	1355
	均值	4.1519	3.7611	4.0244
	标准差	0.68331	0.84510	0.68343

续 表

是否学生干部	项目	认知信任维度	情感和行为维度	师生信任状况
总计	有效值	1886	1886	1886
	均值	4.1789	3.7848	4.0505
	标准差	0.68230	0.84546	0.68529
	Sig.	0.005	0.048	0.007

（4）学习成绩因素。

从表4-1-33来看，学习成绩靠前、居中和靠后的学生对教师的总体信任得分均值分别为4.0625、4.0792、3.9586；对教师的认知信任得分均值分别为4.2049、4.2152、4.0869；对教师的情感和行为信任得分均值分别为3.7648、3.8082、3.7593。由此可见，学习成绩居中的学生对教师的信任度最高，其次是成绩靠前的学生，学习成绩靠后的学生对教师的认知、情感行为信任水平、整体的信任水平都属于最低。

表4-1-33　A4学习成绩对各维度的影响

成绩排名	项目	认知信任维度	情感和行为维度	师生信任状况
靠前	有效值	438	438	438
	均值	4.2049	3.7648	4.0625
	标准差	0.66629	0.84932	0.67600
居中	有效值	962	962	962
	均值	4.2152	3.8082	4.0792
	标准差	0.66835	0.83015	0.67325
靠后	有效值	486	486	486
	均值	4.0869	3.7593	3.9586
	标准差	0.71163	0.87439	0.1189
总计	有效值	1886	1886	1886
	均值	4.1789	3.7848	4.0505
	标准差	0.68230	0.84546	0.68529
	Sig.	0.004	0.834	0.060

（5）和谁一起生活因素。

从表4-1-34来看，和父母、隔代长辈、同辈（哥哥姐姐）、其他亲戚生活的学生对教师的总体信任得分均值分别为4.0558、4.0420、4.0779、4.0567；对教师的认知信任得分均值分别为4.1835、4.1784、4.1766、4.1312；对教师的情感和行为信任得分均值分别为3.7898、3.7637、3.8807、3.8823。可见，与同辈（哥哥姐姐）一起生活的学生对教师的整体信任水平最高，其次是与其他亲戚、父母一起生活的学生，与隔代长辈一起生活的学生对教师的信任水平最低。从认知维度来看，与父母一起生活的学生对教师的认知信任水平最高，与其他亲戚一起生活的学生对教师的认知信任水平最低；从情感和行为维度而言，与其他亲戚一起生活的学生对教师的情感行为信任水平最高，与隔代长辈一起生活的学生对教师的情感行为信任水平最低，但总体来说差异不大。

表4-1-34　和谁一起生活对各维度的影响

和谁一起生活	项目	认知信任维度	情感和行为维度	师生信任状况
父母	有效值	933	933	933
	均值	4.1835	3.7898	4.0558
	标准差	0.68296	0.84754	0.69039
隔代长辈	有效值	822	822	822
	均值	4.1784	3.7637	4.0420
	标准差	0.67511	0.85229	0.67820
同辈（哥哥姐姐）	有效值	51	51	51
	均值	4.1766	3.8807	4.0779
	标准差	0.60361	0.71162	0.57261
其他亲戚	有效值	80	80	80
	均值	4.1312	3.8823	4.0567
	标准差	0.79855	0.83188	0.77221
总计	有效值	1886	1886	1886
	均值	4.1789	3.7848	4.0505
	标准差	0.68230	0.84546	0.68529
	Sig.	0.584	0.562	0.905

（6）是否寄宿因素。

从表4-1-35来看，寄宿学生、非寄宿学生对教师的总体信任得分均值分别为3.9052、4.1746；从认知维度来看，对教师的信任得分均值分别为4.0413、4.2968；从情感和行为维度而言，对教师的信任得分均值分别为3.6189、3.9267。从数据分析结果可知，非寄宿学生对教师的整体信任水平要高于寄宿学生，且无论从认知维度还是从情感和行为信任维度来看，非寄宿学生对教师的信任水平均显著高于寄宿学生。

表4-1-35　是否在学校寄宿对各维度的影响

是否寄宿	项目	认知信任维度	情感和行为维度	师生信任状况
是	有效值	884	884	884
	均值	4.0413	3.6189	3.9052
	标准差	0.69981	0.84212	0.68808
否	有效值	1002	1002	1002
	均值	4.2968	3.9267	4.1746
	标准差	0.64378	0.82070	0.65675
总计	有效值	1886	1886	1886
	均值	4.1789	3.7848	4.0505
	标准差	0.68230	0.84546	0.68529

（7）与父母交流频率因素。

从表4-1-36来看，与父母基本不联系、很少联系、偶尔联系、经常联系的学生对教师的信任得分均值分别为3.8563、3.8293、3.9621、4.1212；从认知维度而言，对教师的信任得分均值分别为3.9706、3.9872、4.0964、4.2439；从情感和行为维度来说，对教师的信任得分均值分别为3.6000、3.5137、3.6752、3.8697。由此可知，与父母经常联系的学生对教师的整体信任水平、认知信任水平、情感和行为信任水平都是最高，与父母很少联系的学生对教师的整体信任水平、情感和行为信任水平最低；基本上不与父母联系的学生对教师的认知信任水平最低。

表 4-1-36　与父母交流的情况对各维度的影响

与父母交流的情况	项目	认知信任维度	情感和行为维度	师生信任状况
基本不联系	有效值	52	52	52
	均值	3.9706	3.6000	3.8563
	标准差	0.84689	1.00909	0.86241
很少联系	有效值	170	170	170
	均值	3.9872	3.5137	3.8293
	标准差	0.78143	0.96607	0.76286
偶尔联系	有效值	450	450	450
	均值	4.0964	3.6752	3.9621
	标准差	0.70741	0.82230	0.69206
经常联系	有效值	1214	1214	1214
	均值	4.2439	3.8697	4.1212
	标准差	0.64015	0.81498	0.65105
总计	有效值	1886	1886	1886
	均值	4.1789	3.7848	4.0505
	标准差	0.68230	0.84546	0.68529
	Sig.	0.00	0.00	0.00

第二节　基于田野调查的师生信任关系现状

大规模的问卷调查有助于从整体上把握学生视角的农村中学师生信任关系现状，而只有真正深入农村中学并融入师生的生活，才能切实体会师生信任关系状况，真正了解教师视角和学生视角的师生信任关系，更好地发现问题，比较全面深入地把握农村中学师生信任关系特征等。基于田野调查的师生信任关系现状探寻主要运用了参与观察法和访谈法，并通过对第一手资料的分类归纳、分析提炼得出结论。

一、样本学校概况

本书选取安徽省3个县的3所农村中学作为田野调查对象，分别是G县D中学、L县Y中学和H县W中学，其中有2所中学也属于问卷调查对象。这3所中学既具有农村中学的共性，又拥有各自的特性，具有一定的代表性和典型性。

一是G县D中学。G县D中学离镇中心大约3公里，距县城20余公里。D校是该镇3所中学中教学质量最好的学校，外区的许多学生也来这里上学，学生总数近800人。学生大都住附近村庄，家稍远的学生会骑电动车来上学，半小时内都能到达学校。学校教学设施较为落后，网络信息化程度比较低。目前学校教师总数为30余人，教师的基本课时是每周14节课，因为教师少学生多，每个教师的工作量都非常大，大部分教师的周课时在18节以上，有的教师兼多门课程，如果某位教师请假，该门课便没有其他教师来教。除了个别新来的教师，其余教师都不住校，大部分教师家在县城，少数住在附近村庄。因学校地理位置较偏，教师工作任务又重，待遇却不是该镇3所中学中最高的，所以很难招到新老师。从学生学业成绩排名情况来看，该校部分班级的学生学业成绩连续五年稳居该镇3所中学之首，但有些班的学生成绩在该镇排名靠后。在调研时，恰逢新校长被正式任命，新校长力图有所作为，对教师实行严格管理，要求教师坐班，一周内必须打卡满9次，大部分教师，特别是家住县城的教师对此颇有微词。目前学校没有成立专门的教研室，这几年不仅没有举行过教研活动，也未开展过公开课活动。学生各类竞赛活动和德育活动非常少。在工资绩效方面，年轻教师意见比较大。一些教师对学校没有归属感，对学校的发展持消极态度，特别是带慢班的部分教师感觉上课没劲。

二是L县Y中学。L县Y中学在Y镇上，距离F市30多公里，距离L县城22公里。Y中学是该镇3所中学中实力最强的中学，每个教室都安装了新的多媒体，教学设施相对较好。学生总数为700余人，教师近70名。学生的学习基础普遍较差。2019年，小学升初中的考试中，满分200分，达到130分的学生只有一个，120分的极少。该校大部分学生家离学校不远，稍远的会骑电动车来回。学校有部分学生寄宿，这部分学生主要是九年级成绩比较好的学生，也有部分八年级学生，还有个别九年级学生家长在学校附近租房陪读。学校根据学科的不同将教师编入不同的教研组，教研组每周进行一次教研活动，每学期每位教师必须开展一次以上公开课。该校对教师的管理比较灵活，鼓励教师坐班但并未严格规定教师必须坐班，除了个别年轻教师以及值班教师，教师都不住校。虽然学生的学习基础整体比较差，但教师上课的积极性比较高，精神风貌良好。

三是H县W中学。H县W中学离镇中心大约3公里，离H县城27余公里。该镇还有2所中学，其中1所为私立中学。该镇的私立中学管理严格，学生全部寄宿，学校升学率在该镇也属最高，因此，该镇的多数学生在私立中学上学，这直接导致了包括W中学在内的其他2所学校生源减少。W中学已经出现了“生源之困”，三个年级只有三个班，学生总数不到150人。近一两年来，该校要求所有学生上晚自习，全部寄宿。学生家大都在附近村庄，不管是骑自行车还是走路，半小时内都能到达。该校教师7人，2名新教师住校，只有在晚上轮班看管学生时，其余教师才会住校。学校的教学设施特别是电教设施落后，教研教改活动不太频繁，因有晚自习，每个教师的课都比较多，多数教师兼任多门课程。

二、师生基本情况

通过对学校管理人员、教师和学生的访谈，以及结合笔者深入这3所中学进行较长时间的观察与体验，现将师生的基本情况概括如下：

一是学校条件艰苦，师资力量比较薄弱。总体而言，农村中学的条件较为艰苦，师资力量比较薄弱，尤其是非镇上的农村中学。不仅教师留不住，而且年轻教师也不愿意来。田野调查中的3所中学就有2所中学的教师超负荷工作，这些学校很缺老师。笔者体验了一段时间的学校教学管理工作和校园日常生活，切实感受到了农村中学教师的教学任务之重、条件之艰苦。如D中学教师的课时量都很大，一旦教师有事请假不能来上课，即便提前几天询问都找不到教师帮忙看课。学校教师校内生活条件艰苦，几个教师共用一个宿舍，且宿舍内没有独立卫生间，每天必须定时定点和学生同吃食堂，过了就餐时间，校内外都没有可供教师就餐的地方，教师购买生活必需品则需到几里之外的镇上才能买到。

二是留守儿童占多数，且多与隔代长辈一起生活。农村中学的留守儿童占多数，八成以上的留守儿童由爷爷奶奶来照管。2018年以来，随着父母返乡就业人数的增多、家长对孩子学习成长重视程度的提高、进城务工人员随迁子女的增加等，留守儿童数量呈下降趋势。但是，农村中学多数学生为留守儿童的局面还未改变。由于隔代长辈受教育程度低，一些留守学生的爷爷奶奶仅是小学毕业或没有接受过学校教育，监管能力弱，无力管教孩子，管孩子的吃喝就很不容易了，而且很多爷爷奶奶非常宠溺小孩。

三是家长越来越重视孩子的教育。许多在外地打工的学生父母越来越意识到孩子学习和健康成长的重要性，会经常与孩子或班主任沟通，询问孩子的日常学习和生活情况，一些家庭会留下母亲或父亲在家照顾孩子，通常是母亲在家陪读，有的家长则在镇上租房陪读。与父母联系较少或基本不联系的学生家庭，多数属于特殊家庭，如父母离异等。

四是多数学生期望美好的未来。选择在农村中学就读的学生，主要包括两种：成绩比较差、升高中无望的学生，或家庭条件不太好、没有足够经济实力支撑就读城市私立中学费用的学生。多数学生希望以后能够有好的发展，上县里、市里的高中，或者学门技术等。一些学生非常勤奋，绝大多数学生对未来抱有美好期望，也有少数学生表示，上学仅是因为家里没有人和他玩，或者只是为了混个文凭，他们对学习并不感兴趣，不爱学习。

五是学生住在学校附近的村庄里，寄宿生以高年级为主。从对3所学校的实地调研情况来看，八年级、九年级学生是农村中学寄宿的主要群体。W中学则要求学生全部寄宿。农村中学的绝大多数学生住在学校附近的村庄里，离校稍远的学生每天骑电动车来上学，有少数学生特别是毕业班学生的父母一方在学校附近租房陪读。

六是少数学生化浓妆。七年级、八年级和九年级都有，除了D中学的部分班级，以及W中学，在其他各校各班都会看到几个化浓妆的学生。

据了解，这些学生的学业成绩都不太好，在学校管理严格的时候，化浓妆的学生就极少。对此，受访学生主要有两种回答：一是为了更美；二是打算以后从事美容行业。

七是多数学生学习基础较差，缺少学习热情。农村中学学生的学习基础普遍较差，成绩稍好或家境稍好的学生都会去县城或私立中学就读。关于学生学习，笔者对部分学生进行了开放式访谈。S4—S7是D中学八年级的4名学生，他们的学习成绩都不佳，也不爱学习。在谈及为何不爱学习时，学生表示："我们都想学好，但是小学基础没打牢，跟不上，加上在七年级时数学老师换了几个，导致现在的数学课根本就听不懂。但我们不怪老师，只怪自己学习不认真。"S11—S18这8位学生表示，他们的学习基础差，老师讲课听不懂，跟不上，也不喜欢学习，爱玩游戏，平时和老师私下的接触不多，也不在乎老师对自己的态度。还有一些受访学生表示，自己爱上网或者身边有一些同学沉迷于网络，有时会偷偷将手机带到学校玩。

八是师生沟通交流不多。部分受访学生表示，和教师有代沟、不愿意向教师寻求帮助，尤其是学习之外的帮助，更不愿意和教师说心里话等。部分受访教师表示，会在课堂上给学生传授正能量的生活态度，当学生遇到困难时，也会从积极引导学生，对于学业成绩起伏大的学生，会主动关心他们，但不会和学生提及个人私事。由于大部分农村中学教师不住在学校，一些学校也未严格实行教师坐班制度，教师上完课就可以回家。师生交往特别是任课教师与学生的交往仅限于课堂。学生除了在课上能见到教师，平常与教师交流讨论的机会较少，即使碰到问题也很难向教师寻求帮助，还存在师生信任倾向等方面的因素，一些学生表示害羞、胆小等，不敢和教师沟通交流。

九是多数师生认为师生信任关系重要。受访学生普遍反映师生信任关系非常重要，会影响学生的学习积极性和主动性等。受访教师也反映师生信任关系很重要，会影响教师的情绪，进而影响教师的教学态度、成就感和幸福感等。

三、教师视角的师生信任关系

师生信任关系不仅包括生对师的信任，也涉及师对生的信任。探讨教师视角的师生信任关系是研究农村中学师生信任关系的必要视角，本书对教师视角的师生信任关系状况的了解主要通过田野调查来实现，运用了访谈法及观察法等。其中，对教师的访谈并不拘泥于某一地点、某种形式，办公室、教师宿舍、教学楼走廊、去食堂的路上等都是访谈地点，不仅包括与教师面对面、一对一的形式，还包括一对多、微信电话等多种形式。观察法则主要通过进班听课、倾听并参与教师在办公室的聊天等方式来实现。此外，通过微信电话的方式访谈了3所学校之外的多名农村中学教师。

（一）师生信任关系概况

通过对T1—T15这15名教师的访谈，笔者发现，从总体上而言，教师视角的学生是可信任的，但学生也有许多不可信的方面，如抄作业、撒谎、考试作弊等；教师对学生的认知信任水平要高于情感和行为信任水平；多数受访教师表示，教师与学生及家长之间必须保持适当距离，并非所有学生及家长都值得信任；许多教师有过因习惯性认知而误解、不信任学生的经历；家长对学生信任倾向的影响非常大；师生信任关系会影响教师的工作积极性、成就感和幸福感等。

（二）认知信任

1. 学生的失信行为会造成教师的“瞬间决断效应”

一些教师表示，学生曾经的失信行为会影响其在教师心目中的形象，会造成教师的“瞬间决断效应”，导致教师有时会出现判断失误、误解和不信任学生的行为。T2老师是一位温和又极有责任心的女教师。在访谈过程，她认为，从总体上而言，学生是值得信任的，但学生的失信行为会在一定程度上影响她对学生后来表现的认知，她也有过误解、不信任学生的经历。她举了一个例子：我班有一位男生非常调皮，爱撒谎，老师说他，他一脸笑容，但阳奉阴违，经常在班里惹事，老师和同学都不喜欢他。但有一次，我确实冤枉了他。一位同学先动手打了他，他受了伤，我和其他同学都认为是这位学生先惹事，虽然学生反复说不是他先动手的，但没人相信他。后来，通过调监控查看，确实不是这位学生先动手的，他是被欺负的。

2. 相比学业成绩，多数教师更信任道德品质好的学生

在学业成绩与道德品质方面，固然有少数教师会因升学率等功利因素驱使而偏爱成绩好的学生，但多数教师会更信任道德品质好的学生。

T2 老师认为学生的道德品质比成绩重要，学生先成人才能成才，虽然老师一般会偏爱成绩好、又和老师亲近的学生，但是她不会，她会对学生一视同仁。

T15 老师认为学生太难管教，就是因为少数学生道德品质差，导致了她的课堂混乱。T15 老师入职 2 年，对工作认真负责，但从入职至今一直闷闷不乐，因为学生不太信服她，上课经常和她对着干。虽然每次上课她都精心准备，但是学生就是不买她的账，课堂纪律比较差。一方面，T15 老师认为上课出现这个局面与她自身经验不足、缺乏教育学和心理学知识有关；另一方面，T15 老师认为课堂上学生不尊重她，乱扔粉笔、不讲礼貌、大声喧哗，如果在课堂上她不指出学生不足，不教训学生，学生就会变本加厉。因为这些事情，T15 老师不太信任学生。

3. 学生的学习态度影响教师对学生的信任

多数教师对工作认真负责，希望在教学上有所作为，看不惯学生懒散的样子，对学生抄袭作业等失信行为很生气，希望学生能端正学习态度，而且也更信任学习态度端正的学生。学生的学习态度会在很大程度上影响教师对学生的信任。

T2 老师表示，学生抄作业是让她十分头疼和生气的事情，她会偶尔对学生发脾气。

T10 老师认为："大部分学生是不错的，但是部分班级的多数老师教学动力不足，因为付出精力再多，结果一样，学生并不想学。只有少部分学生学习抓得紧，学生认真学，老师上课也更有动力。"

4. 学生信任管理严格、教学认真、真正关爱他们的教师

在受访教师看来，相比教师的外在形象，学生更信任品德高尚的教师，学生希望教师认真负责、真心爱护他们、亲和友善，教学精彩、管理严格，能够为他们的未来发展提供指引和切实的帮助。

T2老师认为：“虽然学生在乎教师的外在形象，但学生更在乎教师的教育教学水平。”

T4老师表示：“部分班级的学生基础比较差，他们不爱学习，由于大部分学生都和爷爷奶奶一起生活，而爷爷奶奶的能力和水平有限，管吃喝就很不错了，学生更希望老师关心他们，为他们未来的人生发展指引方向。而少数班级的多数学生则有父母的关心和支持，学生更在乎老师的教育教学方法，能不能教好课，让他们对学习更感兴趣，学到更多知识。”

M2校长认为：“在教学上，有些班级的教学工作轻松一些，但管理学生要困难一些。学生带手机，老师会没收，并通知家长，告诉家长学生在学校的表现。学生不爱学习主要源于家长、个人和老师这三方面，老师的教学管理态度和方法很重要，少数老师完全是应付，没有责任心。若上课没有教学内容，也没有适当的管理方法和教学方法，就很难吸引学生以及让学生真正信服。如果老师认真讲课，自然会吸引学生，学生也自然会喜欢、信任老师，老师要想办法让学生喜欢和信服。天天站那坐那，学生肯定不会喜欢。学生喜欢严格、有幽默感的老师。”

T10老师表示：“有极个别的老师心思不在教育学生上，学生根本就不喜欢他，其所带班级的成绩也比较差。”

T9老师经验丰富，是一名优秀的音乐教师，她在课堂上收放自如，既能调动学生的积极性，也能让学生在其控制范围之内，对于班上某位调皮的学生在课堂上捣乱，这位老师并未直接训斥，而是这么处理的，她说：“安静才能学到更多，说话就只会懂自己已懂的。”这位调皮的学生听了这位老师的教导，立刻停止讲话。T9老师善于调动一切可以调动的元素来鼓励学生，真正做到了寓教于乐。学生在音乐课上既能放松，又学有所获，不仅学到了音乐知识，还有做人的道理。

5.学生更信任运用现代教学方法的年轻教师

在多数教师看来，现在的学生具有一定的判断力。虽然资历深、年龄大的教师经验丰富，能够帮助学生在考试中取得高分，但学生并不欣赏部分教师“填鸭式”的教学方法，多数学生喜欢年轻教师的课堂教学方式，生动活泼，会运用多媒体，而且师生之间有更多的共同话题。

6.讲信用是学生在意的教师品质

学生非常在意教师在日常生活中是否诚实守信、言行一致，一旦教师答应学生的事没有做，学生便会“嘀咕”。

T6老师在学生眼中是一位有亲和力的老师，因为性格开朗，又是年轻老师，深受学生喜爱和欢迎。T6老师和学生关系比较近，学生有时会开玩笑让老师买糖果、讲故事之类的，T6老师会带有“条件”地接受，但是当学生实现了T6老师提出的要求，而T6老师却没有回应，学生便有意见了。当T6老师走进课堂，学生便开始说：“又开始吹牛了。”后来，T6老师利用课余时间，驱车去镇中心买了一箱香蕉作为对学生的奖励。学生才比较满意，认为T6老师言而有信。

（三）情感和行为信任

1.师生的情感和行为信任水平不高

多数受访教师表示，学生很少和他们聊个人隐私或说心里话，通常是向他们寻求学习上的帮助，家庭教育对学生的思想、行为习惯等影响非常大，学生并不完全听从教师的教导，也很少向教师寻求帮助。多数教师因为工作、家庭上的琐事较多，分散了精力，导致教师主动关爱、帮助学生的时间和机会减少，而且不少教师认为学生和家长并不完全信任教师，师生之间必须保持适当距离，不能太近。教师眼中的师生情感和行为信任水平并不高。

2.教师的主动性不足

虽然教师认为学生总体上是可信任的，但部分教师的主动性不足。部分教师会在情感上与学生保持距离，一些教师则会通过言行直接表现出对学生的不信任，如讽刺、挖苦、批评、偏心等。

在T13老师的课堂上，学生不顽皮，不讲话，但是因为听不懂，三分之一的学生会趴倒睡大觉。在一次课上，T13老师怀疑一个调皮捣蛋的学生在课上讲话扰乱课堂秩序，便点名批评该生，这个学生不服气，当场反驳："老师，我没讲。"T13老师："你没讲？狡辩。"学生理直气壮地回答："我就是没讲。"T13老师尴尬了，立刻转移话题，继续讲课。（但就笔者所见，该生在课上确实没讲话。）

3. 少数学生对教师存在虚情信任

少数学生并不是真心尊敬、信任教师，但为了赢得教师的信赖，少数学生会将自己对教师的真实情感隐藏起来，试图通过伪装来取得教师的信任，具有功利性。

受访中的大部分老师表示，并不是所有的学生都可信。T2老师认为有的学生存在撒谎行为，会伪装，将不足之处藏起来，以赢得老师的信赖，但其实并不信任老师。

4. 师生信任要有边界

绝大多数受访教师表示，师生关系不能亲密无间，而要亲密有间，信任学生要有度，不是所有的学生和家长都值得信任，合理的师生信任边界有助于教师的教学管理，师生信任必须要有边界。

T4老师表示："刚当老师时，我非常在乎和学生的关系，希望和学生走得近，赢得学生的认同，但现在会和学生保持一定的距离，和学生走得太近反而不利于管理。"

T10老师认为："老师必须与学生及家长保持恰当距离，关系不能太近，不能太信任学生及家长，更无须涉及学生的家庭生活。"

T1老师同样认为师生之间要保持适当距离，否则难以管理学生，也容易出问题。T1老师也表示："学生有时也会和我说心里话和悄悄话。"

T3老师则认为："学生抄作业是最让老师头疼的事情，不能完全相信学生。"

5. 学生及家长并非完全信任教师

部分学生及家长并不是完全理解、尊敬和信任教师，认为教师偏心、教学管理方法不当等，少数学生家长也不完全信任老师。

6.走进学生内心世界的教师让学生信服

多数教师认识到了走进学生内心的重要性，而走进学生的内心仅靠教师权威及其严格的管理难以实现。一方面，教师要树立权威，对学生要严格管理；另一方面，教师要能像朋友一样对待学生，信任学生，能够放低姿态，与学生平等沟通、互相尊重，师生共生共长。

T5老师有三十五年的教龄，教授地理和生物，同时是学校的图书管理员。T5老师认为："现在的小孩不爱学习，爱打游戏，老师管得越严，小孩越反感。"她说道："学生主要是和爷爷奶奶一起生活，父母大都在外地，爷爷奶奶都非常宠爱小孩，加上大都不识字，能管住小孩吃喝就很不错了。虽然我时常和他们说，不努力学习，以后连搬砖的机会都没有，现在全是机械化，建房子用机器，体力活用机器，不读书以后怎么办，但小孩不理睬，照样不学，多说几次，他们还会反感。小孩喜欢年轻的老师，活泼可爱，有共同话题。音乐、体育、美术课是小孩最喜欢的课程。学生听不懂上课内容而让他们坐在教室里，不能乱动，这是让他们受罪，所以有小孩主动提出被罚站的要求，想站教室外边凉快凉快，对这些小孩来说，站教室外要比坐教室内开心很多。学生也会经常找我聊天，男生找我吹牛的多……"说到这，T5老师开心地笑了笑，继续说："女生则常常向我咨询生理方面的问题，有些女生的父母不在家，爷爷奶奶又羞于谈论生理方面的知识，所以有些小女孩连最基本的生理常识都不懂，所以，她们会悄悄地来问我。"

7.师生互不信任与社会大环境密切关联

一些教师认为，师生互不信任与整个社会大环境密切相关。T3老师认为："现在的学生比以前难管理，爱撒谎，不说实话，学生不可完全信任。"M5老师认为："不少学生将老师视为知识的'卖家'，不将老师当回事，并不是发自内心的尊敬和信任老师，这个现象与整个社会大环境相关。"

四、学生视角的师生信任关系

为了更切实深入的了解学生视角的师生信任关系，除了问卷调查法之外，本书还辅之以访谈法、参与型、观察法等。其中，对学生的访谈包括集中访谈和个别访谈。访谈并不局限于办公室，还包括教室、操场、走廊、宿舍等多个场所。多数学生结合他们对师生信任的理解及自身实际，分享了他们与教师信任方面的故事，且笔者也通过多种方式的观察获得了一些关于师生信任或不信任的故事。

（一）师生信任概况

从对学生的访谈以及笔者的观察情况来看，从整体上来说，学生对教师的信任水平是比较高的，但也有不少学生不信任教师。学生对教师的认知信任水平要高于情感和行为信任水平。学生对教师的认知评价非常高，但是从情感和行为表现来看，部分学生并不信赖教师、不完全听从教师教导，也很少向教师寻求学习之外的帮助，和教师说心里话等。教师对学生的信任会影响学生的学习态度和动机。

（二）认知信任

1. 多数教师公平公正

受访学生认为多数教师公平公正，对学生一视同仁。相比成绩，教师更看重学生的道德品质，不会偏心，值得信赖。多数学生特别反感教师偏爱成绩好的学生，认为这有失公平。

S61学生是D校九年级的一名女生，成绩在班上靠前。总体上来说，她对老师是信任的。S61学生认为："老师的偏心会伤害同学的心，我也不喜欢偏心的老师，有的老师偏爱成绩好的同学，哪怕这个同学犯错，也会包容，这不公平。"

S29—S40学生是Y中学八年级的12名学生，属于老师眼中的问题学生，不仅不爱学习，而且爱打游戏，也不遵守课堂纪律。他们一致认为老师偏心。如成绩好的学生可以自由选择座位，成绩差的学生就不能自由选择座位。一位男生还举例说："老师允许成绩好的学生在上课期间上厕所，但不允许成绩不好的学生在上课期间上厕所，很不公平。"

S1—S3学生表示，任课老师会和他们分享个人经历，大部分老师能做到公平公正，虽然会喜欢成绩好的学生，但不会偏爱，基本上公平公正。老师都很不错，都喜欢，他们的风格不同。

S41—S50学生表示，老师一般不会偏爱成绩好的学生，主要看学生的品德情况。

2.学生喜欢亲和友善的教师

多数受访学生表示，信任亲和友善的教师，不喜欢过于严格的教师。

S30—S41学生认为："老师还是随和好，若老师对学生真心好，学生自然会听老师的话。"

S51—S58学生表示："我们不喜欢凶的老师，喜欢亲和的老师。只有喜欢这位老师，我们才会认真听课。但不会出现和老师关系比较近就不听课，不认真做作业的情况。我们喜欢有亲和力的老师。"

S19—S28学生是Y校九年级某班的10名女生，成绩在班上属于靠前或居中。她们表示："任课老师各有风格，都喜欢；喜欢温和的老师，不喜欢严格的老师；父母都希望我们能考上好大学，以后有出息；很多同学成绩不佳主要是因为上网玩游戏；最喜欢历史老师，他让大家对历史特别感兴趣，有时会说点笑话；不喜欢严肃不爱笑的老师；女孩子们都爱学习，只是有的基础差；一些学生特别是成绩不佳的学生不在乎与老师关系的好坏。"

3.学生更信任教学管理能力强的教师

在教学管理能力上，学生希望教师教学态度严谨，能够运用现代教学手段，希望讲课生动有趣，有时还能通过讲笑话等方式来调节课堂气氛。学生信任对他们认真负责、能调动其学习主动性和积极性的教师。

S1—S3这3位女生反映，她们喜欢英语课和语文课，因为老师能调动他们学习的积极性和主动性，引导她们深入思考。

S61学生认为："成绩好的学生喜欢教得好的老师，会注重老师的教学。老教师和年轻教师的教学方法明显不同，年轻教师会用PPT等辅助教学，老教师还是用传统的教学方法，各有优劣。当与老师发生冲突时，老师会说这是上课，下课再讨论。对教师的教学总体上满意。"

当笔者询问S8—S10学生为何不爱学习时，其中一位男生说："上课没意思，听不懂。我们最喜欢上数学老师的课，因为数学老师很严格，又幽默。”三位男生一致认为：“上政治课没意思，所以爱睡觉。班主任的语文课也不喜欢听，但班主任很严格。”

S59—S60学生表示：“班主任老师会将问题讲透，所以大家都信服他。有的老师上课声音小，大家就对这门课不感兴趣。班主任时常鼓励我们，越是感觉难的科目，就越要下功夫学。班主任管理非常严格，对学生也特别好，非常敬业，大家都怕他。在上课期间，他经常会站在教室外观察，有一次竟然站了半个小时，我们才发现他在看着我们，我们心里都打哆嗦。他常说的话是：‘我只希望你们有出息，以后你们也不会记得我，最多是记得我带过你们课，但我凭良心。’”

4.多数教师以学生为本，尽职尽责

在责任义务上，多数教师富有责任心，帮助学生解决问题和实际困难，尽职尽责。

S11—S18学生表示：“若没有按时完成作业，老师会很生气；老师也会努力维持和学生之间的关系；我们老师有过“白色”谎言；但大部分老师都会尽力帮我们解决困难。”

5.学生在乎教师形象，但更信赖教学水平高和品德高尚的教师

在受访学生看来，相比教师的外在形象，品德好和教得好的教师更受欢迎，如果形象、教学管理能力和品德都好，那就非常完美了。

S61学生表示：“对于老师外在形象，我们没有选择余地，都一样，只要教得好就可以，不会太在意形象，同等情况下，会喜欢形象好的老师。”

S11—S18学生表示：“我们不只是喜欢形象好的老师，更喜欢教得好的老师。老师的品德都很好，要是形象和教学管理能力结合起来，就非常完美了。”

S59—S60学生表示：“我们最喜欢语文老师，因为长得帅，这种类型大家都喜欢，而且语文老师很幽默，课讲得好；班主任则会将问题讲透，所以大家都信服他，即使班主任经常穿着拖鞋来上课，我们也会认真听课，我们都很尊敬他。”

（三）情感和行为信任

1. 学生对教师的情感和行为信任水平不高

学生对教师的情感和行为信任主要通过学生对教师的情感依赖性和自我揭露性表现出来。从田野调查情况来看，学生对教师的情感和行为信任水平不高。学生普遍反映，不会或很少和教师说心里话和隐私，但大部分学生会向教师寻求学习上的帮助。

S61学生表示："我们不会和老师说心里话，更不会告诉老师隐私，遇到学习方面的困难，就找成绩好的同学解决，我们老师连微信都不会用；如果对课程感兴趣，我们就会真心喜欢学习。"

S11—S18学生表示："我们很少主动找老师，很少和老师讲心里话和小秘密，但偶尔会和老师说其他人的事情，有时会找老师帮忙，主要是学习上的，其他方面找老师的情况少，因为自己就可以解决，我们比较害羞，有时，家人也会帮忙解决。"

S1—S3学生表示："我们碰到困难时会向老师求助，主要是学习方面，生活方面很少。"

S58学生表示："我们班有70多个学生，50个女生，20多个男生，由于老师是男士，不太细心，又有代沟，女生有心理困难也不方便找老师谈心。一个班有三分之一的同学信任老师就不错了。"

S59学生表示："教室后面一边坐的全是女生，好管理，男生稍微调皮一些，坐在靠门边的座位。因为我和班主任很熟，班主任会经常询问我班级里的情况，有时很为难，一边是同学情，一边是师生情，只能说一半。"

2. 学生的主动性不够

虽然学生认为教师的可信度非常高，但是他们却不愿意从情感和行为上主动信任教师，既不愿意和老师说心里话，也不愿意向老师求助。关于为何不愿意主动和教师说心里话以及向教师求助等，被访谈学生与笔者的对话如下：

笔者：你们为何不愿意主动和老师说心里话或向老师寻求帮助呢？

S60学生：我个人认为自己的事情靠自己或朋友帮助解决就可以啊。

笔者：老师不是经验更丰富吗？

S60学生：但是不能什么事都和老师说吧，学习上的事可能会和老师说，但自己的事应该大部分由自己解决吧，这是我认为的。

S61学生：在学生眼里，老师是一个严肃的角色，只是一个可以谈学习的长辈，不适合说心里话。

笔者：那你们为什么还那么信任老师呢？

S61学生：信任老师是从学习上来说的，而不是从生活上。

笔者：你们向老师求助或说心里话会觉得不好意思吗？

S61学生：当然了。

笔者：老师做不到像你们的朋友那样，是吗？

S61学生：不是。

笔者：那你们喜欢和谁分享自己的心事，喜欢找谁帮忙？

S61学生：这个……我好像也不知道……我不擅长表达。

S62学生：可能是因为你的身份是老师，但你的学生没有心理准备去和你交流，准确地说是害怕，害怕你会和别人说你们谈话的内容。但是当我感觉只要有其他同学开了头，比如成绩好的和不好的都有人开始和老师说，那么，其他人也就不会再害怕了。

S63学生：老师，我感觉吧，就是老师和学生之间难免有代沟，也不好意思问，怕丢脸，这是一个朋友的见解。

S51学生：因为想说的时候，再想想又觉得麻烦老师，这点小事没必要，自己可以解决，就还是算了吧。

笔者：好的，谢谢。

S51学生：没事。老师，我想再补充一下，就是有时候告诉自己可以解决，其实是在欺骗自己可以解决。

S52学生：因为感觉有代沟，老师们理解不了，而且说了会显得是个另类。

笔者：那你们为何对老师如此信任？

S52学生：那是因为老师们有足够的知识储备和经验。

S53学生：心里没什么可说的，再说了，学生也不可能和老师说。

S54学生：说白点，就是减少封建思想，多跟学生互动、多交流，跟学生成为朋友。

S55学生：因为胆小。

S55学生：还有一点就是不想问。

S56学生：害羞。

笔者：了解了。

S56学生：可能有些事真的不能说吧。

笔者：比如什么事？

S56学生：一些经历，还有威胁。

S57学生：老师的可信度不高。如说过的话就算现在他不讲，以后呢？

S57学生：他带过的班很多。老师讲别人的故事你没听过吗？

笔者：但那只是学习上的事，私事老师不会说吧？

S57学生：应该吧。

笔者：那你为何不说？

S57学生：害怕啊，从小就有阴影。

S58学生：因为害怕。不是害怕人而是害怕老师。

S58学生：还有对自己的不信任。

S59学生：我信任老师啊。但老师的年龄和我们有点不同吧，也就是感觉思想不同。还有就是威严吧，有点怕。

笔者：是的，大部分同学都不敢。还有吗？

S59学生：其实，老师也是普普通通的人，只是她比我们懂的学习方面多，很多时候，其实也怕老师感觉自己烦吧，毕竟大人的世界事情多嘛。

第五章　农村中学师生信任关系增进的现实困境审视

基于大规模的问卷调查和对样本学校的田野调查，第四章重点探讨了学生视角的农村中学师生信任关系现状，也描述了教师视角的师生信任关系现状，这对了解和审视农村中学师生信任关系的现实困境大有裨益。现实困境与建构路径分析具有内在联系，二者不可分割，审视农村中学师生信任关系增进的现实困境，能够为师生信任关系的系统建构提供现实依据。

本章的主要目标是探讨农村中学师生信任关系增进的现实困境。结合第四章的研究结论，本章分别从师生个体特征信任、师生互动过程信任和学校制度信任三个维度来了解和审思农村中学师生信任关系增进的现实困境。具体内容主要涉及三方面：一是基于师生个体特征信任的困境审视；二是基于师生互动过程信任的困境审视；三是基于学校制度信任的困境审视。

第一节　基于师生个体特征信任的困境审视

基于师生个体特征信任的困境主要是通过师生对彼此的认知信任情况来反映的。师生个体特征信任维度包括学生的个人背景、学生的信任倾向、学生对教师的角色期望等。本节将主要从学生的个人背景、学生失信行为以及教师失信行为这三个方面来审视师生个体特征信任方面的现实困境。

一、学生的个人背景影响学生对教师的信任

（一）男生对教师的信任水平略低于女生

从第四章表4-1-30可知，男生对教师的认知信任得分均值为4.1705，女生对教师的认知信任得分均值为4.1871；男生对教师的情感和行为信任得分均值为3.7759，而女生在该维度的得分均值为3.7935。男生对教师的认知信任、情感行为信任得分均值均略低于女生。这可能有两方面原因，一是女生更擅长于表达自己的思想和情感，亲和性要高于男生；二是男生具有调皮、好动等特性，不如女生文静，教师对男生的管束自然就会多于女生[①]。因此，教师在对学生进行管理时，性别因素需要适当考虑，对男生和女生应采取不同的管理方式。

（二）学生对教师的信任水平随着年级的上升呈下降趋势

从第四章的统计数据来看，七年级学生对教师的信任水平都要显著高于八年级和九年级学生，且年级越高，学生对教师的总体信任水平越低。不过，九年级学生对教师的认知信任水平低于八年级学生，但情感和行为信任水平略高于八年级学生。这在一定程度上反映了不同年级的学生具有不同的特点。这可能是因为，高年级学生多数处在青春期阶段，更叛逆，有一定的自我概念，逐渐注重个人隐私，不愿意主动与教师沟通，教师很难真正走进其内心世界，且年级越高，学生的独立性就越强，也越想证明自己，不愿意依赖他人。七年级学生因刚进入初中阶段，所接触的权威主要是教师和家长，自我观念和个性还在发展中，因此，对教师的依赖性要强于高年级，也更愿意服从教师权威。而九年级学生的情感和行为信任水平高于八年级学生，这可能与八年级正处在向青春期过渡的关键阶段有关，这个阶段的学生成熟与幼稚参半，心理极不稳定，容易表现出沮丧、焦虑、低落等不良情绪，甚至会产生自卑心理，开始不愿意表露自己的内

① 付春新，赵敏．基于OLS模型的中学师生关系影响因素分析[J]．宁波大学学报（教育科学版），2020(1)：126-132.

心世界，也不敢向教师说真心话，但在理性和独立意识上又不如九年级学生。而且，九年级学生临近毕业，教师对其管理不如八年级严格，更注重培养学生的自我管理能力等，学生更能理解、体谅和信赖教师，在未来发展上也更多地依赖教师的建议等。

（三）寄宿学生对教师的信任水平低于非寄宿学生

就问卷调查数据来看，47%的农村中学生寄宿（见表4–1–1）。从笔者对3所学校的田野调查情况来看，其中一所学校的学生全部寄宿，另外两所学校的部分学生寄宿，寄宿群体以九年级学生和七、八年级成绩较好的学生为主。就表4–1–35来看，寄宿学生、非寄宿学生对教师的整体信任得分均值分别为3.9052、4.1746。可见，相对于非寄宿学生，寄宿学生对教师的信任水平低。这可能是因为，在多数学生父母外出务工，许多学生的监护人监管能力有限的情况下，寄宿本是一项适合农村中学生的有效措施，然而，农村中学的教学设施陈旧，生活环境艰苦，师资力量也十分薄弱，这直接导致了寄宿学生的管理任务艰巨。一方面，教师白天的工作量已经超负荷，还需要批改作业、备课、照顾家庭等，另一方面，教师需要悉心管理寄宿学生，经常巡视宿舍，督促学生早起锻炼和按时作息，特别是要保障学生的安全问题。因学生在校时间长，其暴露的缺点或不良习惯会更多，一旦学生出现各种问题，教师就必须予以解决，长此以往，学生就会排斥教师事无巨细的管理，并希望与教师保持一定距离，期望教师能够留给他们自由空间，尊重他们的个人隐私、兴趣爱好等，加之初中生本来就处于叛逆阶段，对他人的不信任度增加，这加深了学生对教师的不信任。此外，由于寄宿学生多，监管学生的教师少，教师很难照顾到所有寄宿学生，学生出现心理和成长上困惑，也无人指引，因此，学生就会产生失望等消极情绪，对教师的不信任感加深。

不寄宿学生中有不少是父母一方在家专门照顾，或者虽与隔代长辈等一起生活，但其中多数学生与父母联系紧密，教师的管束相对较少，在遇到对教师的误会、不信任或与教师发生冲突时，一些父母会对孩子进行心理疏导，这有助于舒缓学生的不良情绪，促其回归理性，理解并信赖教师。

（四）非学生干部对教师的信任水平低于学生干部

就表4-1-32来看，学生干部与非学生干部对教师的信任得分均值分别为4.1196、4.0244。非学生干部对教师的信任水平要低于学生干部。这可能是因为多数学生干部性格比较外向，善于与人沟通，对工作积极主动。学生干部作为联系教师与学生的桥梁和纽带，会因工作关系与教师接触较多，沟通交流也会相对较多。因此，学生干部能理解教师的善意言行，教师也会因学生干部的品学兼优、工作能力突出、亲近教师等行为信任学生干部[①]。而非学生干部平时与教师的沟通交流主要集中在课堂上，私下的接触并不多，很容易对教师产生误解，但又缺乏消除误解的渠道，如此反复，非学生干部对教师就会更不信任。概言之，非学生干部对教师的信任主要基于教师在课堂上的言语品格、行为品格、教学表现和管理水平，教师也主要依据学生的学业成绩、是否遵守课堂纪律、道德品质等来判断学生是否可信，教师对非学生干部的认知和非学生干部对教师的认知都容易呈现出片面性。因此，师生之间需要加强沟通。

（五）成绩靠后的学生对教师的信任水平最低

从表4-1-33来看，学习成绩靠前、居中和靠后的学生对教师的信任得分均值分别为4.0625、4.0792、3.9586。由此可知，学习成绩靠后的学生对教师的信任水平最低，成绩靠前的学生对教师的信任水平也不是最高的，成绩居中的学生对教师的信任水平最高。针对这一调查结果的原因，笔者咨询了多名一线教师和农村中学生，现将观点概括如下：一是成绩靠后的学生对教师持消极信任倾向。成绩靠后的学生因成绩差，教师的态度对他们而言无所谓。一些成绩靠后的学生会因成绩差而自卑，本身就不愿意信任他人；少数成绩靠后的学生上学的动机不是为了学知识，仅是混初中文凭或只是因学校有更多玩伴，他们对师生关系特别是师生信任关系持

① 付春新，赵敏．基于OLS模型的中学师生关系影响因素分析[J]．宁波大学学报（教育科学版），2020(1)：126-132.

无所谓态度，在学习上也不会主动向教师请教，教师是否信任他们并不重要。二是教师偏爱学业表现较好的学生。为了提高学校、班级的升学率，部分教师忽略了成绩靠后的学生，导致成绩靠后的学生很难对不关心自己的教师产生信任感。还有成绩靠后的学生认为教师对学生并不是一视同仁，如成绩好的学生可以在上课期间上厕所，成绩靠后的学生就不可以，这很难让成绩靠后的学生发自内心地信任教师。三是一些成绩靠后的学生会扰乱课堂教学秩序。由于成绩靠后的学生听不懂，跟不上教师讲课，坐在教室是一种煎熬，于是便和周边同学讲话等，扰乱课堂教学秩序，教师要维持课堂教学秩序就必须管教成绩靠后的学生，长此以往，成绩靠后的学生就会对教师产生反感情绪。四是很多成绩好的学生自负。部分成绩靠前的学生并不认为成绩好是教师教授的结果，甚至可能认为教师不如他们，认为教师关爱他们是天经地义的，而且，成绩好的学生比较自觉，他们学业成绩优异，也与他们父母的引导和督促有很大关系。因此，成绩靠前的学生容易对教师缺乏依赖感和信任感。五是成绩居中的学生更依赖教师的指导和帮助。成绩居中的学生在乎学业成绩，学习态度端正，更相信教师能够指导和帮助他们提高学业成绩等，无论是在认知还是情感和行为上也都更加信任教师。

（六）留守学生对教师的信任水平低

从表4-1-34来看，与隔代长辈一起生活的学生对教师的总体信任水平、情感行为信任水平最低，与其他亲戚同住的学生对教师的认知信任水平最低。由此推测，因隔代长辈的监管能力有限，能够为孩子提供生活上的保障已实属不易，对于孩子心灵上的关怀超出了其能力范围。虽然多数父母会经常与孩子联系，但空间距离还是会影响父母与孩子的沟通效果。为了弥补孩子父母不在身边的情感缺口，不少隔代长辈非常宠溺孩子，在孩子犯错、与教师之间出现不和谐音符时，更多的是袒护孩子，生怕孩子受委屈，希望教师和其他学生都能让着孩子。由于隔代长辈与孩子之间存在代沟，部分隔代长辈也不知道如何引导孩子与教师建立信任关系等，导致了孩子与教师之间距离感的加大和不信任感的加深。此外，与其他亲戚同住的学生因得不到父母的关爱而缺乏安全感，导致这类学生比较敏感，不敢轻易相信他人，可见，农村留守儿童在情感和行为上需要教师、学校更多的关爱、引导和帮助。

（七）与父母联系频率低的学生对教师的信任水平明显偏低

就表4-1-36中的数据来看，与父母基本不联系、很少联系、偶尔联系、经常联系的学生对教师的整体信任得分均值分别为3.8563、3.8293、3.9621、4.1212，与父母联系频率低的学生对教师的信任水平明显偏低。多数受访教师表示，学生家长对学生的言行有很大影响。由此可见，父母对孩子的关爱和引导对孩子的成长成才非常关键，会对孩子的思想行为产生重大影响，会间接影响学生对教师的信任程度，进而影响师生信任关系。因此，父母应多与孩子沟通交流、关爱孩子。此外，与父母基本不联系的学生对教师的信任水平略高于与父母很少联系的学生，而与父母基本不联系的学生大都属于特殊的家庭，如离异家庭等，这就需要教师、政府乃至整个社会给予更多的关怀和帮助。

二、学生失信行为影响教师对学生的信任

大多数受访教师表示，虽然多数学生值得信任，但并非所有学生都值得信任，也不是值得信任的学生各方面都是可信任的。学生的失信行为包括抄作业、考试作弊、撒谎、沉溺网络游戏、化浓妆上学等。

（一）抄袭作业

抄袭作业是最让教师头疼的学生失信行为。抄袭作业现象在农村中学生中普遍存在，一些学生学习态度不端正，敷衍了事，完全照抄他人作业来应付任课教师，以致任课教师不能根据学生完成作业的情况来判断学生对知识的掌握程度、存在不足和应重点讲解哪些内容等。学生抄袭作业反映了学习态度问题。对于很多教师来说，相比学生的学业成绩，他们更在乎学生的品格。学业成绩反映了学生的能力，学习态度则反映了学生的行为品格，教师依据学生的品格来判断学生是否值得信任。抄袭作业不利于

教师教学工作的顺利进行，从长远来看，对学生的未来发展危害极大，抄袭作业会影响教师对学生的信任。

（二）考试作弊

部分受访学生表示："是否作弊视情况而定，如果有作弊机会，自己擅长的科目就不会抄，不会的科目会抄。"就问卷调查情况来看（见表5-1-1），在C18这道题中，选择"一般符合""比较符合"和"完全符合"的学生分别占比25.0%、20.3%、23.7%。可见，农村中学生中存在作弊行为。对于考试作弊为何会影响教师对学生的信任，主要存在以下几方面原因：一是考试作弊是学生行为品格低的重要表现，相比学业成绩，多数教师更重视学生的品格；二是不利于教师了解学生的真实水平。学生虽然通过作弊获得了高分，但学生是否真正掌握了所学知识，教师并不一定了解。三是不公平。若教师依据作弊的分数来评判学生，并表扬、奖励这些学生，会产生不良影响，一些学生就会认为无须认真学习。因此，多数教师不会放任学生作弊，更不会信任考试作弊的学生。总之，考试作弊会对学生的身心健康发展产生不良影响，导致学生形成不良的信任倾向。

表5-1-1 C18频率统计

题项	选项	频率	百分比	有效百分比
C18如果考试时老师不到场监考，考生就会作弊	完全符合	449	23.7%	23.7%
	比较符合	384	20.3%	20.3%
	一般符合	474	25.0%	25.0%
	比较不符合	244	12.9%	12.9%
	完全不符合	344	18.1%	18.1%

（三）学生撒谎

为了逃避教师的责怪和批评、逃避同学的指责、赢得教师的称赞信赖或者不想让教师了解自己的真实情况等，部分学生存在撒谎行为。教师不会信任撒谎的学生，这主要是因为学生撒谎是言语品格不高的重要表现，少数学生通过撒谎来掩盖自身的错误行为，满足虚荣心，以获得个人利益等。作为教师，首先期待学生成人，其次才是成才，希望学生能够诚实守信、言行一致。

（四）少数女生化浓妆上学，少数男生沉溺于网络游戏

化妆本不是坏事，爱美之心人皆有之，玩游戏本身也是为了休闲和放松，但是初中阶段是学生学习的黄金时期，学生未将精力聚焦在学习上，而是将精力集中在化妆、玩游戏等与学习无关的事情上，会导致学习成绩的下降，不利于未来的成长发展。教师不会信任过于注重外在形象、不懂自律，忽视学习这一最重要任务的学生。

（五）学生失信行为会导致教师在管理上存在认知陷阱

教师管理学生会存在认知陷阱。一些学生有过失信行为，伤害了部分教师的心或者让教师形成了对学生的固有印象，不管后来这些学生表现如何，说谎话或是说真话，都会导致教师产生“瞬间决断效应”，潜意识地认为学生撒谎、不可信等。部分受访教师表示有过因学生的失信行为而误解、不信任学生的经历，可见，学生的失信行为会对教师的信任倾向等产生很大的消极影响。“瞬间决断效应”很容易造成教师对一些学生的认知偏见，即使学生改正了缺点和错误，教师还是会以习惯性思维来推断学生的行为。这可能会恶化师生关系，导致师生信任关系的弱化。

三、教师失信行为影响学生对教师的信任

（一）教师的不守时敬业和课堂语言不文明规范

如表4–1–9和表4–1–10所示，学生对教师行为品格信任的得分均值为4.2783，是品格和能力信任维度中的最高值。相对而言，有2个题项的得分均值并不高。B6反映的是教师的守时敬业，得分均值为4.13，明显低于4.2783，可见，相对于同维度的其他题项而言，在守时敬业方面，农村中学教师有待加强。B4反映的是教师课堂语言的文明规范程度，得分

均值为4.19，低于4.2783，可见，部分农村教师在教学语言的文明规范性方面做得也不够，有很大提升空间。就笔者的实地调研情况来看，农村中学多数教师家住县城，离学校较远，一些学校并未严格实施教师坐班制度，在通常情况下，教师只要没有课，就不会来学校，学生很难有机会在课下或在办公室找教师沟通交流。另外，农村中学有一些年轻教师来自外地，一般会用普通话教学，但多数老教师是当地人，因为少数教师养成了说方言的习惯，其普通话说得并不标准，或习惯于使用当地方言来教学，这对于处在新时代的中学生来说，他们并不适应教师用方言来上课。

（二）教师情绪管控能力不强

教师情绪管控能力反映了教师的言语品格。从表4-1-13来看，言语品格信任维度包括6道题，其中，B11这道题的得分均值为3.73，在该维度属于最低。就访谈情况来看，多数学生表示，一些教师会在课堂上发脾气，少数教师会在课堂上批评学生等，他们不喜欢这样的教师，希望教师不要在课堂上发脾气。可见，学生对教师情绪失控、经常发脾气很不满意。教师情绪失控、经常发脾气是教师言语品格不高的表现，会影响师生关系特别是师生信任关系，教师的消极情绪对课堂氛围和学生的学习积极性具有抑制作用，会造成学生对教师的不认同、不信任，使师生关系疏离，甚至引发师生冲突。在教育教学过程中，“教师的情绪表达会影响教师在课堂上的教学行为、课堂管理及应对学生违纪行为的方式”①。傅道春在《情境心理学》一书中提出，在教师盛怒之下，学生情绪紧张，处于抑制状态，师生间出现心理距离，形成不良的课堂气氛。郑希付通过情绪启动效应实验证明了教师积极愉快的情绪会提高学生积极愉快的情绪，教师消极悲观的情绪也会提高学生的消极悲观情绪②。总之，教师情绪管控能力不仅会影响教师的教学输出能力、教育教学效果、对学生的正确评价，也会影响学生的学习主动性、学习效果、与教师的亲密度，特别是影

① 陶丽，李子建．课程改革背景下教师专业身份的理解与建构：基于师生互动的视角[J]．教师教育研究，2018(3)：79-85.

② 郑希付．教育过程中的三种心理效应研究[J]．湖南师范大学教育科学学报，2005(1)：111-114.

响师生信任关系[①]。因此，教师需要不断提升情绪管控能力，提高公信力。

（三）教师发现问题和运用新教学方法的能力不足

知识素养、启发引导、发现问题和运用新教学方法等反映了教师的教学能力。相比知识素养和对学生的启发引导，教师在发现学生问题和运用新教学方法这两方面有很大的提升空间。如表4-1-16所示，B20的得分均值为4.18，明显低于均值4.2718，可见，教师在发现学生问题的敏锐性方面有待加强。可能是因为教师在课上同时面对数十个学生，如果平时不将精力放在学生身上并对学生的学习情况了如指掌，教师就很难敏锐地发现每个学生在学习上存在的问题。B19的得分均值为4.22，略低于该维度的均值。这可能是因为在信息时代成长起来的中学生平时接触新媒体的机会较多，相比运用传统教学方法，学生更期望教师紧随时代潮流，运用现代教学手段来实施教学，这样的课堂对他们来说更具有吸引力，能够提高其学习积极性和主动性。学生更信任教学管理水平高的教师。因此，教师要多花些精力提高发现问题的能力以及改进教学方法，从而让学生对教师的课堂教学内容更感兴趣，在学习上更加主动，也更热爱学习。

（四）教师与人为善与管理智慧方面的能力不足

就教师管理能力信任维度来看（如表4-1-29所示），虽然学生对教师管理能力的认可度略低于对教学能力的认可度，然而，学生对教师管理能力的信任水平也比较高。管理能力维度5个题项中有2个题项的得分均值相对较低（如表4-1-19所示）。B16题项的得分均值为3.89，在该维度中属于最低；B22题项的得分均值为4.03，也明显低于平均值。

从B16可知，更多的学生质疑教师的行为动机，并不认同教师和他人说自己的事情是出于善意这一观点。可能主要源于以下两方面：一是学生本身的信任倾向。受社会大环境的影响，很多学生并不信任他人，对外人

① 付春新，赵敏．基于OLS模型的中学师生关系影响因素分析[J]．宁波大学学报(教育科学版)，2020(1)：126-132.

秉持怀疑和不信任态度，自然而言，也不会信任教师。二是教师的不恰当行为。学生信任教师，才会愿意暴露自己的缺点和不足、和教师说心里话和小秘密等，一旦学生发现教师和别人说自己的事情，学生可能就会认为教师“出卖”了自己，哪怕实际情况并非如此。况且，部分教师为了调动课堂气氛，会提及少数学生的事迹甚至可能涉及学生隐私等，多数教师是无意的，但学生并不认同，非常反感被教师当作“模范”来宣讲。因此，教师尽量不要和别人特别是学生讲其他学生的事情，否则，学生会认为教师侵犯了其隐私，或者教师的言语品格不高等，导致学生会更不信任教师。

就B22的调查结果来看，一些学生并不认为教师具备处理师生冲突的智慧。师生冲突的表现形式包括内心的抵触、沉默的抗议，也包括语言、肢体的冲突等。其形成原因复杂，如教师权威的消解，学生平等意识的增强，师生沟通交流的不足，师生的价值观念的相异，外在不良环境的刺激。而且，师生冲突过程具有动态性。在部分学生看来，教师在处理师生冲突上的智慧不足。一些教师不能站在学生的角度看问题，并未真正尊重学生、体谅学生、平等对待所有学生，而是摆出居高临下的姿态，盛气凌人，更未将学生视为朋友。由于多数农村教师住在县城，家庭琐事多，一些教师秉持“多一事不如少一事”的观念，与学生沟通交流的主动性不够，导致学生对教师的不理解、误会加深，更不信任教师。且农村中学有不少教师的情绪管控力较差，会在课上随意发脾气，教师的这些思想观念和行为无益于师生冲突问题的解决，更不能让学生真正信服。

（五）教师教学不认真

就笔者的田野调查情况来看，不仅学生存在失信行为，教师同样存在失信行为，如教学不认真等。

教学不认真反映了教师的工作责任心不强，属于行为品格上的问题。在D中学，笔者发现，部分教师并未认真备课和上课。一些教师未认真备课就上课，而且，在课堂上也未讲授多少教学内容，学生的自习时间十分充裕，当然，在自习时间，学生并不是在学习，而是在讲话、打闹等。这样的课堂，就算是部分学生想学也不可能学好，而教师却认为，学生学习基础差，不可能学好，认真教和不认真教的效果差不多，因此，不愿意做“无用功”。然而，就笔者对学生的访谈情况来看，学生有很强的判断力，能够明确说出对哪些课感兴趣、对哪些课不感兴趣及原因，从学生的回答中可以看出，多数学生想学，只是基础差、跟不上，他们喜欢、信任能让他们对科目感兴趣的教师。

（六）教师言行不一致、不尊重学生等

教师言行不一致、不尊重学生等反映了教师的行为品格和言语品格不高，教学管理能力不强。学生不会信任品格不高和能力不强的教师。

少数教师存在言行不一致和不尊重学生等失信行为。从表4-1-13来看，在言语品格维度上，B10的得分均值并不高，分别为3.79和3.99，可见，一些学生对教师言语上不尊重学生、干涉学生自由不满意，还有一些学生认为教师说话不算数，不能做到言行一致。若教师不尊重学生爱好并盲目干涉学生自由，学生会对此反感，甚至会和教师对着干，在言行上表现出对教师的不尊重，与教师发生冲突等。教师的言行不一致则会为学生做一个不讲诚信的示范，不仅不利于教师在学生心目中权威形象的树立，也不利于对学生诚实守信道德品质的培养。总之，这两方面都会损伤教师的公信力，弱化学生对教师的信任，不利于师生信任关系的增进。

第二节　基于师生互动过程信任的困境审视

基于师生互动过程信任的困境主要通过师生互动过程中的情感和行为来反映的。本节将从学生对教师的情感和行为信任水平低、教师消极期望或积极期望表达频率低、师生交往动机功利性化、师生沟通的主动性不够、第三方因素的消极作用等五方面来探讨基于师生互动过程信任的现实困境。

一、学生对教师的情感和行为信任水平低

从总体上而言，学生对教师的情感和行为信任水平低。如表4-1-25所示，认知信任维度、情感和行为信任维度的得分均值分别为4.1789、3.7848。由此可见，学生对教师情感和行为信任水平显著低于认知信任水平。通过对学生的访谈以及笔者的观察发现，学生对教师情感和行为信任水平要显著低于认知信任水平。学生对教师的认知评价非常高，但是从情感和行为表现上来看，学生并不完全依赖教师和听从教师的教导，也很少向教师寻求学习之外的帮助，以及和教师说心里话、小秘密等。此外，少数学生对教师的信任具有功利性动机，为了赢得教师的信赖，学生存在虚情信任，并不是真心信任教师。

在情感和行为信任维度上（如表4-1-28所示），二级维度行为信任的得分均值显著低于情感信任的得分均值，就言语品格信任、行为品格信任、情感信任、行为信任四个二级维度来看，学生对教师的行为信任水平最低。学生对教师的信任呈现出高认知、低践行特征，学生对教师的自我揭露性远远低于学生对教师的情感依赖性。

学生对教师的行为信任主要通过学生对教师的自我揭露性来反映。由表4-1-24、表4-1-25和表4-4-26可知，行为信任维度包括6个题项，该维度得分均值为3.4705，是所有维度中的最低值。其中，B34的得分均值仅为2.71，不到半数的学生选择“完全符合”和“比较符合”，属于量表各题项得分均值中的最低值。B33的得分均值为3.54，B32的得分均值为3.55，B31的得分均值为3.60，B29的得分均值为3.69，B30的得分均值为3.72。行为信任维度各题项的平均值都低于4分，可见，学生对教师的行为信任水平相当低。学生与教师共享信息、向教师承认错误、愿意指出教师不足和反馈自身困扰的可能性相对高一些，但学生同教师说心里话、分享秘密的可能性非常低。总之，学生对教师的情感和行为信任水平不高。

这可能是因为，学生已经开始进入青春期，他们非常期望独立，不希望教师干涉其兴趣爱好和自由空间，一些学生认为师生之间存在代沟，师生之间很难真正的平等沟通，部分学生认为自己的事情可以由自己或同伴

及家人帮忙解决，无须依赖教师，担心向教师说心里话后，教师做不到诚信可靠，有可能和他人说，况且，处在新时代的学生可以通过新媒体获取自己想学的知识，无需请教教师，自然而言，学生对教师的情感依赖性和自我揭露性就会降低。

二、教师期望消极或积极期望表达频率低

（一）两成多教师过度关注学业成绩

从表 5-2-1 来看，77.2% 的学生认为教师会更看重学生的道德品质，有 21.6% 的学生认为教师更重视学生学业成绩。过度关注学生学业成绩与立德树人目标相背离，不利于培养全面发展和个性化发展相结合的人才。这可能是因为，虽然关注学生学业成绩本是教师分内职责，但是教师过度关注学生学业成绩，这传递给学生的其实是一种“唯有成绩高”的消极期望，可能会导致教师不恰当行为的增多以及学业成绩相对较差的学生的挫败感、无能感和不公平感等。总之，教师过度关注学业成绩传递的是一种消极期望，不是教育教学良策，会破坏师生信任关系。

表 5-2-1　C7 频率统计

题项	选项	频率	百分比	有效百分比
C7 在学业成绩和道德品质之间，老师更看重我的	学业成绩	410	21.6%	21.9%
	道德品质	1463	77.2%	78.1%
	缺失值	22	1.2%	—

（二）教师消极期望会引发学生的消极情感

从表 5-2-2 可知，C10 题项中，当学生感觉教师不喜欢他（他）时，多数学生会选择主动和教师沟通或者完善提高自己，但仍有为数众多的学生会因此产生消极情绪。其中，16.1% 的学生选择“感觉痛苦、自卑，逃避老师，对学习有抵触情绪”，12.9% 的学生选择“无所谓”，4.7% 的学生选择“感到愤怒，和老师对着干”。克劳斯·奥弗认为，信任是关于期望

他人做某事或克制做某事的信念。当学生感觉教师不喜欢他（她）时，教师传递给学生的其实是一种无论学生做什么都不满意的信念，是一种消极期望。这不仅不利于学生学习态度和动机的端正、道德品质的提升，也不利于学生乐观、开朗等良好个性的培养，更不利于师生信任关系的增进，只会导致师生关系疏离、师生冲突增多以及学生对教师的更不信任等。

表5-2-2 C10频率统计

题项	选项	频率	百分比	有效百分比
C10如果感觉老师不喜欢我时，我会	感觉痛苦、自卑，逃避老师，对学习有抵触情绪	306	16.1%	16.1%
	感到愤怒，和老师对着干	90	4.7%	4.7%
	主动和老师交流	452	23.9%	23.9%
	默默完善自己、提高自己	940	49.6%	49.6%
	无所谓	244	12.9%	12.9%

（三）教师表达积极期望的频率低

就表5-2-3来看，只有2.4%的教师会经常表达积极期望，9.4%的教师会偶尔表达积极期望，很少表达积极期望的教师占40.1%，从不表达的教师占48.1%。通过这些数据可知，教师向学生表达积极期望的频率非常低。“罗森塔尔效应”的观点认为，教师的期望会影响学生的思想行为，教师对学生的赞美、信任和积极期望有助于学生产生积极向上的动力，并朝教师期望的方向发展。然而，教师积极期望的实现离不开学生对教师积极期望的内化。这意味着，教师只有因材施教，反复多次地向学生表达积极期望，学生才可能真正内化于心、外化于行。

表5-2-3 C6频率统计

题项	选项	频率	百分比	有效百分比
C6老师在日常生活中表达积极期望的频率	经常	46	2.4%	2.4%
	偶尔	177	9.4%	9.4%
	很少	760	40.1%	40.1%
	从不	912	48.1%	48.1%

（四）教师认为部分学生和家长不可信

受访教师普遍认为学生从总体上而言是可以信任的，但部分学生和家长不可信。多数受访教师表示，教师与学生及家长之间必须保持距离，不能太亲密，要有边界，并不是所有学生及家长都可信任，一些家长蛮横、不讲道理。少数受访教师直接表示，学生不可信，会随时改变立场等。总之，一些教师并未真正从情感和行为上主动信任学生和家长，这传递给学生的也是一种消极期望，不利于师生信任关系的增进。

三、师生交往动机功利化

（一）少数教师动机不纯

从表5-2-4可知，虽然绝大多数教师与学生交往的动机是希望学生有美好的未来或者是发自内心地对学生好，但是也有5.6%的学生认为教师是出于个人利益。个人利益属于工具性动机，如果教师做好本职工作主要是源于更多个人利益的驱动，那么，他（她）就不可能全身心地投入到本职工作中来，不可能成为学生的表率，很难做到公平公正，即使教师的教学水平高，也难以赢得学生发自内心的认可和信任，难以培养出全面发展的人才。

表5-2-4　C8频率统计

题项	选项	频率	百分比	有效百分比
C8老师与我们交流的主要动机是	发自内心地对我们好	613	32.3%	32.3%
	为了获得个人利益	107	5.6%	5.6%
	希望我们有美好的未来	1238	65.3%	65.3%
	与我们有共同的兴趣爱好	112	5.9%	5.9%

（二）多数学生与教师的交流预期为短期或仅限于课堂

从表5-2-5可知，41%的学生与大多数教师的交往预期是短期交流，

26.4%的学生与教师的交往预期是仅限于课堂交往，还有8.3%的学生不想与大多数教师交往。师生信任关系的增进需要师生的共同努力，但是，从研究数据来看，多数学生与教师长期交流的主观意愿并不强烈。这可能源于以下几方面的原因：一是部分学生对教师存在偏见。极少数教师不负责任、品行不佳、偏心、教学水平不高，这影响了学生对大多数教师的印象，导致部分学生对整个教师群体持有成见。二是，少数学生与教师交往具有功利性。少数学生因受外在不良因素的影响，仅将教师视为其提高学业成绩的工具，并不信任教师，逃避和教师的真诚沟通。一些受访教师表示，个别学生并不是真心尊敬、信任教师，但是为了获得教师的认可和信任，会存在虚情信任行为。三是现实因素的影响。在平时，学生很难在课下找到教师沟通交流，而且确实有个别教师对学生不负责任，教学不认真，情绪管控力不强，学生自然不会愿意与这些教师长期交流，更何况，有的班级更换教师的频率比较高，学生很难在短时间内适应不同教师的教学方法，导致部分学生跟不上教师的教学进度。

表5-2-5 C9频率统计

题项	选项	频率	百分比	有效百分比
C9我与大多数老师的交流预期是	长期交流	460	24.3%	24.3%
	短期交流	777	41.0%	41.0%
	仅限于课堂交流	499	26.3%	26.4%
	不想交流	158	8.3%	8.3%
	缺失值	1	0.1%	—

四、师生沟通的主动性不够

（一）学生亲近教师、向教师寻求支持和帮助的意愿不强

从情感信任维度来看（见表4-1-22），学生在亲近教师、向教师寻求支持和帮助这两方面的意愿最低。B28的得分均值仅为3.64，B26的得分均值为4.01。在不愿意主动向教师求助的原因上，受访学生的观点如下：

没有求助老师的习惯，自己的事情自己解决；请朋友帮忙解决；师生间有代沟；不想给老师添麻烦；害羞、胆小、不太自信；等等。

（二）学生自我揭露的意愿不强

从表4-1-26来看，在B34题项中，认为“一般符合”的学生比例为19.4%，认为“比较不符合”的学生占18.5%，认为“完全不符合”的学生占30.2%。可见，近三分之一的学生并无与教师说心里话和小秘密的意愿。对于不愿与教师说心里话和小秘密的原因，受访学生认为，学习上的事可能会和老师说，但是不可能所有事都和老师说，信任老师是针对学习来说的，但不是在生活上；老师是教学权威，不适合说心里话；学生未做好心理准备或者怕丢脸，也担心显得另类；师生之间有代沟，想法不同，向老师说心里话会别扭；不想给老师添麻烦；担心老师泄露心里话或小秘密等。

（三）教师不够主动

教师不够主动反映了教师对学生的情感和行为信任水平有待提升。这可能既与教师的主观因素有关，也与学校的客观环境有关。学校教师的教学任务普遍较重，加之绝大多数教师不住在学校，其家庭琐事也多，一些教师上完课可能就离校忙自己的事情了，因此，学生平常与教师交流讨论的机会非常少，即使学生碰到问题也难以当面请教教师，更不用说教师主动与学生沟通了。

五、第三方因素的消极作用

（一）家长缺位与越位，并不完全信任教师

家长虽然不是导致师生互不信任的直接因素，但是，家长在师生信任关系上扮演着重要的角色。家长缺位与越位、不信任教师会破坏师生信任关系，不利于孩子的身心健康成长。

一是多数家长缺位，与教师的沟通频率低。家长是促进或弱化师生信

任关系的“中间人”。从表5-2-6来看，在C11题项中，6.9%的学生父母不与老师联系，25.2%的学生父母很少与老师联系，偶尔会与老师联系的比例为24.3%。由此可知，多数家长与教师的沟通频率低。然而，家长与教师的有效沟通对于家长全面了解孩子在学校的学习生活情况大有裨益，有利于家长更有针对性地关爱孩子、引导孩子、教育孩子，特别是对于那些不能将孩子带到身边的家长。家长与教师多沟通对孩子的身心健康成长非常重要。

表5-2-6　C11频率统计

题项	选项	频率	百分比	有效百分比
C11父母与老师的联系情况	经常与老师联系	284	15.0%	15.0%
	有时会与老师联系	541	28.6%	28.6%
	偶尔会与老师联系	461	24.3%	24.3%
	很少与老师联系	478	25.2%	25.2%
	不与老师联系	131	6.9%	6.9%

二是部分家长越位、袒护孩子。从表5-2-7来看，在C12题项中，33.4%的学生选择父母“相信老师的话，批评我”，57.6%的学生认为家长会“先弄清事实真相再说”，但是，4.1%的学生认为家长会“相信我的话，指责老师不公”，2.8%的学生认为家长会“无论如何都尽量帮我争取权利”。可见，袒护孩子的家长不在少数。然而，家长一味袒护孩子不利于孩子树立正确的世界观、人生观、价值观、道德观，护孩子“短”是放纵孩子，不是真正为孩子的未来发展着想，而且可能会挫伤教师的工作积极性。家长与教师沟通的低频率以及袒护孩子，只会弱化师生信任关系、阻碍师生信任关系的增进。

此外，部分学生家长并不完全信任教师。在教师认为学生及家长不可信的同时，家长和学生也并不完全信任教师。据笔者对家长的访谈情况来看，虽然大多数家长对教师的评价较高，但是，一些家长认为，老师对待孩子并未一视同仁，和老师关系近的、给老师送礼的学生才会受到重视和得到更多关心照顾等，这很容易让其他小孩产生上心理阴影，甚至产生厌学情绪。还有家长认为，现在的老师责任心不强，道德品质不高，不是真心对孩子好。

表 5-2-7 C12 频率统计

题项	选项	频率	百分比	有效百分比
C12 当父母得知我在学校受到老师批评时，他们的态度是	相信老师的话，批评我	634	33.4%	33.4%
	相信我的话，指责老师不公	77	4.1%	4.1%
	先弄清事实真相再说	1092	57.6%	57.6%
	无论如何都尽量帮我争取权利	53	2.8%	2.8%
	无所谓	39	2.1%	2.1%

（二）同学对教师的负面评价影响学生对教师的信任

从表 5-2-8 来看，在 C13 中，14.7% 的学生认为“完全符合”，31.3% 的学生认为“比较符合”，32.7% 的学生认为“一般符合”。可见，同学对老师的评价会影响学生对教师的认知。若同学对教师的评价以消极为主，这势必会对学生的认知产生负面效应，影响学生对教师的认知信任水平，并进而影响师生信任关系。因此，同学对教师的负面评价会影响学生对教师的认知信任。这可能是因为同学之间年龄相仿、观念相近、处境相同等，彼此更容易相互影响，产生共鸣，形成共识。总之，学生容易受到同学对教师的认识和看法的影响。

表 5-2-8 C13 频率统计

题项	选项	频率	百分比	有效百分比
C13 同学对老师的评价会在一定程度上影响我对老师的认知	完全不符合	194	10.2%	10.2%
	比较不符合	208	11.0%	11.0%
	一般符合	620	32.7%	32.7%
	比较符合	594	31.3%	31.3%
	完全符合	279	14.7%	14.7%

（三）新媒体具有一定的负面效应

一是新闻媒体的不良报道影响教师在学生心目中的形象。在C14题项中（如表5-2-9所示），认为“完全符合”的学生占24.4%，认为“比较符合”的学生占18.0%，认为“一般符合”的学生占31.7%。可见，在大多数学生看来，新闻媒体的不良报道会影响教师在学生心目中的形象。

表5-2-9 C14频率统计

题项	选项	频率	百分比	有效百分比
C14新闻媒体的不良报道影响老师在我心目中的形象	完全符合	463	24.4%	24.4%
	比较符合	341	18.0%	18.0%
	一般符合	601	31.7%	31.7%
	比较不符合	323	17.1%	17.1%
	完全不符合	167	8.8%	8.8%

二是学生沉溺于网络游戏。如表5-2-10所示，C15题项中，21.1%的学生选择“让我沉迷于网络游戏”。学生沉迷于网络游戏会影响教师对学生的信任，也会影响学生对教师的信任。从笔者对学生的访谈以及观察情况来看，确实有一些学生特别是成绩靠后的学生沉溺于网络游戏。在农村中学，即使学校规定学生不能携带手机到学校，更不允许学生在课上玩手机，但学生还是会偷偷地携带手机，这就需要学校教师引起高度重视，并针对这一不良现象采取相应措施。

表5-2-10 C15人数统计

题项	选项	人数	百分比	有效百分比
C15手机、电脑等新媒体对我的影响主要有	改变了我和老师的交往方式	394	20.8%	20.8%
	方便我向老师请教学习方面的问题	624	32.9%	32.9%
	表达我的心声	387	20.4%	20.4%
	让我沉迷于网络游戏	399	21.1%	21.1%
	其他	258	13.6%	13.6%

第三节 基于学校制度信任的困境审视

师生信任关系增进的困境不仅与师生个体特征信任、师生互动过程信任直接相关，而且深受学校制度信任的影响。制度能够影响和改变一个人的思想和行为，制度制定的主要目的不是为了惩罚人，而是为了更好地鼓励人、促进人、引导人、培养人，学校制度同样如此。新时代的学校制度建设非常重要和必要，农村中学的学校制度建设必须结合时代背景，因地制宜、切合师生实际，以增进师生信任关系、促进师生的共同成长、实现立德树人根本任务为目标，要为推进教育治理现代化、增进师生信任关系提供制度保障。然而，目前农村中学的一些制度仍有一定的完善空间，制度执行不到位，这加剧了学生、家长对学校教师的不信任。总之，关于促进农村中学师生信任关系的学校制度建设任重道远。

鉴于现代性因素是学校制度信任现实困境的背景性因素，因此，在分析学校制度信任的现实困境之前，先重点探讨现代性的三大动力机制对学校制度信任的影响。

一、现代性特征的影响

中学师生信任关系是社会人际信任的前提和基础，而现代性是探讨如何增进农村中学师生信任关系的背景性因素。吉登斯在《现代性的后果》一书中详细阐述了现代性，深入剖析了时空分离、脱域机制以及反思性知识这三大现代性动力机制及其与信任关系的相关性[①]。本书主要借鉴吉登斯关于现代性的观点来阐述现代性对学校场域师生关系尤其是师生信任关系的影响。

（一）现代性的内涵和表征

“现代性”与“传统性”的概念相对应，人们常用“信息社会”等来表征现代性及其特征。本书关于现代性的阐述主要源于吉登斯的观点，他

① 安东尼·吉登斯.现代性的后果[M].田禾，译.南京：译林出版社，2011：46-48.

认为现代性是指具有世界性影响的社会生活方式和组织模式。吉登斯从现代性出发来探讨信任关系，将信任视为本体安全的根本和个体正常有序生活的关键要素。他分析了现代制度中的三大动力机制，即时空分离、脱域机制的发展、知识的反思性运用。吉登斯提出，在传统社会，人们的交往活动“在场”，时空一致，在现代社会，人们的交往活动能够在“缺场”中实现，时空分离，专家系统和象征性符号在人们交往中的作用越来越大，这导致了人们交往空间和场所的多样化，生活变得碎片化。脱域机制的发展是时空分离的关键性因素，使得人们的交往脱离地域性背景，不同地域和具有不同文化背景的人们能够相互联系。知识的反思性运用意指知识生产具有开放性特征，如建立在流沙之上，脱离了传统的恒定性。吉登斯从社会变迁这一逻辑前提出发来探究人类信任关系的历史变迁，并将其视为社会纽带形成的过程，认为信任关系既连接过去又指向未来。他认为，现代性在逐渐消解传统，尚未摆脱传统；现代性的发展导致了传统社会文化的断裂，同时又重构传统。现代性的三大动力机制将人们之间的信任关系置于与传统社会截然不同的开放性环境中，是一种“脱域性”信任关系，这种关系表现在三个方面：建立在纯粹关系基础上的信任；建立在抽象基础上的信任；对现在和未来的信任[①]。现代性对学校师生的思想行为同样具有潜移默化之效。

（二）现代性动力机制对师生信任关系的作用

1.时空分离机制的影响效应

从时空分离机制来看，吉登斯认为，传统社会中的空间和地点基本一致，社会生活的空间维度受地域性活动支配；现代性的降临，则通过对“缺场”的各种要素的孕育，逐渐脱离了“在场”的支配，远离了既定的面对面的互动情势，人们彼此信任的基础包括了抽象化体系[②]。现代社会生活环境包括实际居住的空间和虚拟的网络世界，人们的交往场所、交往方式多样，并不要求时空同一，亲缘、地缘关系等不再是彼此信任、交往

① 安东尼·吉登斯.现代性的后果[M].田禾，译.南京：译林出版社，2011：4-48.

② 安东尼·吉登斯.现代性的后果[M].田禾，译.南京：译林出版社，2011：16.

与合作的唯一基础，共同的价值观念、制度等因素在人们彼此信任、交往与合作中的作用越来越显著。时空分离机制的影响拓展到学校场域，为师生交往与合作提供各种有效手段的同时，加速了传统教师权威的消解，引发了“技术理性”捆绑师生自由意识的现象，导致部分师生网络言论的“无度”等，极易造成师生之间“信任墙”的坍塌。一是传统教师权威逐渐消解。权威以存在意识连接师生之间的信任，给定了不确定原则，真实但不绝对[①]。传统模式中的教师是知识的权威、教学的主导者，学生是被动接受知识的容器，学生对教师绝对信任和服从。时空分离则改变了传统的教学模式和师生交往方式。各种信息技术手段的广泛运用不仅丰富了教育教学手段，而且为学生获取信息和想学的知识提供了各种便利，学生的有效学习空间得以延展，教师不再是唯一的知识权威。学生不仅是知识的接收者，还是知识的创造者，其学习方式趋向泛在与灵活，教师成为学生学习的指导者、参与者和陪伴者。因此，教师权威的不断生成、公信力的不断提升在师生信任关系的建构中乃重中之重。二是“技术理性”捆绑师生自由意识。电脑、手机等媒介重塑人们的思维方式和生活方式，乃至促进社会的变革，而且，这种影响是难以预测的，有可能具有负面效应。在“互联网+”时代背景下，虽然师生的沟通交流突破了物理空间的限制，但是，师生面对面的情感交流逐渐减少。学生学习过于依赖网络资源，不少学生沉迷于网络游戏不能自拔，不能集中注意力；一些教师也患上了“网络依赖症”，教学设计等过度依赖信息技术和网络资源，这捆绑了师生的自由意识，进一步导致了教师知识权威和魅力权威的消解，以及师生创新力大幅度下降等，为师生互不信任“添了一把烈火”，导致师生关系更为疏远。因此，增进师生的情感信任乃当务之急。此外，部分师生在网络上“言论无度”。信息技术为师生的线上交流创造了便利，但是，少数学生在网络上以匿名的方式随意谩骂甚至污蔑中伤不喜欢的教师，个别教师不顾学生的尊严，越过师生关系边界，侵犯学生隐私等。师生之间互相抱怨，而相应的文化规制约束的缺失，导致了师生在网上的言行越轨，这些必然会影响师生信任关系。时空分离因素催生制度信任，制度信任在师

① 卡尔·雅斯贝尔斯.什么是教育[M].邹进，译.北京：生活·读书·新知三联书店，1991：73-74.

生信任关系中的作用将愈发突出。

2.脱域机制的发展影响效应

从脱域机制的发展来看，吉登斯认为，脱域是指社会关系从彼此互动的地域性关联中，从通过对不确定的时间的无限穿越而被重构的关联中“脱离出来”。脱域机制的发展使人们处在了开放性的社会环境中，社会关系逐渐从“地域性”信任关系转向“脱域性”信任关系。象征标志和专家系统是体现信任的两种不同类型的脱域机制。象征标志是能将信息传递开来的相互交流的载体，无须考虑个体的特殊品质①。专家系统则包括科学、文凭和同行专家评议，人们因专家的三位一体而予以信任。在我国传统社会，信任建立在知根知底基础之上，以受信者的过往表现为信任依据。受信者是从熟人而不是生人中挑选出来的，且并非所有的熟人都信任②。在现代社会，特别20世纪90年代以来，我国人口流动规模持续增长，新移民数量不断增加，而新移民具有与原居民不同的文化背景、思想文化观念、社会经历和行为方式，其独立意识、法治观念、公平交换意识增强，这必然会与原居民的思想文化观念、生活方式、行为模式等发生激烈碰撞或冲突，催生社会信任制度化与形式化的发展，使得原有的人际信任模式发生质的变化。中学师生作为社会人，也深受社会不同思想文化观念的影响，其思想文化观念和行为习惯呈现出复杂性、多元性、创生性、不确定性等特征，尤其是学生的平等意识、法治观念和独立意识逐渐增强。农村中学师生虽然身处农村，但是随着信息技术的发展、交通网络的日渐发达、人口流动的日趋频繁等，农村中学师生在深受传统文化因素影响的同时也同样深受现代性因素的影响。而不同的思想文化观念导致了“师生互怼”、师生对立冲突的现象增多，师生互信度下降，进而导致教学道德性偏失，教学陷入低效困局，师生关系更加疏离，以及师生信任危机凸显等现象。而且，现代教学强调师生的共生互学，师生之间是“我—你”关系，不仅学生向教师学习，教师也应向学生学习，这更离不开师生之间的信任、理解、沟通与合作，因此，建立共同的学校文化道德规范体

---

① 安东尼·吉登斯.现代性的后果[M].田禾,译.南京:译林出版社,2011:18-46.

② 郑也夫,彭泗清,等.中国社会中的信任[M].北京:中国城市出版社,2003:311-312.

系和规章制度尤显重要。脱域机制的发展要求学校建立抽象体系中的信任机制，师生信任关系应由殊化信任转向普遍信任。

3.知识的反思性运用的影响效应

从知识的反思性运用来看，吉登斯认为，反思性是对所有人类活动特征的界定。在传统文化中，过去特别受到尊重，符号极具价值，传统可以将任何一种特殊的行为和经验嵌入过去、现在和将来的延续之中，以至于人们认为过去比未来更重要。现代性的特征是对包括反思性自身的反思的整个反思性的认定，现代性条件下的知识不再是“原来”意义上的知识，建立在经验基础上的知识需要与具体情境相结合，反思性知识受权力的分化、价值的作用、未预期后果的影响及双向阐述过程中社会知识的循环这四类因素的渗透。反思性知识使得社会生活从传统的恒定性束缚中游离出来[①]。在大数据时代，知识呈现出碎片化、不断生成性和创新性等特征，这些特征有助于培养学生的主体性、主动性和创造性。作为学校教师，仅传授学生知识和技术已远远不够，培养学生的怀疑批判精神、创新能力，促进学生的全面发展和个性化发展尤为重要。知识的反思性运用为师生的合作学习创设了前提条件，师生不是单纯的授受关系，而是知识海洋的共同探索者和创造者。学校教师更应创设自由开放的氛围，加强学校非正式制度建设。以学生为本，鼓励学生充分发挥主观能动性，利用碎片化知识构建自身的知识体系，而不是淹没在浩如烟海的碎片化知识中。知识的反思性运用这一动力机制推动师生相互信任、相互尊重、真诚默契、平等对话，合作共赢，并进一步促进师生信任关系由垂直信任转向水平信任。

概言之，现代性因素影响下的师生关系有了新变化，师生之间是民主平等的共生互学关系。虽然相对于城镇中学而言，现代性因素对农村中学师生信任关系的影响较小，但现代性因素的影响也是非常显著的，如手机、电脑等新媒体的广泛运用等。农村中学教师逐渐由只注重学生学业成绩的提高转向注重学生的全面发展和个性化发展，师生也逐渐由知识授受关系走向对话合作关系。师生信任关系同样有了新发展，如师生之间逐渐由殊化信任转向普遍信任，由垂直信任转向水平信任。虽然教师的能力和

① 安东尼·吉登斯.现代性的后果[M].田禾，译.南京：译林出版社，2011：32-39.

品格依然是学生信任教师的重要依据，师生之间的共同经历、互动与合作等更是师生信任关系构建的重要基础，不过，学校制度在促进师生信任关系中的作用也越来越突出，它是现代性因素下师生信任关系建构的有效保障，通过约束、维持信任和仲裁来促进师生间的信任关系，提升师生满意度，保证公平公正、减少师生冲突以及保护弱势群体等。

二、学校制度不完善的影响

（一）学校整体氛围的严重缺陷影响师生信任关系

学校整体氛围体现了学校非正式制度建设情况，学校整体氛围的严重缺陷影响师生信任关系。从表5-3-1来看，七成以上的学生认为学校整体氛围会在不同程度上影响学生对教师的信赖。有研究表明，高水平的教师和同学支持以及更多的自主机会等对于提升学生自尊、减少其抑郁和焦虑、减少问题行为等具有显著作用[①]。以升学信任为导向的学校整体氛围则不利于全面发展和个性化发展相结合的人才培养。教育理念由教学理由、教学动力和教学期望有机构成，是学校教师基于对社会发展和人的成长规律的深刻洞察和系统的理性思考。它涉及三个基本问题：为何教？何为教？如何教？其中育人理念是核心与关键。社会发展日新月异，社会对人才的评价标准多元综合，以学生为本、以学生终身幸福为目标的教育理念应是学校教师教育工作的出发点和旨归，这就决定了学校教师教育教学工作要秉持公正之心，符合学生的身心发展规律，尊重学生的个体差异，充分调动学生学习的积极性、主动性、创造性，以培养具有较强学习能力、创新思维能力、追求幸福能力的人格健全的人为目标。然而，在农村中学，部分教育理念与时代的发展诉求不相匹配，学生考上好大学、跳出农门是其教育旨归。学校教师将知识和技能当成教育目的而非教育手段，忽视对学生学习自主性、创造性、积极情感和追求幸福能力等的培养，或者根本就没有关于教育理念的思考，仅是对上级政策和要求的回应等。总

① 张光珍，梁宗保，邓慧华，等.学校氛围与青少年学校适应：一项追踪研究[J].心理发展与教育，2014(4)：371-379.

之，学校整体氛围能够塑造学生的思想价值观念、行为方式，培养学生的品格等，学校需要以立德树人为根本目标，高度重视学校非正式制度建设。

表5-3-1 C16频率统计

题项	选项	频率	百分比	有效百分比
C16学校的整体氛围会影响我对老师的信赖	完全符合	303	16.0	16.0
	比较符合	554	29.2	29.2
	一般符合	540	28.5	28.5
	比较不符合	240	12.7	12.7
	完全不符合	258	13.6	13.6

（二）教师薪酬与激励制度不完善

赫茨伯格提出了“双因素理论”，他认为，工作本身、工作内容等属于激励因素，工作环境、人际关系、薪酬福利等属于保健因素，要调动人的工作积极性，就必须满足人对外部环境与工作本身的要求，使人受到内在与外在的双重激励。作为教师，同样有物质层面和精神层面的需求。由于农村中学各方面的条件艰苦，相对于城市中学，教师工资福利待遇较低，很多教师不愿意在农村扎根，导致农村一些中学特别是偏远地区的中学严重缺少老师。据笔者的田野调查情况来看，近年来，随着各地补助政策的逐步实施，农村中学教师的工资待遇有了一些提高，但个别学校的绩效分配不合理。薪酬福利关系到教师养家糊口及个人尊严，而且，有研究表明，教师绩效奖金对学生成绩具有显著的积极影响[①]。绩效分配不合理不仅会挫伤教师的工作积极性，还可能会导致教师的教学倦怠情绪，以及出现教师教学敷衍等失信行为。教师教学敷衍等失信行为又会进一步使学生产生厌学情绪，导致学生更不信任教师等，学生更不信任教师、不爱学习又会影响教师的职业成就感、自我效能感和幸福感，由此形成恶性循环，加剧师生之间的不信任程度。因此，在上级教育部门制定的相关制度

① 薛海平，王蓉. 义务教育教师绩效奖金、教师激励与学生成绩[J]. 教育研究，2016(5)：21-33.

的基础上，学校应制定合理、公平、能最大限度调动教师积极性的薪酬与激励制度，真正激励品格和能力都十分突出的教师。

（三）关于留守儿童与特殊儿童的帮扶和心理疏导制度不健全

留守儿童在农村中学占多数，其中，多数留守儿童和爷爷奶奶一起生活，少数留守儿童和其他亲戚或同辈（哥哥姐姐）一起生活。一些学生与父母“基本不联系”或“很少联系”，而与父母基本不联系的学生家庭往往是特殊家庭。这些学生更需要学校教师的信任、关怀和帮助。但就笔者的田野调查情况来看，学校关于特殊儿童的相关帮扶制度极少，关于学生的心理疏导方面的制度也不太完善。D中学和Y中学的两名班主任表示，对于特殊儿童和留守儿童，学校并没有下达特殊帮扶政策，但会让留守学生填一下相关的信息。这显然不利于学生的身心健康发展，更不会促进师生信任关系。长此以往，可能会导致部分学生产生厌学情绪，甚至造成个别学生走上犯罪之路。因此，学校需要进一步建立健全关于留守儿童与特殊儿童的帮扶和心理疏导制度。

（四）约束师生失信行为的制度不完善或执行不严

从田野调查情况来看，师生都存在失信问题。一方面，部分学生存在考试作弊、抄袭作业、撒谎等失信行为。从表5-1-1来看，近七成的学生会在教师未到场监考的情况下作弊。在对受访师生的访谈中，笔者同样发现，在考试时，若没有教师监考，大部分学生表示可能会抄袭，但他们擅长的科目就不会抄；一些受访教师指出，学生抄袭作业最让教师头疼，学生不可完全相信，而且，学生还存在撒谎等失信行为。另一方面，部分教师存在言行不一致、不负责任、不公正、不尊重学生等失信行为。对于师生的失信行为，学校本应制定相应的制度予以约束和监督，但是相关制度并不太完善，执行存在难度。若放任师生失信歪风蔓延，师生失信的行为就会越多，师生之间相互提防，互不信任，整个校园也会形成不信任的文化氛围，进而不利于社会信任文化氛围的构建，这对学生的身心健康发展十分不利。因此，学校应强化师生可信任品质的养成、促进师生沟通和相互理解、加强处罚考试作弊等不失信行为的制度建设，要完善制度或严格执行制度，让师生不能失信、不愿失信和不敢失信。

三、学校制度执行力度不够的影响

国家和地方教育部门制定了一系列关于学校师生日常行为的规章制度，明确了师生的地位、权利和义务、角色和职责等，农村中学在上级部门制定的规章制度的基础上，结合学校实际，明确学校教师的工作职责、工作范围、考核标准和工资福利等，制定学生的日常行为规范，详细规定学校课堂纪律、日常礼仪、着装打扮、课外活动等。但是就田野调查情况来看，一些学校的制度执行力度并不够。从表5-3-2来看，在C17题项中，九成以上的学生认为符合，虽然在程度上存在差异，然而，尽管学校明确规定学生不能带手机进校园，但还是有部分学生偷偷携带手机进校园；学校也明确规定学生不能化浓妆，但还是有少数女生化浓妆。一些学生表示，学校管得不严才敢带手机和化妆。另外，一些学生对学校的规章制度并不熟悉，也不在意，在C19题项中（见表5-3-3），学生选择“完全不遵守”和“不太遵守”分别占比1.0%、1.8%。这从侧面反映了学校制度的执行并不十分严格，学校若不加强管理，只会导致学生失信行为的增多和不良习惯的形成，以及学生家长对学校、教师的更不信任。

表5-3-2　C17频率统计

题项	选项	频率	百分比	有效百分比
C17学校不允许我们携带手机来上学，更不允许我们在课上玩手机	完全符合	1519	80.2%	80.2%
	比较符合	146	7.7%	7.7%
	一般符合	96	5%	5%
	比较不符合	38	2.0%	2.0%
	完全不符合	96	5.1%	5.1%

表 5-3-3　C19 频率统计

题项	选项	频率	百分比	有效百分比
C19 对于《中学生守则》中的规定，我会	严格遵守	893	47.1%	47.2%
	大部分遵守	685	36.2%	36.2%
	一般遵守	262	13.8%	13.8%
	不太遵守	35	1.8%	1.8%
	完全不遵守	18	1.0%	1.0%
	缺失值	2	0.1%	—

此外，在学校公共安全管理方面，学校应结合实际，细化和严格执行上级教育部门制定的突发事件防控制度，尽最大努力做好学生安全、卫生等各方面的防控工作，但是在执行时也需灵活运用。就笔者的田野调查情况来看，农村中学存在学生打群架、偷爬围墙等情况，也存在个别的师生肢体冲突现象。对于农村中学来说，要针对中学生打群架等不良现象制定处理预案，以防患于未然，在不良事件发生时能够及时、灵活地制止和处理，化解学生冲突、师生冲突等。同时，也要有卫生安全方面的防范意识，要总结、吸取经验教训，结合学校实际，进一步做好学校卫生安全方面的防范工作。只有当学生感觉到学校安全等，学生才会更信任学校和教师，在校园里专心学习和健康成长。

第六章　农村中学师生信任关系影响因素研究

在现状探寻和现实困境审视的基础上，本章将重点从师生个体特征信任、师生互动过程信任和学校制度信任这三个维度来探索各影响变量对农村中学师生信任关系的影响。为了研究师生信任关系的重要影响因素，以及验证各个影响变量对师生信任关系的影响是否显著，更加清晰地探析诸多变量对师生信任关系的影响，本书主要运用多元回归模型分析法。

结合国内外相关研究，本书尝试提出师生个体特征信任、师生互动过程信任和学校制度信任这三个维度各影响变量对农村中学师生信任关系影响的假设，运用多元回归模型分析法，基于研究假设检验与路径分析，探索这些变量对师生信任关系的影响效应及作用机制。基于多元回归分析结果，结合田野调查情况，深入挖掘与分析访谈资料，为解释和说明多元回归模型分析结果提供论证依据。本书的有效样本为1895份，基于有效样本的数据，本书利用SPSS 21.0软件进行多元回归分析，探究三个维度各影响变量对农村中学师生信任关系的影响。在进行回归分析之前，笔者对变量进行了处理。一些题项的选项是分类变量，而属于分类变量的各个选项之间没有大小或者倍数的关系，如果将第一个类别赋值为1，第二个类别赋值为2，那就相当于说这两个选项体现在数值上是第二类比第一类多1或者是第一类的两倍，这显然不合理。鉴于以上考虑，本书设置了哑变量。

由于师生信任关系的生成路径是探究诸因素对师生信任关系影响效应的基础性和前置性条件，因此，探讨三个维度各变量对农村中学师生信任关系的影响效应首先就要了解师生信任关系的生成路径。本书中的师生个体特征信任维度影响变量涉及学生的个人背景、学生的信任倾向、学生对教师的角色期望，师生互动过程信任维度影响变量涉及学生感知的教师期望、具体情境（主要指交往动机）、第三方因素，学校制度信任维度影响变量包括正式制度和非正式制度。因此，本章内容将细化为如下四个板块：一是师生信任关系生成路径的理论探讨；二是师生个体特征的影响效应研究；三是师生互动过程的影响效应研究；四是学校制度的影响研究。

第一节　师生信任关系生成路径的理论探讨

师生信任关系的生成路径是深入探究农村中学师生信任关系影响因素的基础。本节将主要从师生信任关系建立的动力、师生信任的原因以及师生信任的来源模式这三方面来探讨农村中学师生信任关系的生成路径问题。其中，信任的动力关涉师生信任关系影响因素的影响机制，信任的原因关涉影响因素对师生信任关系的影响，如期望、动机，信任的来源模式关涉师生信任关系影响因素研究维度的划分及影响变量的确定。

一、师生信任关系建立的动力

农村中学师生信任关系建立的动力可从宏观、中观和微观三个层面来探究。

一是宏观层面。农村中学师生信任关系的建立离不开良好的信任环境和氛围。社会整体的文化环境和信任氛围对师生个体的价值观念、信任倾向等具有潜移默化之效，并进一步影响师生信任度。虽然师生的人格特征和彼此的交往与合作是建立师生信任关系的重要基础，由于师生个体的自我指导和控制能力有限，因此，必须营造一个能够促进农村中学师生交往与合作、增进农村中学师生信任关系的良好社会环境和氛围。社会环境和氛围包括社会文化规范体系和制度等，它不仅是促进农村中学师生信任关系的外在保障，也是师生人格信任和关系信任的有益补充。其中，社会文化规范体系主要从道德层面为师生信任提供保障，社会制度特别是教育制度则主要从制度层面保障教师和学生的合法权益，规定师生的相应责任和权利义务等，通过制度来引导、约束、督促师生个体的思想行为。总之，社会文化规范体系是软约束，正式制度则是硬约束，共同为农村中学师生信任关系的建立提供环境和氛围支持。

二是中观层面。鲍威尔提出了四种与合作网相关的信任源：一是与亲属关系的联系；二是专业群体中的一般成员身份；三是共同的经历和实用利益；四是相互依赖的程度①。这四种信任源同样适用于农村中学师生信任关系。对于农村学校师生来说，家庭因素、同伴因素、学校和班级氛围等影响师生个体的信任倾向及互动过程。师生共同的文化价值观念、交往经历、合作和互惠行为、相互依赖程度等直接影响师生信任关系的建立。师生之间的接触时间越长、交往频率越高，合作意向越强烈，互惠互利，相互信赖，师生之间的信任度就会大幅提升。不信任关系的产生将会导致师生的联系减少、关系疏离，误解增多，甚至引发对立冲突。

三是微观层面。列维斯和邦克提出了信任发展的三阶段模式，分别为以阻碍为基础的信任、以知识为基础的信任和以认同为基础的信任②。第一阶段的信任模式主要源于逃避责罚，完成既定任务。对于农村学生而言，他们必须听从教师的教导和安排，否则，很可能会受到教师的冷落、批评和惩罚，为了逃避学校教师的责罚，学生就不得不服从教师的管教。作为教师，无论学生表现如何，都必须无条件信任学生、与学生合作，这样才能较好地完成上级部门布置的教学任务。第二阶段的信任模式建立在对对方的熟悉了解基础之上，基于师生的过往表现、共同经历等来信任对方，如人品和能力，这是一种理性选择。第一、二阶段的师生信任主要基于工具主义、功利主义动机。而当学生将教师的期望转化为学习向上的动力，学校教师将学生的正当诉求和意愿转化为教书育人的目标，师生彼此理解、相互关心、坦诚，为对方考虑，建立共同的价值观念和奋斗目标等，那么，基于认同基础之上的第三阶段信任便产生了。第三阶段的师生拥有非工具主义动机，师生信任建立在共同的价值观念基础之上，师生的

① 罗德里克·M.克雷默，汤姆·R.泰勒.组织中的信任[M].管兵，等译.北京：中国城市出版社，2003：8.

② 罗德里克·M.克雷默，汤姆·R.泰勒.组织中的信任[M].管兵，等译.北京：中国城市出版社，2003：9-10.

彼此认同有助于修复受损的师生关系，而且会进一步增进师生信任关系。

二、师生信任的原因

泰勒等从工具主义和非工具主义两方面探讨了人们相互信任的原因，哈丁和科尔曼等认为信任建立在理性基础之上，泰勒和德高伊则探究了对他人的认同、内化的是非道德判断、身份识别等非工具主义因素对于信任的重要性。泰勒和林德认为，相对于利益而言，人们更关注价值观念的认同和身份识别等非工具主义因素[①]。农村中学师生信任的原因同样兼具工具主义和非工具主义动机，主要体现在对对方的期望和彼此认同两方面。

伯纳德·巴伯将行动者对彼此的期望作为探索信任意义的起点，认为信任包括了三种期望：对维持和实现自然秩序和合乎道德的社会秩序的期望，对技术能力的期望，履行信用义务与责任的期望[②]。农村中学师生信任首先源于对对方的理性期望。其中，学生对学校教师的期望主要体现在如下三方面：一是对教育教学质量的高期待。高水平教育教学质量不仅有助于中学生取得更优异的学业成绩，而且能够促进学生的身心健康和谐发展，为学生的全面发展和个性化发展打下坚实的基础。学生期待学校教师德才兼备，不仅品格高尚，而且能不断改进教育教学方法，提高教学管理能力。二是对教师角色的期待。学生期待教师由知识的输出者、知识的复制者、学习的指导者和教育教学中的规训者转变为学生学习的合作者、创新力的培养者、学习方法的引导者和教育教学中的因材施教者，学生期望教师是学习生活中的知心朋友、合作伙伴和同行者[③]。三是对教师履行责任和义务的期待。一方面，教师要具有高尚的道德人格，不侵犯学生的受教育权、人生自由权和人格尊严权，言行一致、自律、讲信誉，能够公正而有效的行使教师权力，保护学生免受伤害等，将学生的利益置于个人利益之前。另一方面，教师要认真履行为人师表、教书育人的义务，无私奉

① 罗德里克·M.克雷默，汤姆·R.泰勒.组织中的信任[M].管兵，等译.北京：中国城市出版社，2003：12-15.

② 伯纳德·巴伯.信任：信任的逻辑和局限[M].牟斌，李红，范瑞平，译.福州：福建人民出版社，1989：11.

③ 霍力岩.教育的转型与教师角色的转换[J].教育研究，2001(3)：70-71.

献，关爱学生的成长等。总之，学生信任教师主要是源于以上三种期待，学生期望受到教师更少的责罚，能够在教师的指导下取得好成绩，获得健康快乐的成长，最终实现全面发展和个性化发展等。教师对学生的期望则主要体现在两方面：一是对学生角色行为和未来发展的期望。教师期望学生努力学习，不断挖掘学习潜能，具备创新精神，取得优异的学业成绩，提高各方面能力，成长为德才兼备的全面发展和个性化发展相结合的社会主义建设者和接班人；同时，教师期望学生能够尊敬师长、理解教师的良苦用心，培养良好的道德品格等。二是对学生履行信用义务和信用责任的期望。教师期望学生能够遵守学校各项规章制度，遵纪守法，认真学习并完成学校规定的学习任务等。教育教学工作是教师谋生手段，上级部门对教师绩效的评价主要是以学生的学业成绩和升学率为主要标准，学校教师期望提高学生学业成绩和升学率就必须高度重视教育教学工作，而教师的教育教学工作离不开学生的积极配合，教师只有在尊重、无条件信任学生的基础上，与学生结成学习共同体，才能够达成上级部门制定的绩效考核标准。从理性的期望角度而言，师生信任主要源于工具主义动机，师生信任关系的形成是师生权衡利弊的结果，当然，师生对彼此的期望也涵盖了非工具主义因素。

从非工具主义角度来看，农村中学师生信任是因为师生彼此精神契合并认同对方，具有共同的价值观念、文化品格和情感体验，师生之间完全平等，特别是师对生的信任具有利他性。学生对教师的教学水平和道德品质深信不疑。相信教师诚实可信，坦白公正，刚正不阿，能够教育好学生；相信教师会发自内心的关爱学生、尊重学生、信任学生，赏识学生、平等地对待所有学生；相信教师会因材施教，针对学生的特点实施差异化教学，高度重视学生的全面发展和个性化发展；相信教师会与学生在知识的海洋中共同探索，能做学生成长路上的“点灯人”。教师对学生的信任具有利他性体现在如下几方面：教师具有强烈的责任感和使命意识，具有崇高的教育信念，以培养全面发展的人才为目标，相信每一个学生都是可塑之才，都有无限发展的潜能，将教育教学工作当作一项神圣的事业，而不仅仅是单纯的传授书本知识。教师试图用灵魂唤醒学生的灵魂，让学生在受教育的过程中自我练习、自我学习，成长为最好的自己。

三、师生信任的来源模式

师生信任关系的形成不仅与师生个体因素紧密关联，更是与社会环境和历史文化等外在因素脉脉相通。社会学学者祖克尔提出了信任产生的三种模式，分别为来源于特征、来源于过程和来源于制度的信任模式。基于祖克尔的分类法，道格拉斯·里德和米尔斯重点探讨了基于特征和基于过程的两种模式。一是来源于特征的信任模式。道格拉斯·里德和米尔斯认为信任建立在义务规范和社会相似性培植的合作基础之上，评判对方是否可靠，往往会关涉其家庭背景、社经地位、年龄等。这种模式的信任强调普遍的成员资格以及相似性，信任不仅能作为义务规范在社会中广泛推广，而且能借助仪式的程序、具有象征意义的行为得以巩固。普遍的成员资格以及相似性能够催生信任，由于信任又是信任深化的源泉，可能会促进施信者和受信者之间的积极互动，并在互动过程中实现自我巩固。二是来源于过程的信任模式。该模式以互惠为交换过程的核心，认为信任主要源于屡次交换的经历及以名誉为基础的预期，屡次交换产生的稳定性和可靠性能够创生出体制，推广互尽义务的社会规范和享受公平的预期，培育出人际信任。长期的屡次的交换也暗含了长期的承诺，以及风险和合作的增加。屡次发生的互惠交换行为的稳定性和可靠性有利于行为主体的学习和相互信任的培养。三是来源于制度的信任模式。道格拉斯·里德和米尔斯认为信任与正式的社会结构、个体的具体属性高度关联①，如教师资格证、教师法等。来源于过程和来源于特征的信任不仅会随着社会环境的变化而变化，施信者的信念和行动也会对这两种模式的信任产生直接或间接的影响，如控制交换机会，通过组织社会化的方式强调共同价值观，施信者的态度和行为决定了最初的信任度。基于以上信任产生的三种模式，本书提出了农村中学师生信任来源的三维模式，即基于师生个体特征的信任模式、基于师生互动过程的信任模式、基于学校制度的信任模式。学校内

① 罗德里克·M.克雷默，汤姆·R.泰勒.组织中的信任[M].管兵，等译.北京：中国城市出版社，2003：23-24；储小平，李怀祖.信任与家族企业的成长[J].管理世界，2003(6)：98-104.

的师生信任既包括特征变量，也包括过程变量，施信者的信任理念决定了是否信任的倾向性，制度信任则是师生个体特征和交往过程信任的有益补充。师生信任的来源模式如表6-1-1所示。

表6-1-1　师生信任来源的三种模式

<table>
<tr><th colspan="2">师生个体特征的信任模式</th><th>师生互动过程的信任模式</th><th>学校制度的信任模式</th></tr>
<tr><td rowspan="2">教师</td><td rowspan="2">职业道德
职业能力
职业动力
个性特质</td><td>威慑型信任：理性算计</td><td>正式制度：法律形式</td></tr>
<tr><td>了解型信任：充分了解</td><td>非正式制度：非法律形式</td></tr>
<tr><td>学生</td><td>学生背景
学习态度和动机
道德品质
个性特质</td><td>认同型信任：对对方的认同</td><td>—</td></tr>
</table>

（一）基于师生个体特征的信任模式

个体特征是师生建立初级信任的主要依据。学生主要通过教师的职业道德、职业能力、职业动力、个性特质等四个方面来评判教师是否可靠、可信。教师则主要通过学生背景（特别是家庭背景）、学习态度和动机、道德品质、个性特质等四个方面来判断学生是否值得信赖。教师和学生的相似特征越多，彼此认可度越高，互信度也就越高。师生间的初级信任是师生次级信任的基础，初级信任将会进一步促进师生之间的积极互动，并在互动过程中实现次级信任。本书分别从教师和学生两个层面来剖析：

1. 教师层面

一是职业道德。职业道德是教师从事教师职业必备的首要素质，其水平的高低是评判教师是否值得信任的首要标准，这关系到立德树人根本任务的落实和学生的全面发展。职业道德是教师价值信任和信用信任的主要来源之一。我国教育部颁布的《中小学教师职业道德规范》明确规定了六项基本内容，即爱国守法、爱岗敬业、关爱学生、教书育人、为人师表和终身学习，这六项基本内容涉及道德规范、道德原则和道德理想三个层面。从道德规范层面而言，教师必须爱国守法、自觉依法履行权利义务。

教师应将职业道德规范内化为自己的行为规范和准则，并贯彻到日常的教育教学全过程。爱岗敬业，严己宽人，抵制各种诱惑，专心致志地从事教育教学工作。从道德原则层面而言，教师应关爱学生、教书育人。一方面，关心和爱护学生，想学生之所想，急学生之所急，尊重学生人格，平等公正地对待所有学生，做学生的良师益友。另一方面，在传授知识的同时，要以身作则，通过自己的高尚品行和人格魅力感染学生。从道德理想层面来说，教师应为人师表，终身学习，将教育事业看作自己的人生追求，以培养全面和个性化发展的社会主义建设者和接班人为己任，尽可能引导学生发展自身潜能、追寻生命的意义和人生应有的价值，无私奉献，塑造完美人格。

二是职业能力。教师职业能力是学生信任教师的基本依据，是工具性信任的主要来源。教师职业能力涵盖专业知识素养、专业技能、信息能力、学习能力、创新能力、沟通表达能力、教学管理能力和合作能力等多方面内容。教育现代化对教师提出了更高要求，作为新时代的人民教师具有多重角色，不仅是知识的传授者、学生成长路上的领路人，学生的心灵导师和知心朋友，而且是孜孜不倦的学习者。扎实的专业知识素养和精湛的专业技能是对教师从教最起码的要求。教师不仅要掌握所教授学科的基本知识，具备广博的科学文化素养，形成比较科学完整的知识体系，还应及时跟踪学科学术动态，了解本学科的新信息，站在学科前沿，不断更新陈旧的知识体系。掌握教育学知识和心理学知识同样是教师从教的必备条件。教师应了解有关学生成长、教与学、教育评价等方面的知识，将自己的人生智慧潜移默化地传递给学生。同时，信息化时代要求教师不断提升信息能力、学习能力和创新能力。教师需要具备搜集、筛选、分析和处理信息的能力，在教育教学过程中能够有效运用各种信息化手段。树立正确的师生观和教育教学理念，坚持终身学习，不仅向前辈和同辈学习，还能虚心向学生学习。此外，沟通表达能力、教学管理能力和合作能力也是教师必须具备的专业技能，这是提升教育教学效果、塑造教师魅力权威的有效保证。

三是职业动力。教师的职业动力是学生信任教师不可或缺的条件，是价值型信任和信用型信任的重要来源。职业动力包括对职业的忠诚、执着和热情，以及效能感与成就动机。教师教育教学工作的复杂性、重复性是导致教师，特别是年轻教师产生焦躁和倦怠感的重要因素，年轻教师多在顺境中成长，不少教师仅是将教师职业当作谋生的工具，特别是当遇到调皮捣蛋的学生和不太支持和配合的学生家长时，教师很容易在工作中受到挫折，并对教师职业产生倦怠感。教师的职业动力是做好教育教学工作的前提，教师的自我期望影响教师的职业态度、情感和表现，自我期望值高的教师会对本职工作怀有主人翁精神，具有忠诚意识、崇高的献身精神、强烈的使命感和责任心，能够恪尽职守、兢兢业业，将教书育人工作视为一项伟大的事业而不仅仅是谋生的工具，并在从事这项事业的过程中实现人生价值，能够积极乐观地处理存在的问题，不因在工作中遇到挫折就退缩不前甚至辞职，以培养全面发展和个性化发展相结合的人才为己任。

四是个性特质。教师的个性特质是学生评价教师是否可信的直接依据，是教师信用型信任的来源，主要体现为信任倾向，具体表现为正直诚实、乐观随和、自我价值感、情绪稳定、同理心、经验开放性等方面。信任倾向与教师过往的生活经验密切相关，特别是与来自温暖家庭的关爱、帮助等相关，哈丁曾提出高信任能力是幸福生活的副产品。若教师在教育教学过程中受到过信任方面的伤害，教师就不会轻易相信学生，自然就难以坦诚地对待学生，也很难用心对待工作。教师对教育教学工作的态度又会影响学生对教师的态度和信任感，学生对正直诚实、乐观随和的教师具有一种天然的亲近感和信任感。具有较高自我价值感的教师更能够感受到学生对自己的重要感和悦纳感，自然而然地生发对学生的责任心和对自己的信心，相信自己能够克服工作中的各种困难、改正不足并受到学生的认可。教师情绪的稳定性会影响教师在学生心中的形象，影响学生对教师的满意度和信任度，教师情绪失控容易导致师生关系疏离，而教师良好的情绪表达和情绪自觉力能够拉近师生距离。具有同理心的教师能够感受到学生的情感和理解学生的行为，尊重学生，体谅学生，真诚坦白，真正站在学生的立场考虑问题。师生个性特质方面的共同性越多，教师也就更容易受到学生的尊重、认可和信任。

2.学生层面

一是学生背景。卢曼提出了“相对易损性”这一概念，“认为一个人掌握的资源越多，其“灾难线”越高，相对易损性越低，他越愿意冒险信任别人”[①]。学生的个人背景可以被视为学生所拥有的资源。学生的个人背景（特别是家庭背景）是师生建立初级信任关系特别是教师对学生信任的初始依据。学生性别、年级、年龄、家庭社经地位、地域、是否学生干部、家庭关系、成长经历等影响师生初始信任关系的建立。如通过研究发现，相比普通学生，学生干部的师生关系更好；与漠不关心型家庭的学生相比，民主和专制型家庭的学生与教师的关系更融洽；与父母一起生活的学生师生关系更和谐等[②]。这是因为学生干部与教师接触多，拥有的共同性多；良好家庭氛围和关系中长大的学生更能理解体谅教师，家庭社会地位和经济状况等对学生个性的塑造、人际交往等具有一定影响。总之，不少研究都证明学生的个人背景信息影响师生关系及师生信任。

二是学习态度和动机。学习态度和动机是决定教师是否信任学生的核心依据。学习态度是指学生对学习所持有的积极或消极的心理倾向及行为表现。学习态度是学生与所处环境相互作用的结果，并且随着环境的变化而变化。学生的学习态度关系到教育教学活动的顺利进行、教学目标的达成以及学生学业成绩的提升等。教学过程包括教和学，教育教学目标只有通过教师的教、学生的学这二者的有机统一才能实现，因此，多数教师对学生学习态度的培养高度重视。当学生将学习视为一种乐趣，其学习效果才会更好，学生积极的学习态度也是教师教书育人的动力。苏联教育家斯卡特金认为教学效果总体上取决于学生的学习态度[③]。学习动机则是引导、激发和维持学生学习的内在动力。学生的学习动机越强烈，越能激发学生的学习热情。刘加霞等人的研究表明，学习动机与学业成绩显著相

① 郑也夫，彭泗清，等.中国社会中的信任[M].北京：中国城市出版社，2003：230.

② 付春新，赵敏.基于OLS模型的中学师生关系影响因素分析[J].宁波大学学报（教育科学版），2020(1)：126-132.

③ 孙维胜.论学生正确的学习态度及其培养[J].当代教育科学，2003(19)：13-16.

关[1]。学生的动机包括表层、深层和成就动机，当学生的学习动机属于表层型，学习驱动力来自外部环境时，学生的学习热情便会随着外部环境的变化而改变，若学生学习动机属于深层型和成就型，驱动力来自学生对学习的热爱，那么，学生的学习热情便会持久，而且能真正激发学生的学习潜能，促进学生不断提升各方面素质，实现全面和个性化发展[2]。概言之，学生积极的学习态度和较强的学习动机不仅能够有效地激励学生努力提高学业成绩，实现个人身心健康和谐发展，对教师的工作态度、工作动机以及个人成长也是有力的鞭策，从长远来看，这有利于培养全面而富有个性的人才。

三是道德品质。道德品质是决定师生信任特别是教师是否信任学生的关键要素。道德品质是学生在日常生活学习中所表现出来的经常的、稳固的道德特征，具体表现为学生的道德风貌，包括道德认知、道德情感和道德行为。其中，道德认知是道德知识、道德概念和道德观念等的集合，道德情感是道德认知的升华，道德行为则包括道德动机、道德行为习惯和道德意志等[3]。一是爱国守法。爱国守法是学生首先必须具备的道德品质，也是教师评判学生是否可信的首要素质，学生必须热爱祖国和人民，遵守国家法律，学法、知法、懂法、守法，不做违反法律的事。二是明礼诚信。文明礼貌和诚实守信一直是中华民族的传统美德，学生不仅要讲文明懂礼貌，而且要诚实守信，这既是作为公民必须具备的素质，也是教师评判学生是否可信的重要依据。三是团结友善。团结是坚不可摧的力量，友善有助于改善与他人之间的关系，促进整个社会良好风气的形成。团结友善的品质是学生赢得教师认可的重要条件，学生应该团结同学和老师，友善对待同学，尊敬师长。四是勤俭自强。学校教师希望每一学生都能勤俭自强。作为学生，不应铺张浪费，需要养成勤俭节约的良好品质，自立自强，艰苦奋斗，珍惜光阴，努力学好知识和练就本领。总之，学生充分发

---

① 刘加霞、辛涛、黄高庆，等.中学生学习动机、学习策略与学业成绩的关系研究[J].教育理论与实践，2000(9):54-58.

② 王爱平，车宏生.学习焦虑、学习态度和投入动机与学业成绩关系的研究：关于《心理统计学》学习经验的调查[J].心理发展与教育，2005(1):55-59,86.

③ 常淑霞.试论学生道德品质的培养[J].内蒙古师范大学学报(教育科学版)，2011(3):75-78.

挥主动性、主体性、积极性、自觉性，将社会主义道德和生活实践紧密结合起来，自觉认同中国道德文化，坚持道德文化自信，培养积极的道德情感，养成良好的道德习惯，培养自律的道德行为等，有助于增进师生的信任关系[①]。

四是个性特质。个性特质是决定学生是否可信的重要依据，是信用型信任的重要来源，主要体现为信任倾向。具体表现为自信、乐观随和、自律、外倾性、主动反思和归纳、善于调整情绪、进取心、责任心等方面。哈丁认为，因各种非道德因素，具有乐观性格的人更可能高估对方的可信性，从而促成社会困境中的人们的更大合作。学生的信任倾向与学生家庭教育、儿时经历密切相关。在和睦、温暖家庭中长大的孩子更容易表现出对他人的信任，而在家庭氛围紧张的家庭中长大的孩子，就很难从内心深处信任他人。自信、乐观随和、外向的学生更容易与他人相处，在赢得教师信任方面具有天然优势；具有自律、主动反思和归纳特征的学生不仅信任自己，也更容易赢得教师对他（她）的信赖；善于调整情绪的学生能够拉近与教师的距离；而有能力、又富有进取心和责任心的学生容易获得教师的赞赏和认可，教师愿意与这样的学生合作共生，协同共进。

（二）基于师生交往过程的信任模式

谢泼德等提出了在商务过程中产生的三种信任模式，即威慑型信任、了解型信任和认同型信任，在此基础上，刘易基和邦克提出了谋算型、了解型和认同型三种信任模式[②]，这三种模式都包含了期望和意愿，涉及具体情境。本书认为基于师生交往过程的信任模式同样包括谋算型、了解型和认同型三个阶段，包括师生期望和意愿，涉及具体情境等方面。师生交往源于共同的目标，其中，工具性目标包括提高学业成绩，提升升学率、提高教师待遇等；非工具性目标包括更好地寻找生命的意义，实现全面化发展和个性化发展等。总而言之，互惠是师生交往过程这一维度的核心，

① 冯铁山.重视培养学生道德文化自信与自觉[J].教育研究,2014(5):71-73.

② 罗德里克·M.克雷默，汤姆·R.泰勒.组织中的信任[M].管兵，等译.北京：中国城市出版社，2003:157-163.

该模式认为信任主要源于互动经历及以名誉为基础的预期。

一是谋算型师生信任。处于该种类型的师生信任建立在理性算计基础之上，如为了逃避惩罚，若师生信任遭受破坏，惩罚是非常清晰和容易发生的，惩罚比奖励更具威慑力。谋算型师生信任关系不仅源于对惩罚可能性的恐惧，而且源于信任关系维持的收益。师生信任关系的持续性源于升学压力、职位变迁、学业成绩能否提升等方面的威胁。只要这些工具性目的没能实现，师生关系就会立刻僵化，导致师生相互诋毁，互不信任，关系松散疏离。师生发生冲突的频率增加，不仅造成课堂教学秩序紊乱，教学道德性难以实现，教育教学质量无法保证，学生的学业成绩难以得到提升，而且导致国家提出的立德树人根本任务难以落实，最终导致学生的全面和个性化发展也难以实现。若师生有机会失信，那么从这些失信行为中获得的短期利益一定要抵得上维持师生信任关系所需的长期利益。而在师生信任关系被破坏时所导致的不良后果远大于潜在利益时，师生之间便不会轻易失信。谋算型师生信任关系建立在理性算计基础之上，信任度由外在威胁和师生的共同利益决定。谋算型师生信任具有脆弱性，并不稳固，信任关系随时可能消解。师生对彼此的期望都是建立在工具性目的基础之上，利益是首要因素，教师期望学生学业表现良好，因为学生良好的学业表现有助于教师的职位晋升、待遇提高等，否则，教师待遇可能降低、职位可能下降，甚至被解雇；学生听从、信任教师的原因包括避免受到教师的冷落、歧视，相信教师有能力帮助他们提高学业成绩等，学生将教师视为他们购买学校教育产品的生产者，而不是良师益友。总之，谋算型师生信任关系并不稳固，会随着威胁的解除和共同利益的消解而消解①。

二是了解型师生信任。这种信任关系建立在对对方行为的可预测性基础之上，充分了解对方从而能充分预测对方的行为。师生信任关系会随着师生沟通交流的频率和深度而加深或减淡。如今科技的发展、网络平台的兴起为师生提前了解对方提供了便利，如微信、微博等。师生信任关系在一定程度上被科技所协调和改变，而且这种趋势越来越显著，因为现在的

① 罗德里克·M.克雷默，汤姆·R.泰勒.组织中的信任[M].管兵，等译.北京：中国城市出版社，2003：157-159.

学生从小就接触电子产品，师生多多少少都会在网络上留下“数据脚印”，这为洞察信任提供了全新的方法[①]。了解型师生信任包括三个层次：信任有助于增强对方的可预测性；师生行为的可预测性又有助于师生信任；师生行为的可预测性离不开师生在反复的交往过程中不断增进理解，不仅在感情上，还包括在共同的思维和预测对方反应的能力方面[②]。具体而言，了解型信任离不开师生的沟通与合作。师生之间是彼此尊重、相互友爱、民主平等的主体间关系，教师要乐交往、会沟通和善合作，不仅要善于倾听，还要主动倾听，尽可能营造一种师生共同探索的积极氛围，引导学生自己解决问题，让学生愿意倾听教师的教诲等，从而促进师生更亲密、更信任关系的形成。反之，若教师对学生管多理少，监多督少，认为学生不讲规矩就不成方圆，认定学生离开了视线就会为所欲为，这其实是本能的不信任学生，事实上，学生有权利发展成他们喜欢的个性化形状。而且，管理不等于管制，教师不仅要管，更要讲理，不应该仅是将学生规训至可控范围之内，而是要顺应学生天性、成长成才规律、心理需求等，让学生自由自在地成长。监督也不等于监视，不能将学生假想为会犯错的个体而加以防范，而是将学生假想为积极上进的对象辅之以助力[③]。师生之间人格平等，师生是民主平等的学习合作伙伴关系，教师要尽可能少使用命令性、讽刺性等消极语言，因为学生对这类信息的反应是防御和反感。教师需要实现角色切换，即从纯粹的知识传授者逐步转变为学生成长的引导者，不仅关注学生的学习，更关注学生的心理健康、兴趣爱好等，当学生的倾听者，用行动支持学生，将学生的犯错当成学习的机会而不是惩罚学生的借口，帮助学生树立正确的世界观、人生观、价值观、道德观。教师可以采用学生易于接受的语言和方式，让学生感受到被教师真正接受。此外，学生在很多方面所了解的信息比教师还要多，教师应充分发挥学生的主动性和能动性，做学生行为的表率，充分利用各种信息化手

① 皮埃罗·斯加鲁菲.科技与和平：科技创新如何促进人类信任与互联[M].牛金霞，译.北京：中国友谊出版公司，2019：86-87.

② 罗德里克·M.克雷默，汤姆·R.泰勒.组织中的信任[M].管兵，等译.北京：中国城市出版社，2003：159-160.

③ 卢望军.信任是一切教育发生的基础[J].中小学德育，2019(8)：1.

段，积极与学生沟通，帮助学生、信任学生，向学生学习，与学生共同探究，教学相长。

三是认同型师生信任。这种信任模式基于对对方期望及意愿的认同之上，是师生交往过程中最为理想的一种信任模式，源于师生对彼此意图的高度理解及认可。师生交往的过程，实际上包括了学生领略师爱、被教师关注和期望的过程，以及教师感受学生期望、尊敬、认可的过程。认同型师生信任主要指学生对教师的期望及意愿的认同。罗森塔尔提出“皮革马利翁效应”（亦即人际期望效应），主要指个人的情感和观念会受到其所喜爱、信任、崇拜的人影响，虽然效果会因人而异。这与认同型师生信任关系的建立过程高度吻合，对认同型师生信任关系的建立具有较好的阐释力，因此，本书主要借鉴罗森塔尔的观点来理解。教师的期望同样会影响学生的认知、情感和行为，教师的正向期望会收到积极的效果。因此，在教育教学过程中，若教师对学生抱有高期望，并通过态度、语言、表情等方式，将隐含的期望传递给学生，学生便会予以正向回应，这种正向的回应又激发教师更大的教学热情，维持已有期望并给予学生更多关怀、鼓励和赞扬。如此反复，学生的表现如学业成绩、社会行为等朝教师期望的方向发展，最终期望变成现实，且教师的威望越高，这种效应越明显。教师有意识、有目的的将期待告知学生，可以让学生明白期望实现的好处和不能实现的弊端，自觉将教师期待转化为自己的目标，制定相应的计划并为实现目标而不懈努力。教师相信学生真善美，学生才会真善美[①]。由此可见，对所有学生、教师都必须一视同仁，不能存在偏见和歧视，能根据学生的特点给予相应的激励和期待，发自内心地关爱他们，积极引导他们，让学生感受到被教师真正接受，感受到教师是真心为他们的未来着想，这样才能获得学生发自内心的认同和尊敬，师生信任关系才能比较牢固地建立起来。

（三）基于制度的师生信任模式

克劳斯·奥弗提出，“正是制度的这种暗含的规范意义以及我假定它

① 苏丹兰.也谈师爱——对罗森塔尔效应的新解读[J].当代教育科学,2014(14):51-53.

对于其他人所具有的道德合理性使我信任那些处于相同制度中的人”[①]。制度具有降低风险、形塑行为、促进信任的作用，在一定程度上，制度是信任的替代物。在信息社会，现代性因素的发展加速了传统“强关系”人际信任模式的瓦解，而具有现代性特征的“弱关系”信任模式又未完全建立，这导致了人们陷入了信任危机的泥淖中。现代性因素同样导致了师生信任危机的日趋凸显。管理学家沙因于20世纪60年代末提出“复杂人”假设，该理论假设认为：人性是复杂的，不仅人与人之间在能力、需求和动机等方面存在差异，个人的能力、需求和动机等在不同时间、不同地点的表现也不一致，会随着时间和地点的变化而变化。由此可见，教师和学生作为社会人，其需求、动机等也具有复杂性，会随着时间和地点的改变而改变，基于师生个体特征和师生互动过程而建立的师生信任的弊端较为显著，使得基于制度而产生的师生信任模式受到广泛认同和使用。学者张维迎认为，由法律维持的信任就是一种典型的制度信任。制度信任与基于个人特征和交往过程的信任彼此联系、互为补充[②]。本书认为制度包括正式制度和非正式制度，正式制度是指法律形式的规则规范，如《中华人民共和国教师法》《中华人民共和国义务教育法》等；非正式制度则指非法律形式的规则规范，如师生商议制定的班规校规等。正式制度与非正式制度的有效执行都离不开相关人员的素养。制度有助于师生信任由特殊信任转向普遍信任。

一是正式制度。正式制度明确规定了教师的地位、权利和义务、角色及其职责等，也明确规定了学生的地位、角色和职责、权利和义务等。正式制度的独立权威，对于师生的行为都有一定的保护和约束作用，不仅对教师的入职资格、工作职责、工作的评价标准、薪酬福利待遇都予以明确的规定，对教师的违规行为也有明确的处罚措施规定，而且明确规定了学生接受义务教育、受到学校安全保护、表达自由、获得公正评价和奖助学金等权利，学生必须履行遵守法律法规和学生行为规范、完成学业任务、遵守学校规章制度等义务。这些规定可以让师生更加明确各自的角色和职

① 马克·E.沃伦.民主与信任[M].吴辉，译，北京：华夏出版社，2004：65.

② 张维迎.信息、信任与法律[M].北京：生活·读书·新知三联书店，2003：11.

责、权利与义务等，明晰师生的交往界限，彼此不能轻易越线，促进师生讲真话、守约，也更能体现公平，提供具有保护性的法律权利，降低信任风险性。若师生都自觉遵守相关法律规定，师生信任的支持性氛围就形成了，这会减少因个性差异、师生误解、观点不一致等造成的师生互不信任，克服非理性的弊端，降低师生信任的风险性，弥补基于师生个体特征和交往过程的不足。

二是非正式制度。正式制度具有刚性，执行起来难度比较大，人文关怀方面略显不足。而非正式制度蕴含了风俗习惯、道德规范、文化传统等方面的内容，非正式制度虽然不像正式制度具有法律效力，但是暗含规范的意义，具有道德合法性，更贴近师生的实际情况，柔性和刚性兼备，灵活性较强，也较好地体现了人文关怀精神，有助于形塑师生行为，培养师生给予对方信任的习惯和意向，对师生的日常思想行为具有一定的引导和约束作用。对教师来说，学校的相关规定就明确了学校教师的工作职责、工作范围、考核标准、工资福利待遇等方面，并在国家地方正式制度的基础上，进行细化或补充。对学生来说，校规班规等非正式制度对学校纪律、日常礼仪、日常规范、学习要求、课外活动、就餐就寝等予以了详细规定，当然，因不同学校之间存在差别，不同学校的校规班规也存在差别；非正式制度对师生关系如师生交往界限、礼仪等方面也有比较细致的规定。非正式制度有助于提升师生合作效率，提高课堂教学效果。非正式制度是正式制度的有益补充，两者共同构成基于制度的师生信任的来源，促进师生信任关系由特殊信任关系走向普遍信任关系。普遍信任关系建立在规章制度和法律等基础之上，若师生不遵守，存在失信行为，那么就会受到规章制度和法律的制裁和惩罚[①]。

此外，相关人员的素养是制度得以有效贯彻执行的保证。如教师的惩戒教育。作为教师，有责任和义务对学生进行管理教育，但是在实施惩戒教育时必须注意：严格按照相关规定执行，不能过度依赖或滥用惩戒手段；做好事后关心沟通工作，让学生能理解教师的良苦用心等。这样，惩戒教育才会有实效，师生关系不会因此疏离，反而能进一步促进师生信任

① 薛天山.人际信任与制度信任[J].青年研究,2002(6):15-19.

关系。制度信任的缺失在一定程度上是因为制度不完善和执行不力。因此，一方面，相关部门需要进一步完善教师管理体制，如采用多元评价体系，提高教师地位待遇，加大对义务教育的财政支持力度等。同时，严格执法，营造舆论导向，以形成良好的师生互信的良好风尚。另一方面，教师要不断提升公信力，加强道德权威性等。

第二节 师生个体特征的影响效应研究

师生个性特征影响师生信任关系，如能力、品格。有研究表明，性别、年级、信任倾向等会影响中小学师生信任度[①]；初中生对教师的能力和品格的信任水平相当高[②]；学生的一些不良表现与其感受到的学校教师不公平对待有关，教师的非言语行为会成为学生效仿的榜样，说谎行为则会削弱教师权威[③]。郭忠华指出，信任根源于个体的“本体性安全”诉求，而现代性发展使人们的信任关系建立在一种开放、流动和抽象化的基础之上[④]。由于不同学者的研究立场和角度各异，对于师生个体特征方面探讨的侧重点也不一致，而本书着重探究学生视角的师生信任关系，因此，基于以往研究成果，本书中师生个体特征信任维度主要涉及学生的个人背景、学生的信任倾向、学生对教师的角色期望等三方面。

一、师生个体特征与师生信任关系的研究假设

（一）学生的个人背景与师生信任关系的研究假设

本书中学生的个人背景包括年级、性别、是否学生干部、是否寄宿、成绩排名、和谁一起生活、与父母的交流情况等7个方面。罗滕伯格等的

① 李晔，刘华山．中小学生对教师的信任及问卷编制[J]．心理发展与教育，2007(4)：88-94；李晔．师生信任及其对学生的影响[D]．武汉：华中师范大学，2007：2.

② 唐薇卿．增进初中师生信任的行动研究[D]．上海：上海师范大学，2018：78.

③ 约翰·哈蒂，格雷戈里·C.R.耶茨．教师如何才能让学生信任自己[J]．彭正梅，邓莉，伍绍杨，等译．人民教育，2019(20)：77-80.

④ 郭忠华．信任关系的变革：吉登斯现代性思想的再思考[J]．现代哲学，2008(1)：99-103.

研究发现，相比男孩，女孩对他人有更高的信任，其信任会随着关系亲密度的加深而增强。因信任与自我揭露、关系的亲密度等相关，因此，孩子对父母及同伴的信任度要高于对教师的信任度。安贝的研究表明，学生的学习成绩与人际信任呈正相关关系。罗特提出，亲社会行为与信任观念密切相关。李晔的研究发现，不同年级的中小学生对教师的信任度不同，年级越高，信任度反而越低，学生对班主任的信任度要高于任课教师[①]。左晓荣的研究表明，年级和学校所在区域影响中学生的师生信任水平[②]。由此可见，性别、年级、学业成绩、所在区域、和父母的亲密度、和教师的亲密度等对师生信任关系具有一定程度的影响。对于农村中学师生而言，学生的个人背景同样会影响学生对教师的信任水平。在以往研究的基础上，本书列出如下假设：

假设1：学生性别对师生信任关系具有显著影响。

假设2：学生所在年级与师生信任关系呈正相关关系，年级越高，师生信任关系水平越高。

假设3：学生的学业成绩与师生信任关系呈正相关关系，学生学业成绩越靠前，就越会正向影响师生信任关系。

假设4：是否学生干部对师生信任关系具有显著影响。

假设5：学生是否寄宿对师生信任关系具有显著影响，寄宿学生的师生信任关系水平高于非寄宿学生。

假设6：学生是否与父母一起生活对师生信任关系具有显著影响，与父母一起生活的学生的师生信任关系水平高于不与父母一起生活的学生。

假设7：和父母联系的频率与师生信任关系呈正相关，频率越高，师生信任程度越高。

（二）学生信任倾向与师生信任关系的研究假设

学生信任倾向是指学生对教师所持的是否信任的基本取向，由动机归因、个人经历、人生态度、个人意图和能力等方面决定，表现为乐观、自

① 李晔，刘华山．中小学生对教师的信任及问卷编制[J]．心理发展与教育，2007(4)：88-94.

② 左晓荣．中学师生信任及相关组织变量研究[D]．桂林：广西师范大学，2005：68.

信、开朗、情绪自控等。多伊奇发现，个人对他人行为的归因对决定是否信任具有关键作用[①]。哈丁认为乐观主义有助于促进个体间的信任与合作[②]。学生信任倾向决定了学生信任教师的可能性及程度。学生对学业成绩的态度、学生的信念等可能对师生信任关系具有一定影响。本书提出如下假设：

假设1：学生对学业成绩的在乎程度与师生信任关系呈正相关关系。

假设2：学生的信念对师生信任关系具有显著影响。

（三）学生对教师的角色期望与师生信任关系的研究假设

泰勒和德高依的研究发现，人们对组织权威信任度的评价形成了他们接受权威决策的意愿，也影响了遵守组织规章法令的义务感。相比胜任能力，人们对善良意图更为关注[③]。学生对教师的信任匮乏表现在学生缺乏对教师情感、审美情趣、知识素养等方面的信任[④]。学生对教师角色的期望涉及包容和尊重他人、维护基本的社会道德准则等，学生期望教师富有责任心，能够引导他们建设性地学习和自我成长。有研究表明，被教师评价为善于求助的学生能够取得更佳的学业成就，教师对学生知识建构需求的支持程度会影响学生的求助行为，教师的教学管理方式也会影响学生的生活[⑤]。况且，期望教师为教育者、管理者、研究者、服务者、朋友、熟人等角色的学生对教师的信任程度高于期望教师是打工者和陌生人的学生等[⑥]。概言之，学生对教师的角色认知和期待影响师生信任关系。本书提出如下假设：

假设1：学生对教师的角色期望与师生信任关系呈显著正相关。

---

① 罗德里克·M.克雷默，汤姆·R.泰勒.组织中的信任[M].管兵，等译.北京：中国城市出版社，2003：296.

② 马克·E.沃伦.民主与信任[M].吴辉，译，北京：华夏出版社，2004：275-276.

③ 罗德里克·M.克雷默，汤姆·R.泰勒.组织中的信任[M].管兵，等译.北京：中国城市出版社，2003：467.

④ 崔振成.中小学师生关系的伦理安全审视与建构[J].中国德育，2019(6)：31-37.

⑤ 约翰·哈蒂，格雷戈里·C.R.耶茨.教师如何才能让学生信任自己[J].彭正梅，邓莉，伍绍杨，等译.人民教育，2019(20)：77-80.

⑥ 陈聪.高校师生信任关系研究[D].杭州：浙江理工大学，2016：47.

假设2：学生对教师品格的重视程度与师生信任关系呈显著正相关。

二、师生个体特征对师生信任关系影响的假设验证

师生个体特征维度共包含了11个题项，即A1、A2、A3、A4、A5、A6、A7、C1、C2、C3、C4，A1—A7题项属于学生个人基本情况，学生的信任倾向方面的题项主要包括C1和C2，学生对教师的角色期望的题项涉及C3和C4。其中C2、C3、C4、A5题项为分类变量，C1题项为定距变量（也就是表示程度的数值变量），所以要对含分类变量的题目设置哑变量，以C2为例，设置如表6-2-1所示：

表6-2-1　C2哑变量设置表

C2（当我在家庭中所接受的教育理念和学校的有冲突时，我会更倾向支持）	C2A（家庭的教育理念）	C2B（学校的教育理念）
家庭的教育理念	1	0
学校的教育理念	0	1
视具体情况而定	0	0

C3、C4、A5题项哑变量的设置与C2类似。在哑变量设置完毕之后，还需对因变量（师生信任关系）进行处理。因为因变量本身也包含了几个子维度，而且每个维度都设置若干指标，如果将一个指标的答案看作一个变量，那就会有几个因变量，所以需要将这些维度的所有指标都统一起来，合成一个统一的变量，处理的方法就是将所有维度的所有指标求取平均值，这个平均值就可以作为衡量师生信任关系的变量。对自变量和因变量进行处理后，将该维度（师生个体特征维度）的所有指标对师生信任关系进行多元回归，结果如表6-2-2和表6-2-3所示：

表6-2-2　师生个体特征对师生信任关系影响的多元回归模型

模型	R	R方b	调整R方	标准估计的误差
1	0.989a	0.977	0.977	0.62213
a. 预测变量：A1—A7，C1—C4				

表6-2-3　师生个体特征对师生信任关系影响的模型参数

题项	选项	标准系数	Sig.
A1我的性别	A男；B女	-0.003	0.872
A2我所在年级	A七年级；B八年级；C九年级	-0.079	0.000
A3我是否学生干部	A是；B否	-0.041	0.056
A4我的学习成绩在班级排名大约为	A靠前；B居中；C靠后	0.025	0.318
A5 我和谁一起生活	B隔代长辈	0.034	0.133
	C同辈（哥哥姐姐）	0.005	0.830
	D其他亲戚	0.020	0.373
A6 我是否在学校寄宿	A是；B否	0.178	0.000
A7 我与父母交流的情况是	A基本不联系；B很少联系；C偶尔联系；D经常联系	0.115	0.000
C1我对自己的学业成绩的在乎程度	A很在乎，成绩代表一切；B在乎，成绩还是比较重要的；C在乎，但不会和自己过不去；D不在乎，我有自己的打算	0.142	0.000
C2当我在家庭中所接受的教育理念和学校的有冲突时，我会更倾向支持	A家庭的教育理念	-0.199	0.292
	B学校的教育理念	-0.223	0.228
	C视具体情况而定	-0.067	0.508
C3在学习过程中，老师和学生的关系应该是	B亲如父（母）和子（女）	0.149	0.000
	C老师就像知心朋友、成长伙伴	0.332	0.000
	D其他	0.111	0.009
C4我最看重的教师素质是	A个人品格	0.084	0.003
	B专业知识	0.066	0.004
	C教学能力	0.051	0.054
	D外在形象	-0.083	0.000
注：预测变量：A1—A7，C1—C4 因变量：整体信任水平			

结果显示，此多元回归模型的调整R方为0.977，拟合程度较高，即此多元回归模型高度拟合了个体特征维度中11个问题。具体回归结果如下：

个人背景中的年级、是否在学校寄宿、与父母交流的情况对师生信任关系具有显著影响。A1题项中，其Sig值大于0.05，所以该指标（性别）

对于师生信任关系影响不显著或者无影响。A2题项中，其Sig值为0.000，小于0.05，标准系数为-0.079，因此，学生所在年级对师生信任关系的影响显著，年级与师生信任关系呈显著负相关。学生所在年级越高，就越能负向影响师生信任关系。A3题的Sig值为0.056，略大于0.05，所以该指标（是否学生干部）对师生信任关系的影响很小或不太显著。A4题中，A4题项的Sig值显著大于0.05，可见，学生的学业成绩排名对师生信任关系的影响不显著。A5题项中，A5题项的Sig值大于0.05，可见，该指标（学生和谁一起生活）对师生信任关系的影响不显著。A6题的Sig值为0.000，标准系数为0.178，可见，该指标（学生是否寄宿）对师生信任关系的影响显著，且非寄宿学生与教师之间的信任水平更高。A7题中，其Sig值为0.000，标准系数为0.115，学生与父母交流的情况对师生信任关系具有显著影响，且学生与父母交流的频率越高，越能正向影响师生信任关系，师生信任水平越高。

学生对学业成绩的在乎程度显著影响师生信任关系。C1题项的Sig值为0.000，标准系数为0.142，可见，学生对自己成绩的在乎程度显著正向影响师生信任关系，由此可知，当学生越在乎自己的成绩，就越能正向影响师生之间的信任关系，师生间的信任水平越高。而C2题的Sig值都大于0.05，所以该指标（学生信念）对于师生信任关系影响不显著或者无影响。

学生对教师的角色期望显著影响师生信任关系。C3题项中，A、B、C选项的Sig值分别为0.009、0.000、0.000，标准系数分别为0.111、0.149、0.332，可见，学生对教师角色的期待会显著正向影响师生信任关系，影响由大到小依次为选项“老师就像知心朋友、成长伙伴”“亲如父（母）与子（女）”“其他”，由于选项“教育者与受教育者”的哑变量在最终结果中存在高度的共线性，这影响模型准确性，故需要舍去该选项。C4题项中，A、B、C、D选项的Sig值分别为0.003、0.004、0.054和0.000，标准系数分别为0.084、0.066、-0.083，可见，教师的教学能力对于师生信任关系的影响不太显著，而教师的个人品德、专业知识和外在形象却有着显著影响，只是影响的作用也比较低。其中，教师的个人品德和专业知识对师生信任关系具有正向影响，教师的外在形象对师生信任关系具有负向影响。

三、总结

（一）学生的个人背景对师生信任关系的影响

研究结果显示，学生所在年级对师生信任关系的影响显著。学生所在年级越高，就越会对师生信任关系产生负向影响，师生间的信任水平也就越低。这可能是因为，年级越高、年龄越大，学生就越具有独立意识和想法，也越叛逆，开始注重自己的隐私，不愿意和教师沟通，教师无法真正走进学生的心灵世界，也难以真正理解学生。七年级学生刚从小学阶段迈入中学阶段，对教师的依赖性较强。因此，七年级学生与教师的信任关系水平要明显高于八年级和九年级。

研究结果显示，学生是否寄宿对师生信任关系的影响显著，非寄宿学生与教师之间的信任水平更高。这可能是因为，寄宿学生在校时间长，在生活学习中所暴露的问题会更多，当学生出现各种问题，相关教师就必须为学生解决问题，久而久之，处于青春期的学生可能会产生潜意识的排斥情绪，不希望教师事无巨细地管理他们，而是希望能够和教师保持恰当距离，以及保护自己的隐私。况且，多数农村学校对寄宿生的管理非常严格，会安排学生按时作息、定时锻炼等，学生可能认为这束缚了他们的自由。因此，寄宿学生对教师的信任水平要低于非寄宿学生。

此外，研究结果还显示，学生与父母交流情况对师生信任关系具有显著影响。学生与父母交流的频率越高，就越能正向影响师生信任关系，师生信任关系水平越高。可见，父母在师生信任关系上扮演重要角色。父母是孩子成长过程中的第一任导师，缺乏父母关爱和管教的学生更容易出现心理亚健康、价值观和人生观扭曲以及学业成绩不理想等问题，甚至走向犯罪道路。与教师发生冲突时，在父母身边的孩子因父母的中间调和及引导作用，能够妥善处理和修复与教师的紧张关系，甚至进一步促进师生信任关系；而不与父母一起生活的孩子尤其是农村留守儿童，因父母的外出务工及有限的监管能力，导致了他们在成长过程中受到父母的引导和关爱较少，相对于非留守儿童，留守儿童的师生关系更差[①]，更容易与教师产生直接的暴力冲突并形成失信关系。此外，家庭氛围影响师生信任关系。当师生关系紧张时，民主家庭中的孩子由于有家长的调解与疏导，紧张的师生关系会得到缓和。而漠不关心家庭中的孩子因缺乏父母的关爱和管教，人格和身心健康方面更容易出现问题，也更容易导致学生对教师的不信任，甚至与教师发生直接的暴力冲突[②]。

（二）学生对学业成绩的在乎程度对师生信任关系的影响

学生对学业成绩的在乎程度是一种自我期望，反映了学生的信任倾向，会显著影响师生信任关系。研究结果显示，学生对学业成绩的在乎程度对师生信任关系的影响显著，当学生越在乎学业成绩，就越能正向影响师生信任关系，师生间的信任水平越高。可见，学生对学业成绩的在乎程度与师生信任关系呈显著正相关。这可能主要源于以下三方面的原因：一是越在乎自己学业成绩的学生，其学习态度更加端正，自我期望值越高，不仅对教师的认知更趋正面，而且在对教师的情感和行为信任上也会表现出更多的主动性和积极性。学生在乎学习成绩，就会在乎所学学科，而且越在乎学习成绩，学生向教师提问就会越频繁，与教师的沟通也会随之增多，这样学生自然会与教师的关系更密切，师生信任关系的水平会更高。二是不少教师不再只是注重学生的学业表现，更看重学生良好的学习态度以及道德品质，即使这些学生的学习成绩不是太理想，教师也会关爱、信赖这些学习态度端正的学生，而且，教师会更加关注常与自己经常沟通的学生，长此以往，师生对彼此的印象更深刻，信任水平也会更高，从而形成良性循环。此外，少数不在乎自己学业成绩的学生，他们上学的动机并不是为了学知识，仅是混初中文凭或只是因学校有更多玩伴，他们对师生

① 李晓巍.父教缺失下农村留守儿童的亲子依恋、师生关系与主观幸福感[J].中国临床心理学杂志,2013(3):493-496.

② 付春新,赵敏.基于OLS模型的中学师生关系影响因素分析[J].宁波大学学报(教育科学版),2020(1):126-132.

关系特别是师生信任关系持无所谓态度，在学习上也不会主动向教师请教，对他们而言，教师是否信任他们并不太重要。

（三）学生对教师的角色期望对师生信任关系的影响

研究结果显示，学生将教师定位为知心朋友和成长伙伴、父母角色或其他会显著正向影响师生信任关系。可见，学生对教师的角色期望会影响师生信任关系。这可能是因为，中学生正处于青春期，叛逆、容易躁动，好奇心强，其中有一半以上是留守儿童，当他们在学习生活中遇到困惑和烦恼时，他们期待父母能够及时开导并关爱他们，然而，对于父母在外地打工或者与父母沟通交流不多的学生而言，父母角色缺位，这很难实现，于是，他们期望教师能够承担其父母角色，及时发现他们在学习生活中的问题，给予他们父母般的关爱。同时，中学生具有很强的叛逆心理，他们不喜欢传统权威型的教师，教师管得越严，他们越反感。在当今时代，学生可以通过现代信息手段获取想学的知识或信息，教师的知识权威角色逐渐消解，更多的学生期待教师是知心朋友、成长伙伴和“点灯人”角色，师生之间是平等关系，因此，农村中学生会更喜欢年轻教师，因为年轻教师的思想更贴合学生实际，在教学上也能运用新方法，与学生的共同语言更多，而年长的多数乡村教师依然采用传统的教育教学方式，这些教育教学方式与时代有些脱节。此外，学生将教师定位为其他角色也会显著影响师生信任关系，但由于学生个体存在差异性，其回答也会各异。

研究结果还显示，教师的教学能力对于师生信任关系的影响不太显著，而教师的个人品德、专业知识和外在形象对师生信任关系具有一定影响。当学生越看重教师的个人品格和专业知识时，学生对教师的信任水平就越高；不在乎教师外在形象的学生与教师的信任关系水平要略高于在乎的学生。由此可知，相比外在形象，学生更看重教师的个人品德和知识素养，学生期望教师公平公正、诚信可靠、富有责任心、亲和友善，不仅具有高尚的职业道德、扎实的专业知识基础、突出的职业能力、强大的职业动力，还具有良好的个性特质，能将学生的成长成才置于教师个人利益之上，能够公平公正、对所有学生一视同仁、真心关爱学生、因材施教，并帮助学生解决心灵的困惑和成长的烦恼，成为学生的知心朋友和成长伙伴，引导学生成长为全面发展和个性化发展相结合的人才。教师的教学能力对于师生信任关系不具有显著影响，这可能是因为，在新时代背景下，学生可以通过多种渠道来获取他们想学的知识或信息，在教学能力相当的情况之下，学生会更信赖品格好的教师。

第三节　师生互动过程的影响效应研究

人际互动是信任建立的基础。坎波尔认为，个体的思想行动包含了内化的文化规范、价值、态度、语言等，Wink提出，学生、教师和社区中的其他人都依据社会具体情境来了解问题、彼此沟通、形成自己的判断[①]。比起关注教师的形象，初中生更关注与教师的关系发展[②]。基于信任及师生信任的相关文献梳理，结合本书的研究目标，本书将师生互动过程信任分为谋算、了解和认同三个阶段，主要涉及学生感知的教师期望、具体情境（主要指师生的交往动机）、第三方因素（学生家庭、同伴和新媒体）等要素。

一、师生互动过程与师生信任关系的研究假设

（一）学生感知的教师期望对师生信任关系影响的研究假设

教师期望效应被称为“罗森塔尔效应”，当学生感知到教师对学生的正向期望，这种正向期望能够激发学生的潜能并取得教师期望的效果[③]。有研究表明，被教师评价为善于求助的学生能够取得更佳的学业成就，教师对学生知识建构需求的支持程度会影响学生的求助行为[④]。克莱姆等认为，当学生感知到教师的关怀、公平等，学生的学业投入和学业成绩都会

---

① 高博铨.班级经营的社会学基础[J].中等教育,2007(3):56-71.

② 唐薇卿.增进初中师生信任的行动研究[D].上海:上海师范大学,2018:78.

③ 丁蕙,屠国元.教师期望效应理论研究及对教育的启示[J].教育评论,2006(1):24-17.

④ 约翰·哈蒂,格雷戈里·C.R.耶茨.教师如何才能让学生信任自己[J].彭正梅,邓莉,伍绍杨,等译.人民教育,2019(20):77-80.

表现更为突出[①]。教师期望的高低与师生互动的频率及品质密切关联。教师期望高的学生得到了教师更多的关心、关注和鼓励，教师期望低的学生得到的关心、关注和鼓励较少[②]。本书中学生感知的教师期望主要涉及三方面：学习态度和动机、道德品质、个性特质。当学生感知到教师期望并将期望内化为自身行动时，师生信任关系便会得到进一步巩固和发展，并形成良性循环，过高或过低的教师期望都不利于学生对教师的信任。本书提出如下假设：

假设1：教师对学生学业成绩的期望与师生信任关系呈显著正相关关系。

假设2：教师对学生道德品质的期望与师生信任关系呈显著正相关关系。

假设3：教师表达积极期望的频率与师生信任关系呈显著正相关关系。

假设4：教师表达积极期望的方式对师生信任关系具有显著影响。

（二）具体情境对师生信任关系影响的研究假设

师生互动过程是一个动态发展的过程，深受具体情境的影响，从文献梳理情况来看，师生交往动机是其中最突出的要素。师生交往动机同样包括工具性交往动机和非工具性交往动机。当师生的交往动机仅是出于自利，师生之间就很难真正建立起信任关系。瑞斯认为，具有教育热情的教师将会信任学生。虽然信任并不对称，而且微妙，但师生信任关系是相互和动态发展的。香农·L.拉塞尔等认为，只有当教师认识到自己在师生信任关系建构中的责任时，教师才会充分发挥其主动性，且师生信任的发展和维护是动态发展的过程。还有学者指出，交往目的的工具性、交往表现的相异性和交往的相互影响性等影响师生信任[③]。本书提出如下假设：

---

① 张玉茹，江芳盛.师生关系、学习动机与数学学业成就模式之验证：以PISA2003资料库为例[J].测验统计年刊，2013(21)：92-121.

② 郭生玉.教师期望与学生内外控信念关系之研究[J].教育心理学报，1982(15)：139-147.

③ 张相乐.论师生信任关系的构建[J].教育导刊，2010(3)：22-24.

假设1：教师与学生的交流动机对师生信任关系具有显著影响。

假设2：学生对教师的交往预期与师生信任关系呈显著正相关关系。

假设3：学生感知到教师消极期望时的非积极情绪与师生信任关系呈负相关关系。

（三）第三方因素对师生信任关系影响的研究假设

本书中的第三方因素是师生互动过程的间接主体，主要涉及家庭、同伴和新媒体。伯特和肯兹提出，第三方的言论有助于强化或弱化现存关系，使自我与他我之间更加信任或不信任。然而，第三方更倾向于传递消极的信息[①]。巴伯认为家庭是信任的原始根源和场所，共同的或不同的价值观念对于可信任的能力和信用责任具有重要影响[②]。陈聪研究发现，家庭结构、父母文化程度、家庭教养方式对师生信任关系影响显著，特殊家庭结构中的学生对教师的信任意愿相对较低，父母文化与学生对教师的信任水平呈正相关关系，民主型等积极家庭教养方式能促进师生信任关系的进一步发展[③]。本书中的同伴特指同学，同学关系会影响师生信任关系，同学之间由于年龄相仿、观念相近、处境相同等，彼此更容易相互影响，产生共鸣，自然而然，学生也很容易受到同学对教师的认识和看法的影响。新媒体同样会影响师生信任关系。新媒体技术的发展为促进师生信任关系提供网络平台、技术手段和舆论环境等，对学生的价值塑造、人格培养、能力提升、知识探究以及师生的共同探索等影响深远，其在师生信任关系增进方面的作用将会越来越突出。本书提出如下假设：

假设1：家长与教师的沟通频率对师生信任关系具有显著影响。

假设2：家长的态度对师生信任关系具有显著影响。

假设3：同学的评价对师生信任关系具有显著影响。

假设4：媒体新闻的不良报道对师生信任关系具有显著负向影响。

---

① 罗德里克·M.克雷默，汤姆·R.泰勒.组织中的信任[M].管兵，等译.北京：中国城市出版社，2003：106.

② 伯纳德·巴伯.信任的逻辑和局限[M].牟斌，李红，范瑞平，译.福州：福建人民出版社，1989：27.

③ 陈聪.高校师生信任关系研究[D].杭州：浙江理工大学，2016：43-46.

假设5：手机等新媒体对师生信任关系具有显著影响。

二、师生互动过程对师生信任关系影响的假设验证

师生互动过程维度包括11个题项，即C5—C15题项，其中，C5、C6、C7属于教师期望方面的题项，C8、C9、C10属于交往动机方面的题项，属于家长方面的题项是C11和C12，属于同伴因素的题项是C13，新媒体方面的题项涉及C14和C15。其中，C7题项为分类变量，所以要对C7设置哑变量。对自变量和因变量进行处理后，将师生互动过程维度的所有指标对师生信任关系进行多元回归分析，结果如下所示（表6-3-1和表6-3-2）：

表6-3-1 师生互动过程对师生信任关系影响的多元回归模型

模型	R	R方b	调整R方	标准估计的误差
1	0.990a	0.98	0.98	0.58215
a. 预测变量：C5-C15				

表6-3-2 师生互动过程对师生信任关系影响的模型参数

题目	选项	标准系数	Sig.
C5老师在日常生活学习中对我们表达积极期望的方式主要有	A物质上鼓励（奖励小礼品等）	0.008	0.744
	B言语上表扬和鼓励	0.017	0.548
	C肢体上表扬、鼓励	0.036	0.101
	D面部性表扬、鼓励	−0.012	0.589
	E其他	−0.072	0.002
C6老师在日常生活学习中表达积极期望的频率	A经常；B偶尔；C很少；D从不	0.194	0.000
C7在学业成绩和道德品质之间，老师更看重我的	A学业成绩	−0.062	0.349
	B道德品质	−0.163	0.014
C8老师与我们交流的主要动机是	A发自内心地对我们好	0.055	0.132
	B为了获得个人利益	−0.052	0.048
	C希望我们有美好的未来	−0.021	0.586
	D与我们有共同的兴趣爱好	−0.002	0.943

续　表

题目	选项	标准系数	Sig.
C9我与大多数老师的交流预期是	A长期交流；B短期交流；C仅限于课堂交流：D不想交流	0.201	0.000
C10如果感觉老师不喜欢我时，我会	A感觉痛苦、自卑，逃避老师，对学习有抵触情绪	−0.066	0.027
	B感到愤怒，和老师对着干	−0.072	0.001
	C主动和老师交流	0.020	0.519
	D默默完善自己、提高自己	0.003	0.938
	E无所谓	−0.095	0.001
C11父母与老师的联系情况	A经常会与老师联系；B有时会与老师联系；C偶尔会与老师联系；D很少与老师联系；E不与老师联系	0.054	0.012
C12当父母得知我在学校受到老师批评时，他们的态度是	A相信老师的话，批评我	−0.101	0.161
	B相信我的话，指责老师不公	−0.097	0.007
	C先弄清事实真相再说	−0.090	0.230
	D无论如何都尽量帮我争取权利	−0.036	0.251
C13同学对老师的评价会在一定程度上影响我对老师的认知	A完全符合；B基本符合；C不确定；D基本不符合；E完全不符合	0.009	0.660
C14媒体新闻的不良报道影响老师在我心目中的形象	A完全符合；B基本符合；C不确定；D基本不符合；E完全不符合	−0.050	0.019
C15手机、电脑等新媒体对我的影响主要有	A改变了我和老师的交往方式	0.026	0.314
	B方便我向老师请教学习方面的问题	0.052	0.082
	C表达我的心声	−0.042	0.109
	D让我沉迷网络游戏	0.020	0.470
	E其他	−0.076	0.003
注：预测变量：C5—C15 因变量：整体信任水平			

结果显示，此多元回归模型的调整R方为0.98，拟合程度较高，即此多元回归模型高度拟合了师生互动过程维度中11个问题。具体回归结果如下：

教师表达积极期望的频率、对学业成绩的过度关注与师生信任关系显著相关。在C5题项中，A、B、C、D、E这5个选项的Sig值依次为0.744、

0.548、0.101、0.589、0.002，标准系数依次为0.008、0.017、0.036、-0.012、-0.072，仅“其他”选项的Sig值小于0.05，因此，“其他”选项对师生信任关系影响显著，但由于每个学生的认识不一致，具有不确定性，“其他”选项难以确定具体的影响因素，因此，对于这个选项不做考虑。C6题项的Sig值为0.000，标准系数为0.194，由此可见，教师在学生日常生活学习中表达积极期望的频率对师生信任关系影响显著，而且，教师在日常生活中表达积极期望的频率越高，就越能够正向影响师生信任关系。在C7题项中，A选项的Sig值为0.014，标准系数为-0.163，也就是说，当教师更关注道德品质时的回归结果为影响不显著，但是当教师过度关注学业成绩时，却会给师生信任关系带来不好的影响。

由此可见，教师表达积极期望的频率与师生信任关系呈正相关关系，教师过度关注学生学业成绩与师生信任关系呈负相关关系。

教师出于个人利益的交往动机、学生感知到教师消极期望时的非积极情绪会对师生信任关系产生负向影响，当学生对教师的交往预期越接近长期交流时，师生信任关系水平越高。在C8题项中，A、C、D的Sig值均大于0.05，只有B选项的Sig值为0.048，小于0.05，其标准系数为-0.052，由此可知，当教师与学生交流的主要动机是出于个人利益时，会对师生信任关系有显著的负向影响，当教师与学生交流的主要动机是发自内心地对学生好、和学生有共同兴趣爱好或者希望学生有美好未来时，影响并不显著。C9题项的Sig值为0.000，小于0.05，其标准系数为0.201，由此可见，当学生与老师的交流预期越接近长期交流时，师生信任程度将越高，师生信任关系越好。对于C10题项，A、B、E选项的Sig值依次为0.027、0.001、0.001，都小于0.05，标准系数依次为-0.066、-0.072、-0.095，而C、D选项的Sig值依次为0.519、0.938，都显著大于0.05，可见，当学生感知到教师不喜欢他（她）时，若学生感觉痛苦、自卑、愤怒或无所谓，这会对师生信任关系产生显著的负向影响，若学生倾向于主动和教师沟通或者默默完善自己，这对师生信任关系的影响不显著。

家长与教师的沟通频率与师生信任关系呈正相关关系，当父母得知教师批评过自己的孩子后，父母的态度倾向于相信学生并指责教师将会对师生关系有负面影响。C11题项的Sig值为0.012，标准系数为0.054，可见，家长与教师的联系情况对师生信任关系有正向影响，家长与教师联系的频率越高，师生信任关系越好。在C12题中，A、C、D选项的Sig值皆大于0.05，只有B的Sig值为0.007，小于0.05，且C12B的标准系数为-0.097，由此可见，当家长得知教师批评过自己的孩子后，若家长的态度倾向于相信学生并指责教师，这会对师生信任关系产生负向影响，此类学生对教师的信任关系水平越低。

同伴因素对师生信任关系的影响不显著。C13题项为探讨同学评价与师生信任关系的相关性，其Sig值为0.660，显著大于0.05，可见，该指标（同学对老师的评价）对师生信任关系的影响不显著。

新闻媒体对教师的不良报道、手机的使用是为了其他用途与师生信任关系呈负相关关系。C14题项探讨了媒体新闻对教师的不良报道与师生信任关系的相关性，C14题项的Sig值为0.019，标准系数为-0.050，可见，新闻媒体对教师的不良报道对师生信任关系具有显著的负向影响。C15题项中只有C15E选项的Sig值小于0.05，其余各选项的Sig值都大于0.05，可见，当手机等新媒体对学生的影响为“其他”时，这会对师生信任关系有显著负向影响，其余选项的影响不显著。由于“其他“选项难以确定是什么因素，而且可能每个人所认为的“其他”都不相同，因此，C15题项回归结果不予以进一步讨论。

三、总结

（一）学生感知的教师期望对师生信任关系的影响

研究结果显示，教师在学生日常生活学习中表达积极期望的频率与师生信任关系呈正相关关系，当学生感知的教师积极期望的频率越高时，师生信任关系的水平就越高。由此可知，教师积极期望对师生信任关系影响显著，教师对学生表达积极期望的次数越多，学生就越信任教师。教师可以通过设置外在诱因、唤醒学生的内在学习动机来激发学生的学习潜能，提升学生的自我效能感，促进学生自我期许的生成[①]。学生的性格形成、生活态度及事业发展与教师期望相关联，教师期望对学生的心理发展影响深远[②]。积极期望包括关爱学生、激励学生、对学生充满信心等，教师表达积极期望的频率越高，越能强化学生的内在学习动机，也越能调动学生学习的积极性、主动性和自觉性，能够帮助学生端正学习态度和动机，促进学生主动学习、热爱学习，并将学习内化为一种习惯，而且，教师对学生良好道德品质、个性特质的期望也会通过学生将期望内化为实际行动来实现。教师表达积极期望的频率越高，学生将期望转化为自身期望的动力就越强。当学生学业表现、道德品质和性格等都有了积极变化时，学生便会更加信任教师，当学生更加信任教师，教师便会予以积极回应，更加信任学生，从而形成师生信任的良性循环。反之，教师的消极期望不利于学生学习积极性、主动性和自觉性的生成，不利于学生良好性格和优秀道德品质的形成，会对学生的未来发展产生深远的消极影响，更不利于师生信任关系的增进。

研究结果还显示，教师过度关注学业成绩会对师生信任关系产生不好的影响。这可能是因为，虽然关注学生学业成绩是教师的分内职责，但是过度关注学生学业成绩，可能会导致教师不恰当行为的增多以及学业表现相对较差的学生产生挫败感、无能感、不公平感等。若教师过度关注学生的学业成绩，教师可能会不自觉地偏爱学业成绩优异的学生，将更多的注意力放在这些学生身上，将更多的关爱、鼓励、信任给予优秀学生，忽视其他学生的成长发展诉求，这不仅不利于成绩靠前的学生的全面发展，也不利于其他学生的成长成才。长此以往，成绩靠后或居中的学生对教师的信任水平会下降，这会对师生信任关系产生显著的消极影响。从笔者对学生的访谈情况来看，多数学生反感教师偏爱成绩好的学生，特别是成绩中等或成绩靠后的学生反应强烈，甚至从他们的表情神态上可以看出对教师过度关注学业成绩以及不公平行为的强烈不满。一些学生反映：成绩好的学生座位靠前，成绩靠后的学生座位靠后；任课教师允许成绩靠前的学生

① 何善亮.积极期望:有效教学的信念支撑[J].当代教育科学,2009(18):22-25.

② 金盛华.教师期望与学生发展[J].人民教育,1994(1):26-29.

在上课期间上厕所，但成绩靠后的学生就不被允许在上课期间上厕所；同样的事情，成绩好的学生不会挨批评，但是成绩差的学生就会挨批；明明是成绩好的学生犯了错，老师却睁只眼闭只眼，不予批评等等。可见，教师过度关注学业成绩不是教育教学良策，会损害师生信任关系。

（二）具体情境对师生信任关系的影响

研究结果显示，当教师与学生交流的主要动机是出于个人利益时，这会对师生信任关系产生显著的负向影响。交往动机包括工具性动机和非工具性动机，个人利益属于工具性动机。当教师仅考虑自身利益，不顾及学生的成长成才和未来发展，学生自然就会感受到并反感教师的这种行为。教书育人是教师的本职，学生信赖关爱学生、帮助学生、鼓励学生、平等对待所有学生以及与学生一起成长的教师，当学生发现教师不是真心热爱教育教学工作，不是真心对他们好，仅将教育教学工作当作谋取个人利益的手段时，即使教师的教学水平再高，也很难获得学生发自内心的信任，师生信任的基础就不会牢固。

研究结果也显示，当学生与教师的交流预期越接近长期交流时，师生信任水平会越高，师生信任关系也会越好。这可能是因为，绝大多数学生具有正确的三观，他们期望自己的老师德才兼备，能引导他们身心健康全面发展。当学生将与教师的交流预期设为长期交流时，学生与教师的交往动机主要是基于非工具性动机，源于其内心对教师的尊敬和信任，将教师视为朋友、引路人和合作伙伴，并不单纯是为了获得教师更多学习和生活上的照顾。而且，学生会更能理解、体谅教师的言语和行为，不会辜负教师的良苦用心。反过来，这也会进一步激发教师的教育教学热情和责任心。如此反复，师生对彼此的认同度会提升，师生间的情谊会加深，信任关系也会得到进一步加强。不过，也有学生因受社会、家庭环境等多方因素的影响，对教师存在偏见，仅将教师视为其提高学业成绩不可或缺的工具，并不是真心信任教师，逃避和教师的真诚沟通，即使教师单向度关爱、信任这些学生，最终转变了这些学生的态度，师生信任关系的建立过程也会比较缓慢。当然，也存在教师方面的因素，如有学生反映他们的数学老师在一学期内就换了三个，每个老师的教学方法都不一样，导致学生后来都听不懂数学老师的讲课内容。此类现象同样会造成部分学生与教师长期交往预期的瓦解。

此外，研究结果还显示，学生感知到教师消极期望时的非积极情绪对师生信任关系有负向影响。教师的消极期望主要通过教师日常的言行来传递，当学生感受到教师对他（她）的不喜欢、不信任、冷漠、焦虑、责怪时，学生会很容易形成自暴自弃、不自信、多疑、痛苦、愤怒或无所谓等非积极的态度和行为，显然，这不利于学生的身心健康发展，很容易造成学生对教师误会的加深以及对教师的不信任。因此，教师应尽可能避免传递消极期望，要多向学生传递积极期望，鼓励学生、相信学生，这样，学生自然就会感受到教师的积极期盼，并朝教师期望的方向发展。

（三）第三方因素对师生信任关系的影响

研究结果显示，家长与教师的沟通频率与师生信任关系呈正相关关系；当父母得知教师批评过自己的孩子后，父母的态度倾向于相信孩子并指责教师时，这会对师生信任关系有显著的负向影响。由此可知，家长是促进师生信任关系的“中间人”。首先，农村多数学生的父母在外地务工，与孩子见面机会较少，但多数学生会经常与父母联系，父母对孩子的影响并不会因空间距离而降低，父母对教师的了解主要是通过孩子的描述获得，这些描述并不全面，甚至带着孩子的个人偏见，如果家长一味地相信孩子，在教师批评孩子时，不顾是非曲直包庇孩子并指责教师，这势必会助长孩子不良品质的形成，挫伤教师的教学积极性和主动性，从而对师生信任关系产生副作用。其次，由于父母不在孩子身边督促，隔代长辈等监护人对孩子的监管能力有限，不少学生又在学校寄宿，父母与教师的沟通就显得非常必要。父母与教师的沟通频率越高，就越有助于父母更加全面地了解孩子在学校的学习生活情况，开导孩子，舒缓孩子的压力，帮助孩子养成良好的学习生活习惯，理解和支持教师的教育教学工作。最后，可能是因为寄宿学生受教师的管束比较多，相比非寄宿学生，寄宿学生对教师的不满意和不信任度也更高，因此，父母与教师的多沟通就显得更为重要。

研究结果也显示，同学因素对师生信任关系的影响不显著。但是从表6-3-3来看，C13题项中选择“完全符合”“基本符合”和“不确定”的比例分别为14.7%、31.4%、32.7%。这可能是因为学生都有自己的判断力，但是，同学评价会对学生的认知产生一定影响，影响学生对教师品格和能力方面的认知，并进而影响学生对教师的情感和行为信任。尽管同学因素对师生信任关系影响有限，并不直接影响师生信任关系，但是可能会通过影响学生的认知来影响学生对教师的信任。

表6-3-3　C13频率统计

题项	选项	人数	百分比	有效百分比
C13同学对老师的评价会在一定程度上影响我对老师的认知	完全符合	279	14.7%	14.7%
	基本符合	594	31.4%	31.4%
	不确定	620	32.7%	32.7%
	基本不符合	208	11.0%	11.0%
	完全不符合	194	10.2%	10.2%

此外，研究结果还显示，新闻媒体对教师的不良报道与师生信任关系呈负相关关系。这可能是因为新闻媒体对教师的不良报道夸大了教师的负面行为，一些新闻媒体为了吸引眼球，歪曲事实，甚至将个别教师的不良行为扩展到整个教师队伍，抹黑了整个教师队伍的形象。学生的辨别力毕竟有限，很容易受不良信息的干扰，这些不实报道势必会对部分中学生产生消极影响，影响学生对教师的公正评价，让学生对教师产生提防心理等，这显然不利于师生信任关系的建立。从手机、电脑等新媒体对学生的影响情况来看，如表6-3-4所示，32.9%的学生认为手机、电脑等新媒体方便了他们向老师请教学习方面的问题，20.8%的学生选择“改变了我和老师的交往方式”，20.4%的学生选择“表达我的心声”，21.1%的学生选择“让我沉迷于网络游戏”，13.6%的学生选择“其他”。可见，新媒体对学生的影响非常大，特别是有助于学生向教师请教学习上的问题。不过，新媒体的使用也让不少自制力不强、缺乏家长监督的学生沉溺于网络游

戏。因此，新媒体也是一把双刃剑，关键在于如何使用。

表 6-3-4　C15 人数统计表（多选题）

题项	题目	人数	百分比	有效百分比
C15手机、电脑等新媒体对我的影响主要有	改变了我和老师的交往方式	394	20.8%	20.8%
	方便我向老师请教学习方面的问题	624	32.9%	32.9%
	表达我的心声	387	20.4%	20.4%
	让我沉迷于网络游戏	399	21.1%	21.1%
	其他	258	13.6%	13.6%

第四节　学校制度的影响效应研究

信任由熟人社会中的“人格信任”逐渐走向了生人社会中的“系统信任”，因此，仅从师生个体特征信任和师生互动过程信任来探讨师生信任关系远远不够，无法构建新时代的系统信任，还必须从学校制度维度来探究师生信任关系问题。本书中的制度信任主要指学校制度信任，而学校制度包括正式制度和非正式制度。正式制度特指学校明确规定的制度，具有外显性和强制性，如明确规定教师和学生的地位、权利和义务、角色及职责等。而非正式制度是指学校未明文规定的非正式规则，在学校的长期发展过程中形成，如班级成员共同商讨制定的班规。学校正式制度和非正式制度都包含了文化传统、价值观念、道德规范、行为习惯等方面的内容。学校制度有助于师生信任由特殊信任转向普遍信任，从制度上约束师生的行为，保护师生的合法权益等，制度是师生个体特征信任和师生互动过程信任不可或缺的补充，更是提升学校治理能力、进一步推进学校治理现代化的重要前提和基石，因此，探讨学校制度与农村中学师生信任关系的关系特别重要和必要，对于增进农村中学师生信任关系、实现全面发展和个性化发展的人才培养目标意义重大。

然而，推动农村中学师生互信的制度建设任重道远。一方面，农村中学师生的制度意识普遍较为淡薄。农村地理位置偏远，自然条件比较艰苦，经济较为落后，信息相对闭塞，一直在传统文化与现代文化的撕裂中前行，人们之间的信任关系主要建立在亲缘、地缘关系基础之上而不是制度基础之上。农村中学师生在深受“尊师爱生”等传统文化熏陶的同时，也深受社会不信任文化的浸染，功利主义、工具主义思想上扬，而师生的制度意识不太强。另一方面，基于制度的学校信任体系尚未建立。仅通过学生对教师的个性特征和师生的互动过程来建立师生信任存在诸多弊端，具有不确定性、动态性和风险性等特征，基于制度的学校信任体系的建立能为师生信任关系的增进提供环境保障，可以有效降低基于师生个体特征和互动过程建立起来的师生信任关系的风险。然而，不少学校的制度建设相对滞后，仅是机械地执行上级部门制定的教育政策，甚至执行也不到位，流于形式，并未真正因地制宜地制定适合农村学校师生的制度规范。因此，农村中学必须加强基于制度的信任体系的建设。

一、学校制度与师生信任关系的研究假设

彭泗清教授等人指出，当前我国信任危机的主因在于法制性的社会信任非常匮乏。在新时代，基于制度的学校师生信任同样匮乏，基于制度的学校信任体系的构建是增进师生信任关系的强大动力，不可或缺。然而，我国关于信任的研究起步较晚，对于教育信任、学校信任和师生信任的探讨更晚。目前，有少数研究涉及师生信任关系，并重点探讨了基于教师品格和能力的信任，极少数研究探究了基于师生互动过程的信任关系，从制度方面来研究师生信任关系及其增进的研究凤毛麟角。制度蕴涵了丰富的文化价值观念，涉及道德、文化和风俗等方面的内容，形塑着师生的言行，且处于友好、合作和信任氛围中的师生更容易信任对方。克劳斯·奥弗提出，“正是制度的这种暗含的规范意义以及我假定它对于其他人所具有的道德合理性使我信任那些处于相同制度中的人”[①]。制度作为共享文化价值观的载体，其缺失是导致师生失信关系形成的外在诱因，因此，研究基于制度的学校信任体系构建的第一步就是探讨学校信任文化价值观念的塑造。而一所学校文化价值观念的塑造及制度的制定、执行又取决于校

① 马克·E.沃伦.民主与信任[M].吴辉，译，北京：华夏出版社，2004：65.

长。校长作为促进师生信任关系的灵魂人物，不仅要表现出信任，而且要在校园营造一种信任文化氛围。校长行为在师生信任关系的维护上具有关键作用[①]。可见，校长是学校制度信任建设的灵魂人物和促进师生信任的“中间人”。本书提出如下假设：

假设1：学校整体氛围对师生信任关系具有显著影响。

假设2：学校手机管理制度的严格程度与师生信任关系呈显著正相关关系。

假设3：学校考试管理制度的执行不到位对师生信任关系具有显著负向影响。

假设4：学生对《中学生守则》的遵守程度与师生信任关系呈显著正相关关系。

二、学校制度对师生信任关系影响的假设验证

学校制度维度共包含4个题项，即C16—C19，其中，C16、C17属于非正式制度方面的题项，C18、C19属于正式制度方面的题项。将学校制度维度的所有指标对师生信任关系进行多元回归分析，结果如表6-4-1和表6-4-2所示：

表6-4-1　学校制度对师生信任关系影响的多元回归模型

模型	R	R 方b	调整 R 方	标准 估计的误差
1	0.984a	0.969	0.969	0.72814
a. 预测变量：C16—C19				

表6-4-2　学校制度对师生信任关系影响的模型参数

题项	选项	标准系数	Sig.
C16学校的整体氛围会影响我对老师的信赖	A完全符合；B基本符合；C不确定；D基本不符合；E完全不符合	0.010	0.643

① 迈克尔·富兰.学校领导的道德使命[M].中央教育科学研究所，加拿大多伦多国际学院，译.北京：教育科学出版社，2005：34-71.

续　表

题项	选项	标准系数	Sig.
C17学校不允许我们携带手机来上学,更不允许我们在课上玩手机	A完全符合；B基本符合；C不确定；D基本不符合；E完全不符合	0.122	0.000
C18如果考试时老师不到场监考,学生就会作弊	A完全符合；B基本符合；C不确定；D基本不符合；E完全不符合	−0.124	0.000
C19对于《中学生守则》中的规定,我会	A严格遵守；B大部分遵守；C一般遵守；D不太遵守；E完全不遵守	0.342	0.000
注：预测变量：C16—C19 因变量：整体信任水平			

结果显示，此多元回归模型的调整R方为0.969，拟合程度较高，即此多元回归模型高度拟合了的学校制度维度中的4个问题。具体回归结果如下：

学校整体氛围对师生信任关系无显著影响。C16题项的Sig值为0.643，显著大于0.05，由此可知，学校整体氛围对师生信任关系无显著影响。

学校手机管理制度的严格程度与师生信任关系呈显著正相关关系。C17题项的Sig值为0.000，显著小于0.05，标准系数为0.122，可见，学校不允许学生携带手机来上学及在课上玩手机，可以改善师生信任关系。

学校考试管理制度的执行不严与师生信任关系呈显著负相关关系。C18题项的Sig值为0.000，小于0.05，可知，如果考试时教师不到场监考，学生就会作弊，而且这对师生信任关系具有显著负向影响。

学生对《中学生守则》的遵守程度与师生信任关系呈显著正相关关系。C19题项的Sig值为0.000，标准系数为0.342，可见当学生对《中学生守则》中的规定的遵守程度越高时，就越会正向影响师生信任关系。

三、总结

（一）学校整体氛围对师生信任关系的影响

研究结果显示，学校整体氛围对师生信任关系的影响不显著。但从学校整体氛围影响学生对教师信赖的频率统计表来看（见表6-4-3），16%的学生选择“完全符合”，29.2%的学生选择“基本符合”，28.5%的学生选择“不确定”，只有13.6%的学生选择“完全不符合”，即绝大多数学生认为学校整体氛围会影响学生对教师的信任，尽管在程度上存在差异。可见，虽然学校整体氛围对师生信任关系的影响不显著，但是学校整体氛围会在不同程度上影响多数学生对教师的信赖。叶忠教授提出，当学校信任关系以升学信任为主导时，应试教育便很难根除，学生参加各种课外补习就是源于对学校的不信任①。学校以升学信任为主导，这是一种不良的学校整体氛围，属于非正式制度的范畴，是一种无形的规范，会对学校师生的思想行为产生极大的消极影响。以升学信任为主导的学校非正式制度造成了农村中学应试教育功利性的盛行，不利于学生的全面发展，违背了培养全面发展和个性化发展的人才培养目标。

表6-4-3　C16频率统计

题项	选项	频率	百分比	有效百分比
C16学校的整体氛围会影响我对老师的信赖	完全符合	303	16.0%	16.0%
	基本符合	554	29.2%	29.2%
	不确定	540	28.5%	28.5%
	基本不符合	240	12.7%	12.7%
	完全不符合	258	13.6%	13.6%

（二）学校管理制度对师生信任关系的影响

研究结果显示，学校越不允许学生携带手机来上学及在课上玩手机，就越会对师生信任关系产生正向影响。这可能是因为，虽然手机可以方便学生查询学习资料等，但是多数学生携带手机进校园并不是为了方便学习，而是用来玩游戏、聊天等，这会分散学生的学习注意力，使学生产生攀比心理等，而且长时间使用手机会影响学生的身心健康发展。学生的自制力相对较弱，虽然少数学生表面上承诺不带手机来学校，事实上，却偷

① 叶忠.重塑学校信任关系[N].中国教育报,2017-09-27(5).

偷将手机藏在身上并带进学校以便在课堂上玩，若学校教师对学生带手机进学校不采取严格的管控措施，仅是口头说说而已，学生就不会听信学校教师的教导，还会认为教师责任心不强，不是真心为学生着想，教师的威信就会随之丧失，而当任课教师在课上发现学生玩手机，批评学生甚至没收学生的手机时，学生又会认为任课教师干涉了他（她）的自由，会对学校教师更不满意，从而形成恶性循环。而当学校越不允许学生携带手机来上学及在课上玩手机，就越能体现出学校教师的责任心，越能提升教师在学生心目中的威信，学生也越能感受到教师是发自内心地为学生着想，在心里就会形成不能带手机到学校的自觉意识，并将这种意识转化为自觉行为，即使带了手机，也会自觉交给教师保管等。就笔者对学生的访谈情况来看，学生普遍认为，学校严格的手机管理制度是为学生的未来着想，即使偷带手机的个别学生也都明白教师的良苦用心，认同教师的教导，“学习是学给自己的，老师多管你一分，你就多学一分；如果老师放任你，那最终会变成社会上的一个污点；不要出了这扇门，进了那扇门”。总而言之，学校严管学生的手机使用问题，会对师生信任关系有显著正向影响。

研究结果也显示，如果考试时教师不到场监考，学生就会作弊，而且这对师生信任关系有显著负向影响。可见，学校考试制度的执行不严与师生信任关系呈显著负相关关系。这可能是因为，如果考试时教师不到场监考，学生会认为教师没有尽到责任，对工作不认真负责，不具有可信任品质，即使学生可以通过作弊取得更好的成绩，但学生从认知、情感和行为上都不会信任老师。受访教师表示，如果老师不到场监考，平时成绩好的或不好的学生都可能作弊，当成绩出来后，老师可能会怀疑那些平时成绩不太突出而突然考高分的学生，而忽略了好学生也存在抄袭的事实，如果在班里分析试卷时说成绩不太好的学生因抄袭才考了高分，这些学生可能就会回击说好学生也是抄袭才考的高分。受访学生也表示，不会因为教师不到场监考而考了高分就信任、喜爱这样不负责任的老师，因为这不是自己的真实成绩，老师也不知道自己存在哪些不足，自然而然，在教育学生的时候就不知从何入手。作为学生，就应该自觉地遵守考场纪律，凭借自己的真实能力参加考试，让教师清楚地观察到学生本身的不足，从而方便教师采用更好的方法来解决问题。而且，如果监考老师不来，这也是教师对学生不负责任的表现。因此，学校考试制度的执行不严不利于师生信任关系的增进。

研究结果还显示，当学生对《中学生守则》的遵守程度越高时，师生信任关系就越会显著更好。可见，学生对学校管理制度的遵守程度与师生信任关系呈显著正相关关系。这可能是因为，在学生看来，遵守《中学生守则》等学校规章制度是学生应尽的责任，不遵守学生守则就不是一个合格的中学生。作为一个合格的中学生就必须遵守学校规章制度、尊敬老师和友爱同学。而且，当学生对《中学生守则》越遵守，也就会越懂得尊敬老师、友爱同学、遵守学校纪律、努力学习的道理。而在教师看来，《中学生守则》等学校规章制度对学生的理想信念、道德品质、日常言行、仪容仪表、学习态度和习惯等进行了规定，学生对《中学生守则》等学校制度的遵守程度越高，就越表明学生能够遵守学校纪律，其理想高远、道德品质较高，学习态度端正，仪表端庄，不太容易出现与学校规章制度相违背的言行。于是，教师批评、训斥学生的次数就会减少，也会更信任这样的学生，如此反复，便会形成良性循环，有助于师生信任关系水平的进一步提升。因此，当学生对《中学生守则》的遵守程度越高时，师生信任关系就会越好。

第七章　系统建构：增进农村中学师生信任关系的策略

信任的形成主要有三种模式：基于特征的信任、基于过程的信任、基于制度的信任[①]。这三种模式不仅有助于笔者厘清农村中学师生信任关系的现实困境、探究影响因素，而且有助于更好地解决师生信任关系的增进问题，系统地建构农村中学师生信任关系。农村中学师生信任关系的现实困境、影响因素与系统建构具有内在联系，审视农村中学师生信任关系增进的现实困境和探究其影响因素可以为师生信任关系的系统建构提供现实依据，且解决这些现实困境也是师生信任关系增进的主要目标和要求。

本书的主要目标是解决农村中学师生信任关系的增进问题。第四章、第五章和第六章分别探讨了农村中学师生信任关系的现状、现实困境及影响因素，结合相关研究结论，本章将主要针对现实困境来系统地探讨如何切实增进师生信任关系，具体内容主要涉及三方面：一是探讨师生个体特征信任的建构；二是探究师生互动过程信任的建构；三是研究学校制度信任的建构。

第一节　基于师生个体特征的信任关系建构

就基于师生个体特征的信任关系建构而言，需要从两方面入手：一是教师要不断提升公信力。坚定教育信念、筑牢教育信仰，培养利他信任；加强师德师风建设，提升品格可信度；改进教育教学管理方法，提升教育教学管理水平，提高能力可信度。二是学生要培养自身可信赖品质。端正

① 罗德里克·M.克雷默，汤姆·R.泰勒.组织中的信任[M].管兵，等译.北京：中国城市出版社，2003：23.

学习态度，提高自我期望；增强自律能力，养成良好学习生活习惯；培养诚信品格，提升道德品质；培养积极乐观的信任倾向，增强主动性等。

一、教师不断提升公信力

（一）利他信任：坚定教育理想信念，筑牢教育信仰根基

教育理想信念是教师精神上的“钙”。若教师没有正确的理想信念，教师精神上就会缺“钙”。少数教师出现了教学不认真等各种问题，说到底就是理想信念不坚定，信仰缺失，精神迷茫。教育理想信念是关涉教师灵魂的问题，是教师对未来教育和自身发展的期望和追求，也是教师世界观、人生观和价值观的集中体现。教师的教育理想信念既源于社会现实，又高于社会现实。在信息化时代，农村中学教师的教育理想信念更应与时俱进，以培养全面发展的社会主义人才为目标，坚持立德树人根本任务，树立正确的教育绩效观。

1. 以培养全面发展的人才为目标

培养全面发展的人才是农村中学的育人目标。习近平总书记提出，培养德智体美劳全面发展的社会主义建设者和接班人，加快推进教育现代化、建设教育强国、办好人民满意的教育。因此，教师的教书育人工作应围绕这一目标来展开。学生的知识学习固然重要，但不能拘泥于知识学习，学生思维能力和创新能力的培养更为关键，况且，学生道德素质的提高是学生全面发展的基础。此外，艺体教育以及劳动实践教育不可偏废。教师要树立以学生为本的教育理念，充分调动学生学习的积极性、主动性。学生是教育教学工作的主体，只有充分调动学生学习的积极性、主动性，才能更好地实现学生德智体美劳全面发展。在新时代，学生可以通过网络获取任何想学的知识和信息，其自由意志高涨、自我意识增强，期待教师的理解和尊重，希望能与教师平等沟通交流、共生共长，因此，教师要顺应学生的天性，树立现代教育教学理念，与学生形成学习共同体，互相督促，共同进步，最终实现学生全面发展的育人目标，教师在实现育人目标的过程中也得到发展。

2.坚持立德树人根本任务

“立德”就是坚持德育为先，通过道德教育引导、激励、感化学生，培养学生的德性；“树人”则是通过德育塑造、改变和发展学生，培养全面发展的社会主义人才。习近平总书记于2018年9月在全国教育大会上提出，要把立德树人融入思想道德教育、文化知识教育、社会实践教育各环节，贯穿基础教育、职业教育、高等教育各领域，要深化教育体制改革，健全立德树人落实机制，扭转不科学的教育评价导向。习近平总书记关于教育的重要论述为新时代人才培养工作指明了方向，提供了根本遵循。作为一名农村中学教师，首先就应该以习近平总书记的重要讲话精神为指引，坚持立德树人根本任务，坚定教育理想信念。一方面，教师要引导学生锤炼高尚道德情操，培养学生强烈的社会责任意识和担当精神，引导学生树立正确的人生态度，激励学生不断进取，志存高远。另一方面，教师要教育引导学生脚踏实地，不惧困难，勇攀高峰。当学生遇到困难挫折时，教师也一定要从积极的方面引导学生。

3.树立正确的教育绩效观

研究结果表明，教师过度关注学生学业成绩、教学不认真等影响学生对教师的信任。教师的本职是教书育人，教师应树立起正确的教育绩效观。不能以学生成绩作为评判学生的唯一标准，不能将个人利益置于学生利益之上。中学阶段是学生成长的黄金阶段，也是学生世界观、人生观和价值观形成的关键时期，教师是学生成长路上的“点灯人”。具有工具主义和功利主义思想的教师职业动机不纯，思想境界不高，信念不坚定。一些农村教师仅将工作当作谋生的手段，在教书育人上并不用心；部分教师只注重学生学业成绩，对学生的其他方面不太关心等。然而，教师要成为学生成长过程中真正的表率，就必须摒弃工具主义和功利主义思想，不能只关注学生学业成绩，不能仅将教学工作当作谋生手段及不认真备课。要树立正确的教育绩效观，教师可以从如下几方面着手：一是将教师工作视为事业而不仅仅是职业。只有这样，教师才可能甘为人梯，乐于奉献，制定较为明确的发展计划，积极进取，不畏农村中学条件的艰苦，不断突破自我和激发自身潜能，为人师表。二是聚焦于本职工作。若教师认真备课和上课，学生对此会有明确的感受，学生会更加信任认真负责、具有高尚情操的教师。三是转变以学生学业成绩作为唯一评价标准的思想观念。学生的学业表现固然重要，但是，其他方面的发展同样重要，不可偏废。

（二）品格信任：加强师德师风建设，提高可信度

1. 教师有效管理情绪劳动，不断提升信任力

"情绪劳动"这一概念最早由美国霍尔希尔德教授提出，它是指个体通过管理自身的情绪而产生的一种公众可见表情或身体展示[①]。由研究结果可知，学生对教师情绪失控、经常发脾气这一现象非常不满意，这会对师生信任关系产生不良影响。因此，教师必须加强对情绪劳动的管理。教师爱发脾气就是教师不能有效管理情绪劳动的表征。教师可以围绕教学目标，通过表层和深层两条路径来实现对情绪劳动的有效管理。表层路径是指教师不考虑自己的内在感受，仅改变自己的外在表现，隐藏消极情绪，表达积极情绪；深层路径则通过改变不良情绪的认知诱因来调整内在感受，实现内在、外在一致的情绪感受与表达。当然，深层路径才是从根本上促进师生信任关系、在教学中实现师生共生共长的有效路径。

深层路径要求教师从改变自己的心态入手，不断提升德性和知性。一是通过自我暗示来调整情绪。教师可以经常提醒自己，发脾气无助于问题的解决，只可能让事情变得更糟，况且学生以自己为榜样，教师随意发脾气会形成不好的示范，只有控制自己的消极情绪，让自己冷静下来，理性分析和解决问题才是良策。二是学会释压。多数教师具有很强的责任心，遇到学生不成器，教师就会"恨铁不成钢"，着急又无助，如果教师能够避免情绪失控，学会放松和释放压力，再多一些耐心，可能就会想出解决问题的办法。三是不断改进教学管理方法。学生不服管教存在多种原因，这也可能和教师的教学管理方法不当等有关，教师需要多观察、多思考。教师要多和学生接触，了解、理解、尊重、关爱学生，而不是将自己的期望强加给学生，要将自己放到和学生平等的位置，走进学生的内心世界，

① 尹弘飚.教育实证研究的一般路径：以教师情绪劳动为例[J].华东师范大学学报（教育科学版），2017（3）：47-56，168，169.

从学生的角度考虑问题，与学生共生共长。只有这样，学生才会从心理上真正接受教师、认同教师、主动亲近教师、信赖教师，师生冲突才可能化解，师生信任关系才会得到修复或增进。

2. 教师提高职业道德水平，提升可信度

职业道德水平是评判教师可信度的首要标准。教师要树立道德权威，增强自身的道德感召力，以自身的道德行为和人格魅力来引导学生塑造良好的道德品格。《中小学教师职业道德规范》明确规定了教师应遵守的六项基本内容：爱国守法、爱岗敬业、关爱学生、教书育人、为人师表和终身学习。教师是学生学习模仿的榜样，作为一名人民教师，一是要爱国守法，依法履行各项权利义务，将职业道德规范内化为自身的行为准则，并贯彻到日常的教育教学工作中。二是爱岗敬业。针对敬业守时和课堂语言的文明规范性方面存在的问题，教师要不断反思，不能上完课就只顾自己的事情，应对教育教学工作持有高度的责任心，即使没有课，也要尽可能待在学校，多创造一些与学生沟通交流的机会，尽量使用普通话教学，在课上少用不文明语言等，真心为教、潜心研教、诚心施教、文明执教、廉洁从教，学生会尊敬兢兢业业、不贪图名利、认真负责的教师。三是关爱学生。教师对学生的关心爱护要发自内心，能够包容学生的个性，宽容学生的失误和不足，也能虚心听取和接受学生的意见，指出学生的缺点和不足并帮助学生改正。教师要做学生成长路上的引路人、同行者和知心朋友。对于农村中学的特殊学生和留守儿童，教师要给予更多的关切，对待问题学生，教师不能居高临下式地训斥、指责等。四是教书育人。教书和育人是不可分割的统一体。教师不仅要尽可能地提高自身的专业素养和教学水平，而且，在教好书的同时还要育好人。要培养学生的社会责任感和担当精神、是非意识、道德品质等。五是为人师表。教师要以身作则，通过自身的高尚品行和人格魅力来感染学生、激励学生等。六是终身学习。在新时代，教师只有不断进步、终身学习、求真务实、勇于创新、调整角色，才能够适应社会发展的需要，更好地培养全面发展和个性化发展相结合的人才。

3. 教师实行有“差别原则”的公平公正，改变不良信任倾向

公平公正是维持师生亲密关系的黏合剂，学生的不公平感只会导致教师权威性的下降，加剧学生对教师的不信任。研究结果显示，学习成绩靠后的学生对教师的信任度最低。一些受访学生也认为，教师偏爱成绩好的学生，对学生并非一视同仁。可见，中学生希望教师能够公平公正，对所有学生一视同仁。教师的偏爱只会让多数学生与教师的关系更为疏离，进而导致师生信任关系的破裂。因此，教师应尽可能改变偏向成绩好的学生的信任倾向，能够平等对待所有学生，一视同仁，这也是教育本身的要求。社会学家罗尔斯在《正义论》中提到平等的原初状态，若将此运用到教育教学中，即意味着不管学生的家庭背景、学业成绩、个人资质、能力、性格以及学生与教师的关系如何，教师都能平等地对待所有学生，不会偏向任何人，能够因材施教。不过，“公平公正”并不等同于“等量”，每个学生的性格、资质、能力不同，成绩水平不同，其他方面的表现也不一样，这就需要教师在公平公正的基础上运用“差别原则”[①]，对不同学生采取不同的教学管理方法，此外，教师在管理过程中可能会出现“塔西佗陷阱”。为了避免“塔西佗陷阱”，教师在平时的工作中就要注意公开透明，先听完学生的解释再采取相应的管理措施，若确实误解学生了，就要勇于向学生承认错误。只有这样，公平公正才能真正落到实处，也才可能让不同的学生都能信任教师。

（三）能力信任：改进教育教学管理方法，提升教育教学管理水平

1. 教学能力信任：构筑终身学习观，提升专业素养和教学技能，因材施教

一是构筑终身学习观。虽然农村的现代性发展水平远不如城镇，应试教育依然是农村中学普遍接受和认同的教育教学模式。但是，随着新媒体技术的广泛运用，教与学的方式发生了很大变化，学生可以通过网络获取想学的知识技能，教师的知识权威逐渐消解，因此，教师引领学生在知识的海洋里筛选、分辨和获取想学的知识与信息变得愈发重要。教师在指引

① 约翰·罗尔斯.正义论[M].何怀宏，等译.北京：中国社会科学出版社，1988：6-7.

学生掌握终身学习能力的同时，更要树立终身学习理念，成为自觉的终身学习者。教师要重新定位自己，不断提高自身的专业素养，在帮助学生鉴别信息和主动学习、增进多方沟通与合作等方面发挥更重要的作用。

二是提升专业素养和教学技能。教育现代化对农村中学教师提出了更高的要求，教师不只是教学权威，同时也是中学生学习过程中的同行者、陪伴者和引导者。具备扎实的专业素养和精湛的教学技能是对教师最基本的要求。只有具备相应的专业素养，教师才可能敏锐地发现学生学习上存在的问题，并根据存在的问题采取相应的教学管理措施，帮助学生解疑释惑，促进学生更好地成长成才，因此，教师需要不断更新陈旧的知识体系，提升专业素养。在教学技能方面，从研究结果来看，相比采用“填鸭式”教学方法的教师，学生更信任运用新教学方法的教师，因此，教师要掌握信息化手段，不断丰富课堂教学内容，改进教学方法，提高语言表达、合作交流、教学管理等方面的教学技能，只有这样才能够充分调动学生在学习中的主动性和积极性，师生才可能在学习中共生共长。

三是因材施教，与学生共生互学。从研究结果来看，相比知识素养和对学生的启发引导，学生更信任能够敏锐发现自己学习上存在问题的教师。这涉及教师对不同学生因材施教方面的问题。学生的学习基础不同、学习方法、学习能力、兴趣特点也不一致，这就需要教师根据学生的具体情况来采取相应的教学方法。因材施教是一种教学原则，并且体现在教学的全过程。其实施的前提是承认师生的差异性，实施的目的是让所有学生都能得到相应的成长和发展。因材施教体现了教师对学生的尊重和了解，具有公正性，意味着教师根据学生的个性特质给予适合学生发展的教育，不仅关注成绩好的学生，成绩中等和靠后的学生也给予同等关注，为班级中的每一个个体提供适切的教育，让学生通过教育成长为有灵魂和具有追求幸福生活能力的人[①]。而且，教师在教授学生的同时，也需要向学生学习，“三人行，必有我师焉”。学者米德将文化分成前喻、并喻和后喻这三种类型。这意味着教师不仅可以向前辈学习，向同仁学习，也可以向学

① 何菊玲.因材施教原则的教育正义之意蕴[J].华东师范大学学报(教育科学版),2018(2):110-116,157.

生学习。随着现代性的不断发展，学生可以通过网络来获取教师尚未掌握的知识和信息，教师的知识权威逐渐消解，因此，教师要尝试与学生建立民主平等的关系，与学生在教育教学过程中共生共长[①]。

2. 管理能力信任：坚持以学生为本，提高管理能力

一是坚持以学生为本。以学生为本是教师管理的逻辑起点。以学生为本意味着教师的教学管理工作注重学生的身心健康和谐发展，关注学生的权利，尊重学生的人格，重视学生潜能的发挥，以学生的全面发展和个性化发展为宗旨。坚持以学生为本，就是教师管理要从学生立场出发而不是从教师角度出发，要让学生得到全面发展而不仅仅是学业成绩的提高，要让所有学生都得到发展而不是只重视少数优秀学生的发展，要让学生主动发展而不是在教师的规训下成长，要让学生获得可持续发展而不是成为“温室里的花朵”。在管理过程中，教师不再是高高在上的权威，而是学生成长路上的“点灯人”和同行者[②]。此外，对于教师行为的动机，一些学生认为教师不是出于善意，不是为学生着想。因此，教师在管理学生时要以学生的利益为出发点，坚持以学生为本，理解、尊重、关爱学生，将学生的全面发展和个性化发展视为教师管理的落脚点。

二是理性处理师生冲突。农村中学的师生冲突现象并不罕见，若处理不当，可能会造成严重的不良后果，甚至导致冲突升级，不利于师生信任关系的增进。从研究结果来看，一些学生认为教师不具备处理师生冲突的智慧。因此，教师要思考如何化解师生冲突。一是要及时了解冲突的原因。如：师生冲突究竟是形式上的冲突还是实质上的冲突？教师的教育理念与学生的价值观念差异是否显著？教师的权力是否越界？教师的教育方法是否恰当？二是理性化解师生冲突。师生冲突的化解是一项系统工程，它受师生个体特征、彼此亲密度、冲突情境、学校生态环境等多重结构性因素的制约。要理性处理冲突，首先，就要正确认知冲突情境中的不确定性和不稳定性因素，遏制师生冲突升级；其次，要正视师生差异，增进彼此交流与信任，要真正尊重、体谅学生，能站在学生立场考虑问题，将学

① 邵成智，扈中平. 论师生关系的偏正结构[J]. 教育学报，2018(4)：12-18.

② 邵晓枫，廖其发.“以学生为本”教育理念内涵的解读[J]. 中国教育学刊，2006(3)：3-5，9.

生视为朋友，主动与学生沟通交流；最后，要优化学校生态环境，营造轻松、和谐、愉快的氛围。此外，可以引入第三方力量的干预等[①]。

三是厘清管理边界，给予学生适度自由。师生信任关系应兼具亲密性和公共性。从研究结果来看，相对于非寄宿学生，寄宿学生对教师的信任水平低。学生有被尊重和自由的需要，希望能拥有按自己意愿做事而不受干涉的消极自由。在农村中学，一些教师依旧采用传统的教学管理模式，将严格管理视为达成应试教育目标的手段，干涉学生的消极自由，忽视学生个性的发展。虽然强调消极自由可能是个别学生不思进取、自甘落后的借口，但是，这不是教师拒斥学生消极自由的理由[②]。教师只有厘清管理边界，尊重学生的消极自由，才可能培养出道德的人、个性的人。即使教师强制学生按规则行事的动机是善意的，但有可能好心办坏事，学生可能会因为担心受到教师思想行为上的束缚而惶恐不已。教师权威树立的目的是促进学生自由而不是限制学生自由[③]。此外，卡尔·雅斯贝尔斯认为："最终要达到人的完全自立和绝对自由是不可能的。……权威或者给予自由以坚强的力量，或者以其反抗给予自由以形式和支柱，以及阻止自由的随意性。"[④]因此，教师需要厘清管理边界，在促进学生自由与限制学生自由之间寻找平衡点，在尊重学生消极自由的同时，也要阻止消极自由的随意性。只有这样，教师才可能赢得更多学生的认同和信任，从而增进师生信任关系，培养出具有独立人格的人。

四是诚信可靠和以身作则。这是学生判断教师是否可信的基本依据。教师诚信可靠并能以身作则，本身就是强大的教育力量，是教师管理学生的前提和基础。从研究结果来看，一些学生认为教师的言行并不一致，并未做到以身作则。一些教师在大是大非上能做到诚信可靠，言行一致，对小事却不太在意。但教师的言行是学生学习效仿的榜样，若教师不信守诺言、不以身作则，即便是小事，也会在学生内心荡起"涟漪"，给学生做

① 付春新，赵敏. 权变理论视角下的中学师生冲突化解之道[J]. 教学与管理，2019(18)：72-74.

② 严从根，盛洁. 论学生消极自由[J]. 当代教育科学，2009(3)：8-10，15.

③ 涂艳国. 教师权威与学生自由[J]. 教育理论与实践，1999(7)：30-32.

④ 卡尔·雅斯贝尔斯. 什么是教育[M]. 邹进，译. 北京：生活·读书·新知三联书店，1991：81.

出不好的示范。“育人者必先育己”，教师在管理学生时，一是不说假话、不空许诺言，说到做到，也不给学生制定不符合实际的目标。二是营造诚信班风。三是能够勇于承认错误和担责[①]。此外，要正视学生的撒谎行为，既不放任自流，也不粗暴指责，而是走进学生的内心世界，采取学生能接受的方式揭露学生谎言，帮助学生改正说谎的毛病。只有这样，学生才会更加信任教师。

二、学生培养自身可信赖品质

（一）态度信任：端正学习态度和动机，提高自我期望

从研究结果来看，学生抄袭作业是最让教师头疼的失信行为，考试作弊也是比较突出的失信行为，一些学生经常迟到早退。这些属于学生学习态度方面的问题。而学习态度与学业成绩显著正相关，能预测学业成绩[②]。学生不能一味地抱怨教师不公平、偏爱成绩好的同学，而是要反思自己，端正学习态度。相比学业成绩，多数教师更在乎学生的学习态度和道德品质。况且，学习是学生的天职，教师的“教”只有通过学生的“学”才能起作用。学生抄袭作业、考试作弊等无助于教师掌握学生学习的真实情况，抄袭作业、考试作弊等坏习惯的养成，对于学生未来的成长成才只有负效应，且抄袭作业、考试作弊等失信行为与《中学生守则》《中学生日常行为规范》等相关规定相背离。特别是在当前社会背景下，一些农村中学生的父母在外务工，平时对孩子的关爱相对较少，对孩子监管有心无力。对于父母不在身边督促的学生，更应端正学习态度，提高学习自律性和主动性，按时上课，通过课程作业、考试等方式来检验自己对知识的掌握程度，提高自我期望，而不是蒙混过关，因为欺骗老师的同时更是在欺骗自己，再针对自身学习上存在的不足对症下药，多向教师和身边的同学请教，这样才能切实提升自身各方面的素质和能力，实现个性化

---

① 李玉华.浅谈教师诚信的示范效应[J].学校党建与思想教育,2011(21):93.

② 李炳煌.农村初中生学习动机、学习态度与学业成绩的相关研究[J].湖南科技大学学报(社会科学版),2012(4):146-149.

和全面发展。此外，有不少师生冲突源于学生不端正的学习态度，因此，学生端正学习态度并提高自我期望非常重要，会在一定程度上改善师生关系，促进师生信任。

（二）约束信任：增强自律能力，养成良好学习生活习惯

从田野调查情况来看，有少数男生因沉溺于网络游戏而荒废了学业，少数女生化浓妆上学。如果学生将主要精力放置在网络游戏等与学习无关的事情上，势必会影响正常学习，导致学习成绩下降。沉溺于网络游戏主要源于学生的意志不坚定、自控力弱、对学习没有信心、内心自卑和缺少安全感、同伴交往困难，以及家长溺爱或疏于管教等。如果仅依靠家长、学校教师等外力来强制约束学生，则不能从根本上解决学生的网瘾问题。外力必须通过学生这一内因才能起作用，因此，学生提高自律能力、养成良好学习生活习惯就非常重要。一是磨炼自身意志，提高自控能力；二是培养多方面的兴趣爱好；三是在学习上碰到不懂的问题就请教老师和同学，多和教师、家长和同学沟通交流；四是经常参加体育锻炼等；五是正确认识自己，找到并发展自己的长处，树立自信，学会释放不良情绪；六是可以借助家长、教师和同伴等外力来帮助自己戒掉网瘾，端正学习态度等。至于少数女生化浓妆这一问题，虽然爱美之心人皆有之，但是作为中学生，追求的应该是健康美、自然美和青春美，而且，学业是当下最重要的事情，关系到未来发展和人生幸福，“一寸光阴一寸金”，应将注意力转移到学业等更重要的事情上来，这样，人生的未来图景才会更美，也才可能赢得教师更多的认可和信任。

（三）道德信任：培养诚信品格，不断提升道德品质

道德品质同样是教师判断学生是否可信的基本依据，而诚信品格又是道德品质的核心要素。“一个守信用的人，他的自我是纯真的、稳定的、健康的，体现出一种理想的道德力量和意志力量，为他人所依赖。”[①]一些受访教师表示，许多学生存在撒谎、不尊敬师长等不良行为。学生撒谎

① 李胜杰.信任的力量[M].北京:中信出版社,2004:41.

涉及方方面面，动机包括获得教师表扬、逃避教师惩罚、摆脱个人烦恼、做自己的事、拒绝教师走进自己的内心世界等，当然这也和学生正处于青春期有关[①]。学生撒谎、不尊敬师长这是学生道德品质不高的表现，会影响、破坏教师对学生的信任。因此，学生要养成诚信品格，不断提升道德品质，培养自身可信任品质。古语云，“一言既出，驷马难追”，“得黄金百斤，不如得季布一诺”，这些都是值得中学生认真学习的关于诚信的传统文化，中学生要认真研读中华优秀传统文化，提高责任意识和担当精神，培养明礼诚信、尊师敬长、遵守社会公德、团结友爱、勤俭自强等方面的优秀道德品质。学生要做到诚实守信，就必须不断提高自身的道德品质，从身边小事、不说谎话、尊敬师长做起。此外，在特殊情况下，“白色谎言”也是学生良好道德品质的表现。

（四）人格信任：培养积极乐观的信任倾向，提高主动性

虽然积极乐观与信任并不一致，但是积极乐观的信任倾向能为师生信任关系的增进奠定基础。积极乐观的人更倾向于信任他人，具有幸福感，对未来持乐观态度，并与他人采取合作态度。从研究结果来看，非学生干部与教师之间的信任关系水平低于学生干部，学习成绩靠后、与隔代长辈一起生活的学生对教师的认知信任水平最低，与父母基本不联系或很少联系的学生对教师的信任水平明显偏低。一方面，这源于学生教师、家长等外在因素的影响；另一方面，这与学生个体本身的信任倾向有很大关联，而且具有根本性作用。因此，学生应努力培养自己积极乐观的信任倾向。如果学生积极乐观，就会相信学校教师能够引导他（她）成长成才，就会对教师的教学管理持有信心，相信在教师的指导下，学业成绩、道德品质、能力等都会得到提高，相信教师的公平公正。而悲观消极的学生则会对教师具有天然的不信任感。此外，学生要主动信任教师，平时要多主动与教师沟通，并努力培养自身积极乐观等可信赖品质，提高学习自律性等，尽可能地变被动信任教师为主动信任教师。

① 石昌宏.学生为什么要撒谎[J].教书育人,2007(13):62.

第二节　基于师生互动过程的信任关系建构

基于师生个体特征的信任关系建构是师生互动过程信任关系建构的前提，而基于师生互动过程的信任关系建构是探讨师生信任关系系统建构的关键。师生信任关系在师生交往中形成，建立在师生彼此互动基础之上，是教学活动开展必不可少的条件。本书将主要从建构教学道德性、消极期望转向积极期望、利己动机转向利他动机、被动信任转向主动信任以及充分发挥第三方因素的积极作用这五方面来探究师生互动过程信任的建构。

一、建构教学道德性

在很大程度上，师生关系就是教学关系，教学过程就是师生互动的过程，教学道德性的建构能够促进师生的良性互动与合作。师生信任关系在教学互动中产生、形成和发展，教学道德性是师生互动过程信任的重要体现。本书中的教学道德性是指教学这一特殊社会实践活动蕴含的道德品性，蕴藏着向善的价值观，学生的全面发展是其旨归。教学的道德性在强调师生个体道德的同时，还观照教学全过程，重视教学过程的伦理价值①。教学道德性建构的过程就是师生信任关系增进的过程。本书将从能力信任转向品格信任、特殊信任转向普遍信任、垂直信任转向水平信任、成绩信任转向素质信任等四个方面来探讨教学道德性的建构。

（一）能力信任转向品格信任

教师公信力是教学道德性建构的必要条件，也是学生建立对教师初始信任的依据。教师公信力是指学生、家长和社会等认为教师的可被信赖的程度。教师要被学生所信任，就必须具备可信赖的品质，教师可信赖的品质既包括师德，也包括师能，两者共同构成了教师的公信力，不可或缺。第一，教师要具备一定的职业道德素养。热爱教师职业，尊重和关爱每一位学生，对学生一视同仁，不因学生学业成绩的好坏等区别对待学生。第

① 付春新，赵敏．师生信任：教学道德性建构的逻辑起点[J]．课程·教材·教法，2019(12)：70-74.

二，教师要加强个人品德修养。具有高尚人格、品行的教师是学生学习的典范，教师个人品德涉及诚实守信、善良豁达、乐于助人等。具有高尚品格和良好专业素养的教师不需要说教和讲授，学生自然会耳濡目染，自觉向教师看齐，规范言行举止等。第三，教师要不断更新陈旧的知识结构，改进教育教学管理方式等。在新时代，教师已经不再是知识权威的中心，学生可以通过多种途径获取信息和想学的知识。教师应与时偕行，不断更新陈旧的知识结构，探索新的教育教学方式，注重对学生的启发、引导，放低姿态，与学生结成学习共同体共同探究，重视情境教学，引导学生积极思考，陪伴学生，与学生同成长，共进步①。

（二）特殊信任转向普遍信任

在教学过程中，若教师只关注少数特殊学生，那只会赢得少数学生的认可和信任，只有当教师公平公正，对学生的信任由少数学生转向所有学生时，普遍信任才能实现，师生信任关系才可能得到切实增进。公平公正是教学道德性的最重要表征，要实现教学道德性，教师首先就必须尽可能地公平公正。一是树立公平公正理念。从对少数学生的特殊信任转向对所有学生的普遍信任，在此基础上实行差异化教学。教学内容的安排应体现出层次性，以普通学生的水平为标准，同时兼顾特殊学生。作业的布置要根据学生的水平大致分为几个不同层次。高度重视学生良好道德品质的培养，对学生表现的评价采取具有弹性的标准，毕竟每个学生的水平层次存在差异，学习习惯和努力程度也不相同。二是教师要让学生在课堂上的交往机会均等。教师不能偏心，不能只与少数学生进行“聚焦式互动”，要对所有学生一视同仁。虽然抓特殊学生有助于教学效率的提高，但对于容易受到忽视的中等生也应给予同等关注，要让每一个学生都有归属感，都能感受来自教师的关切和信任。三是因材施教。根据学生个性特点和学习基础来施教。充分发挥学生的主观能动性和创新性，鼓励学生结合自身的特点来制定学习和成长规划，让每一位学生都能获得全面的发展。在差异化教学中，教学道德性就顺理成章地得到了实现。总之，教师要公平地对

① 蔺海洋，刘慧琴，王昕也.学校精神的生命内涵、特征与建构[J].教学与管理，2017(34)：1-4.

待所有学生，更要在公平公正的基础上关注双困生、问题学生、留守儿童，并根据学生的个性来建构教学方法，与学生之间形成具有差异性的良性互动。

（三）垂直信任转向水平信任

垂直信任是一种上下级形式的信任，上下级之间存在距离感，上级对上下级之间的信任关系起决定作用，主要建立在虚情基础之上。水平信任则是同级形式的信任，两者之间的地位平等，是“我—你”关系，主要建立在真情基础之上。师生信任关系应由垂直信任转向水平信任。在新时代，教师的知识权威逐渐消解，教师职责逐渐发生偏移，师生是学习共同体，而学习共同体的规范和价值观就是师生信任关系的替身。如何才能促进师生信任关系由垂直信任转向水平信任，实现师生之间的平等对话呢？首先，建立师生认知信任。师生的关系世界不存在中介物，尊重对方的本质、真相和整体性。师生不是生活在“想象的灌木丛”，而是处在生动而真实的教学情境中，以真实感受为基础，全然相遇。其次，建立师生情感信任。师生的交流对话应源自心灵深处，不能带有明确目的性和功利性。师生之间是至真至善的关系，交流是真诚的，是“我”的全部与“你”的全部存在相遇。再次，建立师生行为信任。师生共学，教学相长是师生行为信任的体现。教师要秉持以学生为本的理念，关心爱护学生，将学生视为学习伙伴，充分调动学生的积极性，发挥学生的潜质，从规训的教学形态转向重视学生的内在诉求。学生也应理解、尊重教师，虚心向教师学习。最后，师生的沟通对话还可以充分利用网络平台等。概言之，建立在师生认知、情感和行为信任基础上的平等对话既是水平信任的重要体现，也是教学道德性建构的有效路径。

（四）成绩信任转向素质信任

促进学生全面发展和个性化发展是教学道德性建构的旨归。学校教师的教育教学工作应由重视成绩、升学率转向重视学生本身的成长和发展。若教师“目标错位”，忘记了教书育人的本来目的，任由工具主义、功利主义成为目的，在教学中只着眼于知识、技能的传授，学生就会变成学习机器，而没有自己的思考能力以及超越学习的行动能力。教书育人是统一整体，仅教书，教育只能称之为技术教育；只育人，教学道德性便失去了建构的载体。一是教师的教学管理过程要与管理目标一致。教师能够透彻理解所教授的课程内容，并采取恰当的方法教授给学生，教会学生如何分析和解决问题。不仅能够为学生创造良好的学习环境，而且懂得如何将学生培养成全面发展和个性发展相结合的人才。二是注重培养学生的综合能力。本来学生求学的目的是求发展，但因功利的目的，教学目标便变得支离破碎，学生不得不学习一些很快就会被遗忘的知识以便通过考试，这显然不利于人才的培养。教师在教学过程中要帮助学生提高学习效率，发展学生技能，培养学生的自信和自律，培养学生的创造能力、思考能力、信息管理能力、学习能力以及评价能力等。三是强化品德信任。教师在教学中必须贯彻落实立德树人根本任务，培养学生高尚人格、塑造学生个性等。教学内容应根据社会发展的需要来选择，在教学过程中贯彻落实社会主义核心价值观。此外，成绩靠后的学生也要培养积极乐观人格。研究结果显示，学习成绩靠后的学生对教师的信任度最低。虽然学习成绩差，这部分学生也要看到自己的优点和长处，不要自暴自弃，相信多数教师是真心关爱每一位学生的，会对学生一视同仁，且学业成绩不是评价一个人是否优秀的唯一标准。当然，教师也要消除偏见，真正关爱这部分学生。如果培养全面发展的人的教育本质在教学中能被毫无遮蔽地呈现出来，学生就能够在教学中获得情感的体验和各方面的发展，这样可以增进师生对实现教育教学目标的信心和决心，那么，在教育的道德性得到体现的同时，师生信任关系也得到了增进。

二、消极期望转向积极期望

（一）适度关注学生成绩

教师期望会影响师生信任关系的增进，教师对学生的期望不能过高，也不能过低，过高或过低的期望都属于消极期望。研究结果表明，教师过度关注学业成绩会对师生信任关系产生不良影响，学习成绩靠后的学生对教师的信任度最低。教师过度关注学业成绩属于过高期望，可能会导致教师不恰当行为的增多和成绩靠后学生产生自卑感、失落感、无能感以及不公平感等，不利于师生信任关系的增进。农村中学的教学条件相对较差，学生的学习基础普遍较弱，即使县城高中对农村中学有一定比例的对口招生名额，但能继续到县城、省城上高中的学生依然只占少数。从功利主义的角度来看，学生升学率与教师的绩效挂钩，教师关注学生成绩本无可厚非，但过度关注其实传达的是教师“唯有成绩高”的消极期望，从学生的长远发展角度来看，教师适度关注学生学业成绩才是良策。一方面，鼓励成绩好的学生继续努力，不断进取，并提高其他方面的素养。知识学习毕竟只是学生核心素养的重要组成部分，学生的核心素养还涉及自主发展、社会参与等多方面内容。另一方面，对于学习基础不太好的学生，教师不仅要鼓励他们努力学习，不要放弃自己，帮助他（她）尽可能地夯实知识基础，鼓励他们发展自己的长处，掌握一技之长。

（二）提高表达积极期望的频率

教师经常表达对学生的积极期望能够促进学生潜能的发挥，有助于学生将积极期望内化于心、外化于行。研究结果显示，学生感觉到教师消极期望时的非积极情绪会对师生信任关系产生负向影响，教师在学生日常生活学习中表达积极期望的频率与师生信任关系呈正相关关系。可见，教师积极期望及表达积极期望的频率会影响师生信任关系。“罗森塔尔效应”表明，若教师对学生保持积极期望，这种积极期望就会激发学生的潜在动力，激励学生朝教师所期望的方向发展。教师经常向学生表达积极期望能够唤起学生的积极情绪，而学生的积极情绪能够激发学生的内在动力，进而促进学生朝教师所期望的方向发展。且教师表达积极期望的频率越高，越能强化教师对学生的积极期望，学生也越能感知到教师的积极期望并实现教师所期望的目标。需要注意的是，教师的积极期望要切合学生实际，过高或过低期望都不利于预期效果的实现。因此，教师可以通过增加表达切合学生实际的积极期望的频率来促进师生信任关系。

（三）信任学生和家长

受访教师认为部分学生和家长不可信。事实上，信任学生和家长也是一种积极期望，能够消除彼此的距离感，有助于增进师生、教师与家长之间的信任关系。但信任不是盲目信任，信任不可信任的人与不信任可信任的人都不利于信任关系的建立，对于绝大多数学生和家长，教师要予以充分信任。教师与家长、学生之间信任关系的建立，能够为学校教师赢得家长对其工作的支持，更好地鼓励和促进每一位学生的全面发展和个性化发展。教师期望的影响十分微妙，教学管理目标的制定、课堂管理、课程内容的讲解、当堂练习、课后作业的布置、对学生的评价、反馈的方式等都诠释了教师对学生的期望。当学生感知到教师积极期望的存在，如明确的教学目标、清晰的讲解、当堂提问等，这就意味着课堂信任、可靠氛围的形成。学生能够通过教师的积极期望获得教师的认可、尊重、接纳和信任，而不是不公平的对待。

三、利己动机转向利他动机

（一）教师以谋取学生利益最大化为目标

学生对教师的信任是一种情感再认，教师的利他动机是学生建立对教师的价值信任的重要条件。研究结果表明，少数教师与学生的交往动机是出于个人利益。显然，教师利己动机不利于师生信任关系的增进。当教师与学生交往的外驱力更多源于个人利益时，那么，教师就不会考虑对学生的关爱、责任、义务、尊重等，一切以自身利益最大化为出发点，只会将教学工作视为职业而不是事业，不会认真教学，或者只关注与自身利益密切相关的学生学业成绩，这无助于学生对教师的情感再认。教师要以谋取学生利益的最大化为师生交往目标，为了学生的全面发展和个性化发展去做一切事，建立起学生、家长、社会对教师的信任系统。不能仅是为了学生获得优异的学业成绩，更重要的是让学生成人、成长为他（她）自己。教师要无私奉献，以帮助学生成长成才为最大幸福。特别是对于留守儿童等，教师须给予更多的关切。只有当教师以学生为本，对学生一视同仁，因材施教，教师才可能赢得学生发自内心的认同、尊敬和信任，农村中学才能获得更好的发展。

（二）学生将教师视为成长路上的同行者、点灯人和知心朋友

研究结果表明，多数学生与大多数教师的交往预期为短期或仅限于课堂。然而，学生的功利动机同样不利于师生信任关系的增进。当学生与教师交往的动机是出于功利主义，那么，学生就只会将教师视为实现自身目的的工具，不会发自内心地尊重、理解、体谅教师，更不会主动与教师进行情感和行为上的主动交流，这不利于学生的身心健康成长。艾里克森认为，“相信他人的诚实是自我诚实和可靠感的一种最初来源”①。学生不能将教师视为学习成绩提高的工具，也不能为了获得教师的信赖而伪装尊敬、信任教师，而是要发自内心地尊敬、理解、信任教师，不因个别教师的不良行为而误解绝大多数认真负责的教师，要与教师真诚沟通，将教师视为自己成长路上的同行者、点灯人和知心朋友，在日常的学习过程中，与教师共同探索、共生共长。

四、被动信任转向主动信任

主动信任是师生建立亲情信任的首要策略。问卷调查结果表明，学生对教师的情感和行为信任水平显著低于认知信任水平，师生沟通的主动性不够。就访谈和观察情况来看，虽然受访教师普遍认为学生总体上是可信的，但一些教师并未真正从情感和行为上主动信任学生。这表明师生对彼此的信任都处于被动状态，主动性不足。那么，如何才能提高师生的主动性，改变这种被动信任状态？如何才能提高学生亲近教师、向教师寻求支持和帮助以及自我揭露的意愿？本书认为可以从以下四方面着手。

（一）增强情感认同

尤尔根·哈贝马斯提出了共识形成的两个前提条件，即“理想沟通情

① 安东尼·吉登斯．现代性的后果[M]．田禾，译．南京：译林出版社，2011：100.

境”和沟通有效性要求。“理想沟通情境”是指任何话语参与者都具有表达自己的权利，可以提出解释、质疑、批评、建议等，表达他们的好恶、情感和意愿，参与者可以发出命令和拒绝命令。沟通的有效性则要求参与者承担相应义务，陈述真实，沟通态度真诚，表述正确[①]。促进师生间的情感认同和主动信任，就要创造师生主动表达自己真实情感的情境和条件，师生能够真实地表达自己的情感现实和诉求。一方面，学生坦诚自信，说真话，敢于质疑，能勇于承认错误和缺点，和教师分享信息、向教师提出建议等，不怕给教师添麻烦。另一方面，教师也要做真实的自己，和学生说真话，对学生提出的质疑能予以合理解释，指出学生的缺点和不足，为学生提供学习生活上的建议，在课堂上少发脾气，不体罚学生，就算对学生发了脾气，事后也要关注学生的思想行为动态，找机会适度安抚学生，而且也能勇于承认自己的缺点错误等。

（二）增进情感交流

尤尔根·哈贝马斯认为，个体不仅要明白自己的角色，也要进入他人的角色[②]。情感交流的增进有助于进一步促进师生间的情感认同以及相互接受。教师的职责不仅是教书，还包括育人。教师坚持以学生为本，将学生视为朋友，发自内心地主动关爱学生、鼓励学生、宽容学生，做好保密工作，不随意暴露学生的隐私，善于倾听学生的叙述，妥善处理与学生之间的分歧，能够在理智与情感上保持平衡。当学生切实感受到来自教师的关爱时，学生自然就会听从教师的真心教导，虚心听取教师的意见，向教师寻求帮助，与教师共享信息，提出建设性反馈，也愿意接受教师的批评等。这不仅有助于学生在情感上依赖教师，也有助于学生在行为上主动向教师袒露真实的自己。学生则同样需要理解教师、相信教师，能够将教师视为朋友而不是有代沟的长辈，平时多主动与教师对话交流，这样就不会

① 谢立中.哈贝马斯的“沟通有效性理论”：前提或限制[J].北京大学学报（哲学社会科学版），2014(5)：142-148.

② 托马斯·J.萨乔万尼.道德领导：抵及学校改善的核心[M].冯大鸣，译.上海：上海教育出版社，2002：124.

产生害怕等不良心理，在遇到困难或心理困惑时，主动向教师寻求帮助，敢于和教师说心里话和小秘密，也相信教师不会随便和他人说自己的小秘密。

（三）加大情感投入

师生信任关系的增进在很大程度上依赖于师生的积极态度即情感投入，包括关心等。虽然绝大多数教师不住校，不利于师生之间面对面的沟通交流，但是师生之间可以借助新媒体等多种方式来增进沟通，或者教师尽可能地待在学校，与学生多相处，多关爱学生。而且，师生在作决定时也要征求和倾听彼此的意见，这样有助于理性解决师生之间存在的矛盾冲突，而不至于感情用事。在当今时代，师生是平等的主体，教师也期望学生和家长的理解和支持，对于学生而言，不能仅将教师视为提高学业成绩的工具，要体谅教师，关爱教师，将教师视为自己成长路上的朋友和引导者，主动为教师分担力所能及的工作，帮助教师减轻负担，鼓励教师，让教师在工作中感受到成就感、幸福感和自我效能感，更加热爱自己的教育教学工作。

（四）师生要明确各自角色，消除偏见

由于师生的思想观念、行为方式等大不相同，师生之间难免会存在不同看法和意见。如果教师忽略学生的意见，不考虑学生对问题的认识，或者一味地按原则来处理问题，期望通过自己的教导或完全按照学生的要求来建立师生信任关系，这显然行不通。如果学生不端正学习态度和动机，不提高自身的道德素质，沉溺于网络游戏不能自拔，一遇到问题就怪罪教师，教师肯定不会信任这样的学生。教师要尽量克服偏见，避免在学生管理工作上出现“塔西托陷阱”现象，不能因学生曾经犯错而对学生“标签化”，要实事求是，客观公正。因此，师生还要消除偏见，相互尊重，明确各自角色，主动信任对方。

五、充分发挥第三方因素的积极作用

教师和学生是师生互动过程信任建构的直接主体，而家长、同学、新媒体等第三方因素是师生互动过程信任建构的间接主体。要增进师生信任关系，就应充分发挥第三方因素的积极作用。

（一）家长当好增进师生信任关系的“中间人”

研究结果表明，多数家长与教师的沟通频率低，一些家长袒护孩子，并非完全信任教师。然而，家长与教师的信任关系对于孩子的成长成才至关重要。当师生关系紧张时，与父母一起生活的孩子会因为父母的中间调节作用而缓和与教师的紧张关系。因此，家长要当好“中间人”，以促进师生信任，这样会更有利于孩子的身心健康成长。首先，家长要做孩子的表率。家长在孩子的成长过程中扮演着不可或缺的角色，对孩子的健康成长至关重要。家长的性格、文化水平、行为习惯、教育方式等都会对孩子的思想行为产生重大影响。孩子在紧急情况下的自我认同感的凸显，其根源于对家长的形象信任。当孩子建立起对家长的信任时，父母的缺场也不会引发孩子的存在性焦虑。其次，家长最好和孩子一起生活。平时多加强与孩子的沟通，关爱孩子，“以身作则，严于律己”，构建良好家风，帮助孩子改掉沉迷网络等不良嗜好，培养孩子自律、自省、自信、自立、自强的好习惯。如果因各种原因不能与孩子一起生活，也要通过各种途径关爱孩子。有了父母的关爱，孩子才能更加健康快乐地成长。再次，家长要相信教师，多与教师沟通，不要包庇袒护孩子。绝大多数教师具有高度的责任心，德能兼备，对孩子一视同仁，是真心对孩子好，具有功利主义思想的教师只占极少数，家长特别是在外地打工的家长要多与教师沟通，这样有助于形成家校教育合力，更好地帮助孩子、引导孩子、关爱孩子。最后，当好促进师生信任的“中间人”。师生信任是孩子健康成长的基点，处于师生信任情境中的孩子才可能获得更好的发展。当孩子不理解、误会教师时，家长要及时开导孩子，消解孩子的消极情绪，而不是一味地袒护孩子；若老师确实存在不当言行，家长应引导孩子采用恰当的方式与老师积极沟通等①。

（二）同伴教育促进师生信任

从调查结果来看，同学因素对师生信任关系的直接影响并不显著，但是，同学对教师的评价会影响学生对教师的认知信任，进而影响师生信任关系，充分发挥同学的教育作用有助于促进学生对教师的信任。本书中同伴教育是指通过具有相似经历和背景的农村中学生共享信息、彼此传递健康向上的思想价值观念和相互学习来达到教育教学目标。在学校教师的教育管理过程中，同伴教育有时会比教师直接教育和引导的效果更好。同学之间容易相互影响，且学生也更愿意听取和采纳同学的建议。同伴教育更能够激发学生的内在动力，同学对教师的认知、情感和行为上的信任能够促进学生对教师的信任。况且，学生个性不同，个别学生任凭教师和家长如何教导，可能都会无动于衷，但同学的正向引导、帮助和评价却能让他（她）改变不良思想和行为，愿意听从教师的教导、与教师沟通交流、虚心接受教师的建议等。这些对师生信任关系的增进具有一定的促进作用。

（三）善用新媒体，积极传播正能量

随着信息科技的发展，以手机、电脑等为代表的新媒体迅速普及，新媒体改变了人们的生活和交往方式，人们不仅可以在网上发布自己想发布的信息，而且也可以从网上获得想了解的知识和信息，但这些知识和信息有一部分并不属实。对于学校师生而言，新媒体是一把双刃剑，一方面，新媒体为师生互动提供了平台，有助于增强师生之间的积极互动，避免或化解师生冲突，有效促进师生信任关系。另一方面，新媒体的不良使用会影响师生对彼此的信任，阻碍师生信任关系的增进。因此，新闻媒体要对教师多做正面报道，引导学生善用新媒体。

一是新闻媒体应对教师多做正面报道。研究结果显示，新闻媒体对教师的不良报道与师生信任关系呈负相关关系。从网络新闻媒体对教师的报

① 付春新，赵敏.基于OLS模型的中学师生关系影响因素分析[J].宁波大学学报（教育科学版），2020(1)：126-132.

道情况来看，关于教师的负面报道非常多，而且一些负面报道属于断章取义，甚至是歪曲事实。中学生的辨别力还不强，如果新闻媒体经常夸大个别教师的非道德行为，忽略绝大多数教师的高尚品德和无私行为，势必会影响教师公信力的建立，让学生、家长和社会形成对教师群体的偏见，影响学生对教师的信任，也挫伤教师的工作积极性。新闻媒体应实事求是，不能只是为了吸引公众眼球而随意地将教师群体污名化，要多传播正能量，坚定学生、家长和社会对教育的信念，营造“尊师重教”的舆论氛围，这样才能为师生信任关系的增进创造良好的舆论环境。

二是开发促进学生学习成长的网络游戏，引导学生善用新媒体。研究结果表明，一些学生沉溺于网络游戏。虽然手机、电脑等新媒体为学生提供了学习和生活上的便利，方便了学生与教师的沟通交流，但是，网络游戏让学生沉浸其中不能自拔，这些游戏以消遣为主，学生通过网络游戏获取空泛且转瞬即逝的快乐，这无助于学生的精神塑造，但是与学生学习相关的游戏却丧失娱乐性和趣味性，导致学生对具有学习意义的游戏不“感冒”。因此，一方面，相关部门要净化网络环境，尽可能开发有助于提升学生智能和品格的游戏，让学生在具有娱乐性和趣味性的游戏中自然而然地得到素质的提升，并引导学生树立正确的思想价值观念。另一方面，要在游戏中限制中学生玩游戏的时间和频次，不能只以经济利益为目的。开发促进学生学习成长的网络游戏能够提升学生学习的积极性，有助于学生从情感和行为上更加信任教师。

三是加快农村信息化发展进程，开发优质教育资源。农村中学的信息化程度相对较低，电教设备设施非常落后。就笔者的田野调查情况来看，一些学校的电教设备陈旧，很多教师依旧采用传统的教学模式，教学方法比较单一，不能较好地吸引学生的注意力。因此，农村中学的信息化进程需要加快，可以与其他学校共享教育资源，并结合当地实际，开发适合本校学生学习的优质教育资源。如果学生对教师讲课感兴趣，愿意听教师讲课，听得懂教师的讲课，能够积极参与到教师的讲课中来，并与教师积极互动，师生信任关系自然就会得到增进。

第三节　基于学校制度的信任关系建构

师生信任关系的增进仅仅建立在师生个体特征和师生互动过程基础之上还远远不够，必须放在制度的框架内，通过学校制度来提供支持。学校制度是一种硬约束，学校制度信任建立在学校制度的正确性、公正性、适切性特别是执行的严格、公正、规范基础之上。不好的学校制度、制度执行不到位等会破坏师生信任关系，甚至会导致师生失信关系的形成。良好健全的学校制度、制度执行的严谨等则可以弥补师生个体特征信任和师生互动过程信任的不足，增进师生交往与合作的信心，化解师生冲突、抵御师生信任危机。学校制度使得信任不再附属于个人的关系，而是作为一种非个人的和有约束力的原则被确立起来，良好健全的学校制度是师生信任关系增进的外在保障。本书将主要从增强师生对正式制度的信任、提升师生对学校非正式制度的信任以及严格执行学校制度这三方面来探讨学校制度信任的建构。

一、增强师生对正式制度的信任

制度信任的前提是相信制度的合理性、有效性和可行性。学校制度具有一般性、抽象性等特征，其制定必须以激励为主，体现多数师生的伦理价值追求，如公平正义等。制度不受个人制约，无人能凌驾于制度之上，其制定应明确、具体、不含糊，切合实际。有效的学校制度能够通过规章、条例、准则、原则等维护校园秩序和减少师生失信行为等。一些学校正式制度得不到有效执行，在很大程度上与正式制度本身的不合理有关。完善学校正式制度就应针对学校正式制度中存在的短板和不足，补短板、堵漏洞，完善体制机制，健全管理体系。学校正式制度的完善能够降低师生失信的风险以及有效增进师生信任关系，主要从如下三方面来探究学校正式制度的完善。

（一）完善教师薪酬福利与激励制度

就笔者的田野调查情况来看，受访教师特别是年轻教师对学校的绩效分配不太满意，成就感和幸福感较低，认为学校绩效分配不公平等。赫茨伯格的双因素理论认为，保健因素的不具备会导致人强烈的不满。教师的绩效工资属于保健因素，绩效分配不公必然会影响这些教师的工作热情，挫伤教师的工作积极性，进而影响教育教学效果，不利于师生信任关系的增进。《中共中央 国务院关于深化教育教学改革全面提高义务教育质量的意见》中第十四条指出，依法保障教师权益和待遇，加强乡村学校教师周转宿舍建设等。“衣食安则心安”，只有当教师“不为五斗米折腰”时，教师才可能心无旁骛地投入到教育教学工作中。因此，学校要在国家政策的基础上完善教师薪酬分配与激励制度，这是增进师生信任关系的重要前提。

一是教师绩效分配制度要体现公平。马斯洛将人的需求分为生理、安全、社交、尊重和自我实现等五方面的需求，他认为，只有当人的低层次需求得到满足后，才可能追求更高层次的需求。薪酬福利属于教师的生理和安全需求，是教师首先关注的方面。近年来，国家出台了一系列关于提高农村中学教师薪酬福利方面的政策，《教育部教师工作司2019年工作要点》中第二十一条明确提出“完善教师待遇保障机制。推动各地将教育投入更多向教师倾斜，……研制教师绩效工资总量核定办法，完善教师收入分配激励机制”等。在国家政策的推动下，农村中学教师的工资待遇确实有了很大改观，但是一些教师特别是年轻教师仍对学校教师绩效分配的公平性不甚满意。因此，学校绩效分配制度需要进一步完善，要体现出公平公正，也要照顾到弱势群体。笔者认为可以从如下几方面努力：学校要树立以教师为本的理念，以教师利益为重；征求全校教师意见，进一步明确绩效分配规则；体现出差异性，多劳多得，对认真负责、忠于职守、教学管理水平高的优秀教师给予适当倾斜，体现出能力、岗位和绩效价值；突出公平性，考虑到每一位教师的利益，特别是要照顾到职称低、教学任务重的教师，绩效分配差距不能过大；绩效分配过程全员参加，而不是几位领导拍板商定；对于有特殊情况的教师予以特殊对待，尽可能不出现负绩效；绩效分配结果出来后，向全体教师公示，并与教师沟通分配的缘由，体现出学校对教师的积极期望；对于借调教师参与学校绩效的分配情况，学校也要公开透明，尽可能打消教师对这部分借调教师拿双倍绩效的疑虑。学校要从各个环节保证教师绩效分配制度的公平公正，以调动每一位教师的工作积极性。

二是改善评价体系和奖罚制度。教师的职责是教书育人，在对教师的评价方面，教师的品格与教学管理能力同等重要。学生成绩仅是评价教师工作是否称职的重要标准，而不是唯一标准，仅以学生学业成绩来评价教师水平的高低，忽略了生源质量、教师教学态度等其他因素，评价标准单一，不仅对教师不公平，对学生的成长成才也不利。因此，学校对教师进行评价时，要进一步细化评价标准，或改善不合理的评价标准。笔者认为需要将师德师风作为评价教师的首要标准，其次才是学生学业成绩。在将学业成绩作为重要评价依据时，要综合考虑各种因素的影响，尽可能公平公正。在教师的奖罚方面也要体现出公平公正。奖励包括物质奖励和精神奖励，学校应制定合理的、公平的、能最大限度调动教师积极性的奖励制度，真正激励品格和能力都十分突出的教师。如突出教育业绩在绩效分配中的比重，奖励对教育教学工作做出突出贡献的优秀教师，严格执行考勤制度，对教育教学工作认真负责的教师予以适当奖励，对不坐班、不认真备课和上课，敷衍教学的教师给予惩罚等。

三是改善教师工作和生活环境。如果教师能够多花一些时间和精力与学生沟通交流，严格管理学生，关爱学生，引导学生的身心健康成长，那么，学生就会更加尊敬、理解和信赖教师，教师也会更加理解、包容学生，这有助于师生信任关系的增进，进而有助于教育教学质量的提升以及师生的共生共长。教师作为学校精神文化的创造者和引领者，只有当他们以校为家，心无旁骛地投入到教育教学工作中，学校的教育教学质量才可能得到进一步的提升。因此，学校制度要尽可能地考虑到教师的基本诉求，在学校既有条件下，尽可能地为教师创造更好的校园生活环境，让更多的教师把学校当成自己的“家”，将更多的时间和精力投入到学生身上。

四是通过多种方式激发教师工作动力。萨乔万尼认为，“所能获得的奖赏使人们去做”，阻碍了自我管理者和自我激励者，使得教师依赖奖赏来激发动机，这是外在激励；“正在得到的奖赏使人们去做”，教师是在没有严密的监督或控制下完成，动机的源泉在于工作本身，工作本身带有成就机会和成就感，具有激励的力量；而“美好的东西使人们去做”出于责任或义务，是道德的①。由此可知，出于责任或义务才可能从根本上激发教师的工作动力。目前，农村中学具有高级职称的教师少。由于职称晋升难度非常大，绝大多数教师无望晋升副高职称，这些教师（以中老年教师为主）怠慢情绪较高，教学热情低下，不利于农村中学教育教学质量的提升。针对这种情况，农村中学需要从两方面努力。一方面，对怠慢情绪高和教学热情低的教师施加一定压力。没有压力就没有动力。如在课时安排、教学质量等方面设置具体目标，将教师的工作表现与绩效奖励挂钩，经常督导教师的教育教学工作，鼓励教师，尽可能地引导教师将压力转化为工作动力。另一方面，激发教师的责任或义务意识。要让教师从心底里意识到认真教学是教师的职责和义务。学校要适当开展教研活动、公开课活动以及各类学生活动等，这些活动有助于激发教师的责任或义务意识。无教研教改活动、不安排学生参加各类竞赛活动和德育活动的学校只会死水一潭，教学质量必定得不到保障，进而会导致学生家长对学校的不信任以及优质生源的进一步流失。不过，流于形式的备课、赛课等活动反而在无形中增加了教师的额外身心负担，会造成很多教师的精神压力较大。此外，要尽可能减少或避免安排教师从事与教育教学工作无关的活动，只有减少这些与教育教学无关的工作，教师才可能专心提高教学管理能力，师生沟通交流的机会才会增加，师生信任关系才可能得到增进。

（二）明晰教师惩戒权边界

农村中学校长需要在认真研读《中共中央 国务院关于深化教育教学

① 托马斯·J.萨乔万尼.道德领导：抵及学校改善的核心[M].冯大鸣，译.上海：上海教育出版社，2002：32-34.

改革全面提高义务教育质量的意见》等国家相关制度的基础上，结合学校师生实际，尽可能明晰教师的惩戒权边界。

一是明确惩戒目的。惩戒绝不是教育目的，只是教育手段。教师惩戒学生应出于对学生的关爱和保护，是为了更好地教育学生以促进学生的身心健康发展，绝不是为了让学生服从教师权威，将学生视为实现个人利益的手段等。

二是明确惩戒范围和方式。对于绝大多数中学生来说，教师不宜采取过激的惩戒措施。中学生已经到了明是非、懂道理的年纪，自尊心强，敏感善变，只有教师真心关爱他们，学生才能够理解教师的良苦用心，才会认真、虚心听从教师的教导。对于少数故意滋事、违反课堂纪律、干扰其他学生学习的学生，笔者认为也要注意惩戒的边界，通过适当的方式给予一定警戒。若能够通过和学生平等对话、借助第三方力量等方式让学生认识到并改正缺点错误，那是最好的解决策略。对于主动提出到教室外罚站等要求的学生，一方面，教师要反思自己的教学方法和教学内容，尽可能丰富课堂教学内容，让学生听得懂，对上课感兴趣及学到知识。另一方面，学校教师不能放任学生“主动罚站”，这会扰乱课堂秩序，为其他学生做一个不好的示范，会导致课堂纪律越来越散乱，影响学风、班风和校风建设，教师需要视情况给予适当惩戒。

三是明确惩戒的底线。教师不能因获取个人私利而惩戒学生，更不能施行体罚，这既违反师德，也涉嫌违法；教师在惩戒学生时，不能过度；即使学生犯错，教师在惩戒时也要保护学生的隐私，不能随意泄露学生个人隐私等。

四是家长参与监督。部分学生和家长并不信任教师，教师也认为部分学生不可信，师生信任关系的根基并不十分稳固。对于惩戒手段的制定及实施，教师特别是班主任应通过召开家长会等形式来征求家长的意见，并让家长积极参与到监督中来。只有赢得家长的认可和支持，教师的惩戒才会达到事半功倍之效，家校冲突才可能减少。

（三）完善手机管理制度

研究结果显示，学校越不允许学生携带手机来上学及在课上玩手机，就越会对师生信任关系产生正向影响。一些受访学生表示："对于那些逃课去上网或者拿手机来学校的学生，学校应该给他们制定一个良好的规章制度。制度要严厉明确，并且师生都应该遵守这个制度。遵守学校制度是一个学生应尽的责任。如果学校不制定手机管理方面的规章制度，学生就会肆无忌惮，虽然释放了学生天性，但是没有制度，就会让学生觉得没有约束感而不好好学习。"可见，若学校对学生使用手机管理越严格，学生就越会觉得老师具有责任心，认为老师是为学生着想并更加信任这样认真负责的老师。因此，学校要以《教育部办公厅关于做好预防中小学生沉迷网络教育引导工作的紧急通知》等为纲领，结合学校实际情况，合理制定规范学生使用手机的规章制度。

一是规定教师不能在课堂上使用手机。教师是学生的榜样，若教师不在课堂上使用手机，也不在学生面前使用手机，就能起到良好的示范效应，能够引导学生理性使用手机。二是禁止学生在课堂上使用手机。虽然手机属于学生的个人财物，但是教师有权保管学生手机。学生使用手机的前提是不能干扰其他人，不能做与课业无关的事。三是取得家长的理解和支持。家长的理解和支持是学校教师严格管理的前提。四是严格管理，规范学生使用手机。部分中学生的自制力相对较弱，容易沉溺手机网络游戏、网上聊天等，这些会影响学习。因此，学校要通过开展专题教育，加强对校园网内容的管理，加强对午间、课后等时段的监管等多种方式来强化对学生使用手机的管理。只有这样，学生才会形成不能携带手机到学校的意识并将这种意识转化为自觉行为，即使带了手机，也会自觉交给教师保管等。

二、提升师生对学校非正式制度的信任

非正式制度是正式制度的有益补充。制度学派诺思等就高度重视非正式制度中的思想观念、道德规范、风俗习惯等的重要作用，认为这也是建

立普遍信任的底线和基础。

（一）营造基于信任的良好学校氛围，推进信任文化建设

学校整体氛围是学校非正式制度的体现，因此学校要努力营造良好学校氛围，积极推进信任文化建设。

一是营造基于信任的学校整体氛围。只有当处在一个具有良好信任氛围的校园环境里，制度才会真正发挥作用。有研究表明，高水平的教师和同学支持以及更多的自主机会等对于提升学生自尊、减少其抑郁和焦虑、减少问题行为等具有显著作用[①]。本书中的学校整体氛围主要指学校非正式制度氛围。学校整体氛围的严重缺陷会破坏师生信任的道德基础，导致师生不可信任品质以及师生失信关系的形成。研究结果显示，七成以上的学生认为学校整体氛围会在不同程度上影响学生对教师的信赖。可见，学校制度以其自身的属性和品格影响学生对教师的信任。若学校信任关系以升学信任为主导，这会对学校师生产生深远的消极影响，造成学校应试教育功利性的盛行，导致师生失信行为的增加，如学生考试作弊等；若学校信任关系以师生的共生共长为主导，那么，学生就能够充分发挥其在学习方面的全部潜能，成长为他（她）自己，教师也能安于从教、乐于从教，在这种良好的信任氛围中，家长、学校教师、学生等都是合作伙伴。基于信任的学校整体氛围的建立有助于更多的农村孩子回流到农村中学，重塑农村学校品牌。

二是推进校园信任文化建设。张维迎教授认为，儒家文化既是一种社会规范，也是一种制度[②]。校园文化包括物质文化和精神文化，价值观是校园文化的核心，也是制度的核心。校园信任文化建设应以良善的道德为基础，为能做什么、如何做，以及为何做提供规范指引，也规定责任、义务和任务，学校应采用激励、示范、正向引导、规范、感染和实践等多种方法来推进校园信任文化建设，可以从如下几方面着手：首先，通过学校

① 张光珍，梁宗保，邓慧华，等.学校氛围与青少年学校适应：一项追踪研究[J].心理发展与教育，2014(4)：371-379.

② 张维迎.信息、信任与法律[M].北京：生活·读书·新知三联书店，2003：20.

的建筑、教具、校训、仪式、故事、师生的突出事迹等来引导。营造校园信任文化氛围，建立诚信友爱等共同价值观，明确师生的权利义务，传递积极期望，为师生的行为提供指南，保证师生的失信行为受到惩罚，奖励和表彰遵守学校制度的师生以促进其更加遵守学校制度等。其次，通过濡养师生自身的可信任品格来推进。转变教师的职业价值观、提升教师的职业境界，经常开展教育教学问题的探讨活动，提高教师人文素养，加强对优秀教师的培养等。学生自身可信任品格的濡养需以外显行为文化为重点，注重对学生价值观、文明礼仪等方面的培养，可以通过学生楷模、同伴、优秀班集体的创建等来引导。最后，通过增进师生互动过程信任来推进。开展丰富多彩的学科活动，建立学习共同体，学习共同体的规范和价值观就是信任的替身，文化是其“较深层次的基本假设和基本信念”①，增进师生的交流合作，鼓励承担、开放和包容，营造良好的学校氛围。

（二）加强信任教育

虽然学校制度具有强制性、威慑性和规范性等功能，但学校制度的遵守和执行主要在于教育的支持。加强信任教育有助于塑造师生自身的可信任品质和促进师生互动过程信任，是增进师生信任关系的先决条件。促进师生制度信任需要加强信任教育。

一是提高师生对学校制度的熟悉程度和道德敏感性。研究结果显示，当学生对《中学生守则》中的规定的遵守程度越高时，就越会正向影响师生信任关系。《中学生守则》等学校规章制度对学生的道德品质、仪容仪表、学习态度等进行了规定，学生对《中学生守则》等学校规章制度的熟悉程度越高，就越具有认知力和辨别力，就越会遵守《中学生守则》等学校规章制度，不太容易出现违背学校规章制度的言行。鉴于此，教师批评、训斥学生的次数就会减少，也会更加信任学生，如此反复，便会形成良性循环，有助于师生信任关系水平的进一步提升。学校对《新时代中小学教师职业行为十项准则》等国家规章制度的强调，同样有助于教师更加

① 托马斯·J.萨乔万尼.道德领导：抵及学校改善的核心[M].冯大鸣，译.上海：上海教育出版社，2002：57.

熟悉国家的相关政策，并主动将时间和精力集中在教育学生的本职上，进而有助于促进师生之间的情感和行为交流，增进师生信任关系。

二是家长积极引导。学生信任倾向的形成与其家庭教育密切关联，在具有亲密关系的家庭生活中存在信任教育。和谐、友爱、民主型家庭中长大的孩子会更容易信任他人，冷漠、关系疏离家庭中长大的孩子则更容易表现出对他人的不信任。家庭成员的亲密关系是培养学生信任倾向的早期力量，家长对孩子积极引导蕴含着信任教育。

三是学校要经常、直接强调信任。师生信任关系至关重要，关系到教学道德性的建构，教育教学质量的提升，立德树人目标的实现等。学校的信任教育要渗透到各学科的教学过程中，尤其是在文科类课程的教学过程中，如以孔子等名人为榜样，引导学生形成自身可信任品质，注重利用师生课堂互动等途径来增进师生信任关系。学校经常强调信任有助于师生内化社会道德规范并形成自身可信任品格，促进师生对制度的信任等。

四是开放讨论信任与不信任论题。可以组织关于信任与不信任方面的专题讨论活动，让师生真正思考关于信任与不信任的论题，明确和发展信任方面的道德意识，更重要的是将这种意识内化于心，外化于行，从内心认可，并通过行动增进师生信任关系。

五是奖励信任行为。师生的信任行为是值得被奖励的，不信任行为则应被予以惩罚，付出代价。只有当校园里的诚信行为变得更有价值，师生的可信任行为才会增加，师生信任关系才可能得到切实的增进。

（三）完善家校合作机制

家校合作是增进师生信任关系、促进农村教育治理现代化的有效路径。家校合作是指学校和家庭通过拓展教育教学资源和条件等建立新型伙伴关系，以实现家庭与学校的协调发展以及师生与家长等相关人员的共同成长。家校合作以学生的利益为旨归，学生的健康成长和人生幸福是其根本方向。家校合作的内涵包括家庭教育引导、学校生活参与、家校互动协作等。目前，家校合作问题是农村中学的突出问题之一。由于半数以上的学生父母在外地打工，多数留守儿童的监管人监管能力有限，造成学校教师与学生家长的沟通难度非常大。因此，要进一步完善家校合作机制。农村中学的家校合作需要切合农村家庭实际。在部分家长常年在外的情况下，要改进合作方式，如果无法与家长经常面对面地沟通，那么，可以借助各类现代化手段如微信、钉钉、QQ等加强联系。家校合作不应仅是学生犯错、教师教育犯难时的脱身手段，它的最大功能是强化家庭教育，增进师生信任关系，促进师生、家长的共同成长以及建立现代学校制度，让更多的家长支持和督促学校和教师的教育教学工作，能主动参与到学校的教育中来。当然，家校合作也需考虑到家长参与学校事务的精力和能力，要划定、坚守合作边界和底线，只有这样，才能更有效地增进师生信任关系。

三、严格执行学校制度

（一）提升学校制度执行力

学校制度为师生言行提供了明确的预期，监督和执行则是学校制度的重要形式。学校制度执行力的提升有助于促进师生对制度的信任，进而促进师生主动信任关系的发展，有助于更好地引导学生的成长成才。提升学校制度执行力至少应考虑以下几方面：

一是加强监督和严格执行。师生对学校制度信任或不信任的态度，与学校制度执行的严格程度有关。学校领导决定了学校政策的执行程度，一旦学校领导形成了超越法律和不守规矩的习惯，改起来就会很难。这很容易造成学生家长对教师认知等方面的“塔西佗陷阱”。因此，在惩罚或奖励师生时，执行者不能因短期利益而包庇师生的缺点与不足，而是要以事实为依据，以制度为准绳，加强监督，能观察到师生的不诚实行为，并对师生的失信行为予以严厉的惩罚。对于学生考试作弊、抄袭作业、撒谎等失信行为，依据《中学生守则》《中学生日常行为规范》等相关规定予以严惩；对于教师不公正、言行不一、体罚学生等失信行为，以《新时代中小学教师职业行为十项准则》《中小学教师行为规范》等为依据，根据影响的恶劣程度给予严厉处罚。严肃考试纪律，加强对考试作弊、撒谎等不诚信行为的处罚力度，严管学生手机问题以及学生化浓妆上学等问题。因教师执行不严而导致学生考试作弊，这也反映了教师教学管理松散等问题，要依据《新时代中小学教师职业行为十项准则》《中小学教师行为规范》《中小学教师十不准》等与教师有关的制度，对教师依规惩处。当然，对制度的监督和执行不能一味地严格，要坚持以师生为本，要根据实际情况，刚柔并济，以鼓励为主，坚持原则与灵活并用，给予学生适度的自由空间，也给予教师发展的空间。

二是要明确执行者的责任和义务，加强对执行者的监督。监督包括内部监督和外部监督。外部监督的主体主要指具有公信力的上级主管部门，也包括家长和社会，内部监督主体主要指学校师生的自我监督。执行者要严格落实责任，当因执行不到位导致师生失信现象出现时，如教师在外兼课、学生考试作弊等，执行者也要承担相应的过失责任。学校制度不能朝令夕改，只有当师生认同制度并将制度内化为自己的思想行为规范，从心理上接受制度，学校制度才会真正与师生行为及学校情境相匹配。

三是公平公正。师生对学校制度的信任有助于师生本体性安全感的形成。执行者不能存私心，必须诚信可靠、开放透明、公平公正，并展现出一定的专业水准。要让教师安心教学，真心为学生服务。在制度面前，人人平等，执行者不能偏袒某一方，要确保起点、过程和结果公平等。尊重学生，关爱学生，真心帮助学生。若执行者以少数人的利益为最大导向，只会摧毁师生对学校制度的信任，导致越来越多的学生流入私立学校，越来越多的教师教学热情低落等。对于不合理的学校制度，学校要及时予以调整，如修改将教师的工资与升学率挂钩的政策等。

四是请合适的人“上车”，完善校长负责制。对学校制度的控制依赖专家，如校长、班主任等。学校制度是开放的，允许校长等针对新环境作出创新的反应行动。学校制度的可控性要求借助校长、班主任等的专业知识和对制度的掌控力，提高应对师生冲突等突发事件的能力水平，以保障学校制度的正常运转等。学校应选用德才兼备的学校领导、班主任，引导学生学习和遵守《中学生守则》《中学生日常行为规范》等学校制度，并将学生的学习、遵守情况纳入对学校领导、班主任等的教育教学质量评价中。此外，学校尽可能不要频繁更换任课教师。

五是建立良好的班级管理制度。规章是强制性的，每天重复着检查、监督和评估，但效果并不一定佳，学生可能依旧违反课堂纪律等[①]。建立良好的班级管理制度非常重要。第一，通过召开班会确立班级规章制度。只有保证好班级纪律，班风才会正。如每天分配一个同学做一日班长，这位班长要配合正班长监督执行班级制度，学生划分片区选一个责任人负责监督学习情况。第二，定期召开班会。班主任每周召开一次班会，也可以由班干部组织召开班会等，班长和负责人将一周的学习生活情况汇报给班主任，在班主任的引导下对本周的情况进行总结，开展批评与自我批评，奖励表现好的学生，惩罚违规学生。

六是完善心理疏导机制。一是开设心理健康课。每周至少开设一节心理健康课，帮助学生解决近期出现的心理问题。心理健康课的开设必须切合学生实际，能够保护学生的隐私，针对学生的年龄、年级特点进行因材施教，重点是要走进学生的心灵，真正开导学生，帮助学生解决难题。二是特别关注留守儿童等。这部分学生是典型的弱势群体，容易出现自暴自弃、缺乏自信、敏感脆弱等心理问题，以及说谎、不服管教等不可信行为，学校要特别关注这部分学生，关爱、鼓励、信任他们，加强对他们的心理疏导，引导他们健康快乐地成长，心理健康课不能流于形式。

（二）严肃教学纪律，严禁教师在外兼课

彼得·什托姆普卡认为，制度化的不信任越多，自发的信任就会越多[②]。教育部印发的《新时代中小学教师职业行为十项准则》第四条明确规定："不得违反教学纪律，敷衍教学，或擅自从事影响教育教学本职工作的兼职兼薪行为。"然而，仍有少数中学教师在校外兼课、办辅导班等，这在很大程度上削弱了教师的公信力，导致部分学生家长对教师群体的不信任。

---

① 托马斯·J.萨乔万尼.道德领导：抵及学校改善的核心[M].冯大鸣，译.上海：上海教育出版社，2002：8.

② 彼得·什托姆普卡.信任：一种社会学理论[M].程胜利，译.北京：中华书局，2005：187.

对于教师校外兼课问题，笔者十分赞同国家的相关规定，认为学校应以《新时代中小学教师职业行为十项准则》等为依据，坚决杜绝教师在校外从事兼职兼薪行为。原因如下：一是影响正常的教育教学工作，对学生不负责任。教师的精力有限，当教师将精力放置在校外兼课以增加收入上，那么他（她）在学校从事教育教学工作的时间和精力就减少了，与学生的沟通交流机会也随之减少，很可能导致教学敷衍行为，当学生遇到学习和生活上的困难时也很难找到教师帮忙解决，这不利于教育教学质量的提升和师生信任关系的建立。二是会挫伤对工作认真负责的教师的积极性。造成对工作认真负责的教师的教学倦怠情绪，认为认真教学和不认真教学一样，尤其是当教师绩效工资差距较小时。因此，学校要加强对《新时代中小学教师职业行为十项准则》等制度的执行力度，严肃教师教学纪律，严禁教师兼职兼薪行为，并加大失信问责力度，完善失信问责机制。首先，严明教师教学纪律。作为有责任心、对学生负责的学校领导，须向教师再三强调工作纪律，明确对兼职兼薪行为的处罚措施，如纪律处分、辞退或解聘等。其次，严格执行教师坐班制度。可以将教师坐班与绩效考核挂钩。若严格执行教师坐班制度，不仅能够有效控制教师在工作日期间的校外兼职兼薪等违纪行为，而且有助于教师之间就教学问题相互切磋，提升教学水平，也有利于教师与学生之间的沟通交流，增进师生信任关系，进而促进教育教学质量的提升。最后，提高执行力，加大失信问责力度，查实一例处理一例。对于违反教学纪律，如私自在外兼课者，绝不姑息。只有当学校严肃教师教学纪律，严禁教师在外兼课，严格执行教师坐班制度等，农村中学教师才可能将主要精力放在教育教学本职工作上，更好地教书育人，促进学生的身心健康和谐发展。

（三）细化和严格执行突发事件防控制度

农村中学主要存在学生打群架、师生暴力冲突等突发事件。为了更有效地防控和处理这类突发事件，学校应结合学校实际，针对学校相关制度中存在的短板和不足，补短板、堵漏洞，完善体制机制，健全增进学校师生信任关系的管理体系。细化和严格执行上级教育部门制定的突发事件防控制度，尽最大努力做好学生安全、卫生等各方面的防控和处理工作。一是在相关制度的基础上制定符合学校实际情况的突发事件防控预案，包括学校设立专门的应急领导机构，开通应急电话，采取常规措施，向上级主管部门报告等。从体制和机制上创新和完善，强化对师生的法治保障，改革完善相关防控体系。二是针对学生打群架等方面的防控演练。三是及时处理。早发现，早处理，不轻视，在出现苗头之前就要及时处理，也要把握“度”，要以师生为本。四是将突发事件的防控与学校领导的绩效考核挂钩，以提高学校领导的责任心和敏感度，降低发生的概率。五是加强监测，落实责任。充分发挥学校各级领导、心理健康教师、班主任、学生干部等的积极作用。六是失责必究，问责必严。七是充分合理地利用网络平台和技术手段等，引领师生形成正确的价值观念和行为方式。

第四节　余　论

一、研究不足

从研究视角来看，本书运用质性与量化相结合的方法对农村中学师生信任关系现况、现实困境、影响因素等方面进行了探究，也尝试了系统建构师生信任关系的策略，但师生信任关系的增进路径及策略在不同农村中学的实际运行和效果有待长时间检验，而且增进策略的落实与发挥作用还需要考虑诸多实践细节，每一项师生信任关系增进的维度都对破解师生失信问题等现实困境具有非常重要的研究价值。在未来的研究中，从双困生、留守学生、问题学生及不同情况的教师入手，从个案师生信任关系变化及学校制度信任情况出发，还需要持续探索与深入思考。

从研究对象来看，本书主要以安徽部分农村中学作为调查对象，因每一所农村中学的实际情况不同，师生信任关系现状、现实困境、影响因素会呈现出一定的差异性和多样性，且东部沿海地区农村中学和中西部地区农村中学的社会文化背景和特征不同，深入探究不同地区农村中学师生信任关系现状及存在问题，探寻符合各地区各学校实际情况的增进策略，能进一步提升增进策略的针对性和适切性。可以结合不同地域、不同学校、不同背景的师生实际情况，进一步探究针对不同类型师生的信任关系增进策略，以便为具有不同情况的农村中学及师生提供参考建议。

从研究方法来看，本书采用了问卷调查和参与型观察法，虽然在很大程度上可以揭示农村中学师生信任关系现状、现实困境及影响因素，许多受访教师和学生也表示这项研究引起了他们对师生信任方面的思考，然而，本书的增进策略还应针对农村中学师生信任关系的现实问题通过实践去检验，并作进一步思考和探索。

此外，师生信任关系是一个动态发展的过程，对于师生信任关系的破坏和修复，特别是师生失信关系等问题，在今后的研究中还需要结合实际进行深入探究。

二、研究展望

农村中学师生信任关系的增进问题不是单靠教师和学生就能有效解决之事。学校、家庭、社会等都是农村中学师生信任关系增进的间接责任主体。如何充分发挥间接责任主体在师生信任关系增进中的作用是重要的关注方向，也是推进教育治理现代化、培养全面发展和个性化发展相结合的人才的应有之义。农村中学师生信任关系的增进，本身也是教育治理现代化的重要体现，多方力量协同为农村中学师生信任关系的增进提供了有力支持。不同的研究者因研究视角及研究旨趣不同，对研究内容的把握会存在很大差异，也可能会因之产生不同的理解和思想。农村中学师生信任关系研究涉及多层面多侧面，每个层面和侧面均可继续深入探究和拓展，未来也可对不同类型、不同地域的农村中学进行深入分析和探究，甚至与城市中学、私立中学进行比较研究，以便更加全面地揭示农村中学师生信任关系现状，这能够在一定程度上提高增进农村中学师生信任关系的实效性。

（一）进一步拓展理论研究

师生信任关系的增进对于实现教育治理现代化、培养全面发展和个性化发展相结合的人才等具有基础性作用。然而，我国关于信任方面的研究起步较晚，从在知网的搜索情况来看，关于师生信任特别是基础教育阶段师生信任的研究成果非常少，目前尚未找到关于农村中学师生信任关系的专题研究。在未来的研究中，将进一步充实师生信任关系理论体系。

（二）进一步拓展研究主题

在新时代，从信任视角开展农村师生信任关系研究具有极大的价值意义。本书以安徽11所中学作为调查对象，其与西部地区、东部地区的农村中学可能存在一定差异，如何在未来从多个省市的调研出发，探究不同区域的农村中学师生信任关系，提出更具有针对性、可行性的增进策略，将更有助于培养全面发展和个性化发展相结合的人才。以师生信任关系增进的现实困境为切入口，结合不同区域农村中学的实际经验，对于解决农村师生信任关系的增进问题尤为重要和关键。关于师生失信关系问题以及师生信任关系的破坏与修复问题，这也是未来需要进一步拓展和深化的方向。

（三）进一步拓展个案研究

农村中学师生信任关系是一个动态发展的过程，深挖农村中学师生信任关系个案极具价值意义。个案是特征的载体，对个案的深入剖析有助于准确地理解和把握师生信任关系增进的现实问题，获得师生信任关系增进的成功经验和启发。如从留守儿童及不同情况的教师入手，从个案师生信任关系变化及学校制度信任情况出发，深入探究不同学校、不同类型的师生信任关系以及失信关系的表现形式、形成原因和发展过程；分析师生信任关系的破坏与修复等问题。而农村中学师生信任关系的增进是一项系统工程，师生是直接责任主体，学校领导、家长、社会是间接责任主体，师生信任关系的增进是多方力量协同推进的结果。个人背景、信任倾向、角色期望、交往动机、学校制度等因素影响师生信任关系，而个案研究有助于生动呈现这些因素影响师生信任关系的动态发展过程，以及提高师生信任关系增进策略的针对性和实效性。

（四）进一步拓展追踪研究

虽然问卷调查法、参与型观察法和访谈法等涵盖了不同地区、不同类型的农村中学，但是样本的选择主要集中在安徽省，其他省市的极少，在未来的研究中，可以针对不同地区、不同类型的学校，以及具有不同特点的师生信任关系进行比较分析，以提高结果的代表性。同时，虽然本书提出了师生信任关系的增进路径与策略，但还需要运用到实践中加以检验，以验证增进策略的可行性和科学性，以便结合各校实际情况对增进路径与策略予以进一步修正。这也是未来师生信任关系研究的重要方向。

（五）进行不同类型学校的比较研究

本书重点探讨了农村中学的师生信任关系，但未对私立中学和城市中学进行研究，更未对这三类学校进行比较分析。从已有的文献资料来看，目前关于城市中学师生信任关系的探讨非常少，也尚未发现对私立中学师生信任关系的探讨。未来将进一步拓展农村中学、私立中学和城市中学的师生信任关系研究，并对这三类学校的师生信任关系特征等进行比较分析。

参考文献

一、著作

[1]约翰·罗尔斯.正义论[M].何怀宏,等译.北京:中国社会科学出版社,1988.

[2]伯纳德·巴伯.信任的逻辑和局限[M].牟斌,李红,范瑞平,译.福州:福建人民出版社,1989.

[3]卡尔·雅斯贝尔斯.什么是教育[M].邹进,译.北京:生活·读书·新知三联书店,1991.

[4]陈向明.质的研究方法与社会科学研究[M].北京:教育科学出版社,2000.

[5]王策三.教学认识论[M].北京:北京师范大学出版社,2002.

[6]西美尔.货币哲学[M].陈戎女,等译.北京:华夏出版社,2002.

[7]罗德里克·M.克雷默,汤姆·R.泰勒.组织中的信任[M].管兵,等译.北京:中国城市出版社,2003.

[8]郑也夫,彭泗清,等.中国社会中的信任[M].北京:中国城市出版社,2003.

[9]马克·E.沃伦.民主与信任[M].吴辉,译.北京:华夏出版社,2004.

[10]莫琳·T.哈里楠.教育社会学手册[M].傅松涛,等译.上海:华东师范大学出版社,2004.

[11]尼古拉斯·卢曼.信任:一个社会复杂性的简化机制[M].瞿铁鹏,李强,译.上海:上海人民出版社,2005.

[12]郑也夫.信任论[M].北京:中信出版社,2005.

[13]彼得·什托姆普卡.信任:一种社会学理论[M].程胜利,译.北京:中华书局,2005.

[14]迈克尔·富兰.学校领导的道德使命[M].中央教育科学研究所,加拿大多伦多国际学院,译.北京:教育科学出版社,2005.

[15]埃里克·尤斯拉纳.信任的道德基础[M].张敦敏,译.北京:中国社会科学出版社,2006.

[16]韦恩·K.霍伊塞西尔·G.米斯克尔.教育管理学:理论·研究·实践[M].7版.范国睿,译.北京:教育科学出版社,2007.

[17]吴明隆.问卷统计分析实务:SPSS操作与应用[M].重庆:重庆大学出版社,2010.

[18]安东尼·吉登斯.现代性的后果[M].田禾,译.南京:译林出版社,2011.

[19]韦慧民,潘清泉.组织内垂直信任的主动发展[M].北京:经济科学出版社,2013.

[20]阿兰·佩雷菲特.信任社会:论发展之缘起[M].邱海婴,译.北京:商务印书馆,2016.

[21]赵敏.教师制度伦理研究[M].北京:社会科学文献出版社,2016.

[22]安东尼·吉登斯.现代性与自我认同:晚期现代中的自我与社会[M].夏璐,译.北京:中国人民大学出版社,2016.

[23]余娟.当代新型师生关系的解读与建构[M].长春:东北师范大学出版社,2017.

[24]何立华.信任及其影响因素:基于中国社会的多维度考察[M].北京:科学出版社,2017.

二、期刊论文

[1]李瑾瑜.布贝尔的师生关系观及其启示[J].西北师大学报(社会科学版),1997(1):9-14.

[2]杨中芳,彭泗清.中国人人际信任的概念化:一个人际关系的观点[J].社会学研究,1999(2):1-21.

[3]姚本先.新时期师生关系问题省思[J].教育发展研究,2000(10):67-69.

[4]薛天山.人际信任与制度信任[J].青年研究,2002(6):15-19.

[5]王莉莉,王小丽.从后现代主义视角重构师生关系[J].全球教育展望,2003(2):62-65.

[6]吴康宁.学生仅仅是“受教育者”吗?:兼谈师生关系观的转换[J].教育研究,2003(4):43-47.

[7]范红霞.论“同伴探索”式师生关系模式[J].教育研究,2003(4):48-52.

[8]岳瑨,田海平.信任研究的学术理路:对信任研究的若干路径的考查[J].南京社会科学,2004(6):19-24.

[9]沈莹.师生冲突:师生关系的另一个视角[J].上海教育科研,2004(11):59-62.

[10]林滨,李萍.比较视域中的中西信任观[J].中山大学学报(社会科学版),2005(3):101-107.

[11]周思旭.从后现代视角论师生关系重构[J].河南师范大学学报(哲学社会科学版),2005(3):176-179.

[12]姚计海,唐丹.中学生师生关系的结构、类型及其发展特点[J].心理与行为研究,2005(4):275-280.

[13]陈伯璋.当前多元文化教育实践与省思:兼论新多元文化教育的可能[J].教育与多元文化研究,2009(1):1-16.

[14]罗刚,佘雅斌.“我和你”师生关系及其建构:信息对称环境下的新型师生关系探究[J].电化教育研究,2010(8):57-60.

[15]朱晓宏.他者经验与儿童成长:师生关系的另一种解读:基于舍勒的情感现象学理论视域[J].教育研究,2011(09):76-81.

[16]和学新,闫芳.从师道尊严到尊重学生:伦理学视野中我国师生关系的变迁[J].河北师范大学学报(教育科学版),2012(2):30-35.

[17]张增田.教学当代转向:从“规训”到“对话”[J].中国教育学刊,2012(12):43-46.

[18]翟学伟.信任的本质及其文化[J].社会,2014(1):1-26.

[19]汪昌华.家庭背景对小学课堂师生冲突的影响[J].教育学报,2015(6):69-74.

[20]曹劲松.社会信任关系的重构路径[J].南京社会科学,2015(9):73-80.

[21]向东春.从时空因素谈大学师生信任关系的阻力与对策:以课堂教学为例[J].教师教育研究,2016(2):15-19.

[22]陶丽,李子建.国外师生关系研究进展探析[J].比较教育研究,2016(3):61-68.

[23]张彦君.论师生关系的心理教育价值及其实现[J].首都师范大学学报(社会科学版),2016(4):150-156.

[24]冯建军.从主体间性、他者性到公共性:兼论教育中的主体间关系[J].南京社会科学,2016(9):123-130.

[25]钟芳芳,朱小蔓.教师关切情感的逻辑及其实践路径:兼论当代师生关系危机[J].中国教育学刊,2016(11):67-74.

[26]李方安.关系责任视角下和谐师生关系构建探析[J].教育研究,2016(11):119-125,155.

[27]余庆.社会信任何以可教[J].教育学报,2017(6):18-25.

[28]龙宝新.走向教学共生体的师生关系重建:与教师主导作用批判及反批判争鸣观点商榷[J].中国教育学刊,2017(10):13-18.

[29]张艳霞,朱成科.教师责任边界扩大化的表征、根源及再厘定[J].教学与管理,2017(18):11-13.

[30]邵成智,扈中平.论师生关系的偏正结构[J].教育学报,2018(4):12-18.

[31]陈亮,党晶.中小学师生交往关系的失真与重塑[J].课程·教材·教法,2018(6):118-124.

[32]李海峰,王炜."互联网+"时代的师生关系构建探析[J].中国教育学刊,2018(7):81-87

[33]李长伟,宋以国.现代社会中教育信任的式微与重建[J].当代教育

科学,2019(2):6-12.

[34]李森,高静.论教学道德性的内涵及层次[J].教育研究,2019(4):107-113,153.

[35]王霞.教育的信任危机与重建[J].西北师大学报(社会科学版),2019(5):104-111.

[36]付春新,赵敏.师生信任:教学道德性建构的逻辑起点[J].课程·教材·教法,2019(12):70-74.

[37]约翰·哈蒂,格雷戈里·C.R.耶茨.教师如何才能让学生信任自己[J].彭正梅,邓莉,伍绍杨,等译,人民教育,2019(20):77-80.

三、报纸

[1]陈佳琪,陈奇超.是什么破坏了和谐的师生关系[N].中国教育报,2009-08-24(6).

[2]周怡.信任模式的社会建构[N].光明日报,2013-08-31(11).

[3]陈心想.建立师生信任关系的策略[N].中国教师报,2014-10-15(11).

[4]孙向晨.师生关系是不是朋友关系[N].解放军日报,2015-06-02(11).

[5]高学德.中国社会人际信任呈现差序格局[N].中国社会科学报,2016-02-24(6).

[6]邹宇春,周晓春.当前中国社会信任度调查[N].北京日报,2016-06-13(14).

[7]何劭玥,于晓琪,董妍.从整体视角提高社会信任[N].中国社会科学报,2016-08-17(6).

[8]翟振元.现代师生关系:学习共同体[N].中国青年报,2016-12-02(8).

[9]叶忠.重塑学校信任关系[N].中国教育报,2017-09-27(5).

[10]李竹勇.好学校当给师生"诗和远方"[N].中国教育报,2018-01-10(8).

［11］桂从路．纠正跑偏的师生关系［N］．人民日报，2018-01-22(5)．

［12］陈彬，温才妃，王之康，等．师生关系如何保温［N］．中国科学报，2019-03-13(7)．

［13］王宏．新型师生关系的伦理向度与价值追求［N］．光明日报，2019-03-18(15)．

［14］翟学伟．传统文化中的信任立在哪里［N］．北京日报，2019-05-27(14)．

［15］翟学伟．流动的社会如何重建信任［N］．北京日报，2019-07-22(10)．

附　录

附录1　预调研调查问卷

农村中学师生信任关系调查问卷（学生卷）

亲爱的同学：

您好！本调查旨在了解师生信任现实情况，以促进师生信任，构建和谐的师生关系。调查仅供研究使用，答案无对错之分，且不署名，请放心作答，谢谢您！祝身体健康，学业有成！

第一部分　个人基本情况

A1. 我的性别［单选题］（　　）

A. 男　　B. 女

A2. 我所在年级［单选题］（　　）

A. 七年级　　B. 八年级　　C. 九年级

A3. 我是否学生干部［单选题］（　　）

A. 是　　B. 否

A4. 我的学习成绩在班级排名大约为［单选题］（　　）

A. 靠前　　B. 居中　　C. 靠后

A5. 我和谁一起生活［单选题］（　　）

A. 父母　　B. 隔代长辈　　C. 同辈（哥哥姐姐）　　D. 其他亲戚

A6.我是否在学校寄宿［单选题］（　　）

A.是　　B.否

A7.我与父母交流的情况是［单选题］（ ）

A.基本不联系　　B.很少联系　　C.偶尔联系　　D.经常联系

第二部分　师生信任关系现状部分

B1.师生信任重要吗？［单选题］（　　）

A.很重要　　B.重要　　C.无所谓　　D.不重要　　F.根本不重要

B2.师生互不信任对师生关系的伤害程度［单选题］（　　）

A.非常大　　B.比较大　　C.一般　　D.比较小　　E.根本不影响

以下每道题都是从认知上描述我对老师的信任，请仔细阅读每一个句子，从“完全符合”到“完全不符合”，根据自己的实际感受勾选适当的选项，请注意不要漏答。

题项 注：请您仔细阅读每一题，根据您的真实情况在给出的选择项上画“√”	完全符合	比较符合	一般符合	比较不符合	完全不符合
B3.老师的仪容仪表端庄得体、自然优雅	1	2	3	4	5
B4.老师的普通话标准，语言表达文明规范	1	2	3	4	5
B5.老师给人的第一印象正向积极	1	2	3	4	5
B6.老师除了上课时间基本都在办公室，我能很方便地找到老师进行交流讨论	1	2	3	4	5
B7.老师上课不会迟到早退	1	2	3	4	5
B8.老师会引导我树立正确的生活态度	1	2	3	4	5
B9.老师与我们相处时很亲切、和蔼	1	2	3	4	5
B10.老师尊重我的爱好，给我自由空间	1	2	3	4	5
B11.老师能够理性控制情绪，不会发脾气	1	2	3	4	5
B12.老师上课时和同学开玩笑，都是善意的	1	2	3	4	5
B13.老师说话有分寸，会顾及我的感受	1	2	3	4	5
B14.老师偏爱成绩好的学生，不关心成绩差的学生	1	2	3	4	5
B15.老师说到做到，不会食言	1	2	3	4	5

续 表

题项 注：请您仔细阅读每一题，根据您的真实情况在给出的选择项上画“√”	完全符合	比较符合	一般符合	比较不符合	完全不符合
B16.老师不会把我和他/她私下的谈话告诉别人	1	2	3	4	5
B17.老师和别人说我的事情，都是出于好意	1	2	3	4	5
B18.老师批评同学都是出于对学生的关心与爱护	1	2	3	4	5
B19.老师对他/她所教科目的知识非常精通	1	2	3	4	5
B20.老师常常采用一些新方法来教学，让我们感到很有兴趣	1	2	3	4	5
B21.老师能敏锐地发现我学习上存在的问题	1	2	3	4	5
B22.当我回答问题不正确时，老师会及时启发引导我回答问题	1	2	3	4	5
B23.老师在处理他/她与学生之间的矛盾时，显得很有智慧	1	2	3	4	5
B24.老师将班级管理得井井有条	1	2	3	4	5

以下每道题都从情感和行为上描述我对老师的信任，请仔细阅读每一个句子，从“完全符合”到“完全不符合”，根据自己的实际感受勾选适当的选项，请注意不要漏答。

题项 注：请您仔细阅读每一题，根据您的真实情况在给出的选择项上划“√”	完全符合	比较符合	一般符合	比较不符合	完全不符合
B25.老师发自内心地关心我，我愿意听从老师教导	1	2	3	4	5
B26.当我在重要问题上拿不定主意时，我愿意依赖老师的意见	1	2	3	4	5
B27.当我遇到困难或伤害时，我愿意依赖老师的支持和帮助	1	2	3	4	5
B28.老师不会体罚或变相体罚我们，我愿意和他/她亲近	1	2	3	4	5
B29.老师很为我着想，我愿意和老师共享信息	1	2	3	4	5
B30.我愿意将我犯的错误告诉老师，即使对我不利	1	2	3	4	5
B31.我愿意如实指出老师存在的问题，即使对我不利	1	2	3	4	5
B32.我愿意向老师如实反馈自己在学习和生活中的困扰，即使对我不利	1	2	3	4	5

续　表

题项 注：请您仔细阅读每一题，根据您的真实情况在给出的选择项上划“√”	完全符合	比较符合	一般符合	比较不符合	完全不符合
B33.我愿意主动地跟老师进行交流，提出自己对课堂教学内容、教学方式方法等各方面的看法与意见	1	2	3	4	5
B34.我愿意和老师说心里话，告诉老师自己的小秘密	1	2	3	4	5

第三部分　师生信任关系影响因素部分

C1.我对自己的学业成绩的在乎程度［单选题］（　　）

A.很在乎，成绩代表一切　　　　B.在乎，成绩还是比较重要的

C.在乎，但不会和自己过不去　　D.不在乎，我有自己的打算

C2.当我在家庭中所接受的教育理念和学校的有冲突时，我会更倾向支持［单选题］（　　）

A.家庭的教育理念　B.学校的教育理念　　C.视具体情况而定

C3.在学习过程中，老师和学生的关系应该是［单选题］（　　）

A.教育者与受教育者　　　　　　B.亲如父（母）与子（女）

C.老师就像知心朋友、成长伙伴　　D.其他____

C4.我最看重的教师素质是（　　）

A.个人品格　　B.专业知识　C.教学能力　D.外在形象

C5.老师在日常生活学习中对我们表达积极期望的方式主要有（　　）

A.物质上鼓励（奖励小礼品等）　B.言语上表扬和鼓励

C.肢体上表扬、鼓励（竖大拇指、轻拍肩膀等）

D.面部性表扬、鼓励（目光、表情等）　　E.其他____

C6.老师在日常生活学习中表达积极期望的频率［单选题］（　　）

A.经常　　　　B.偶尔　　　　C.很少　　　　D.从不

C7.在学业成绩和道德品质之间，老师更看重我的［单选题］（　　）

A.学业成绩　　B.道德品质

C8.老师与我们交流的主要动机是（　　）

A.发自内心地对我们好　　　　B.为了获得个人利益

C. 希望我们有美好的未来　　D. 与我们有共同的兴趣爱好

C9. 我与大多数老师的交流预期是［单选题］（　　）

A. 长期交流　　B. 短期交流　C. 仅限于课堂交流　　D. 不想交流

C10. 如果感觉老师不喜欢我时，我会（　　）

A. 感觉痛苦、自卑，逃避老师，对学习有抵触情绪

B. 感到愤怒，和老师对着干

C. 主动和老师交流　D. 默默完善自己、提高自己　　E. 无所谓

C11. 父母与老师的联系情况［单选题］（　　）

A. 经常与老师联系　　　B. 有时会与老师联系

C. 偶尔会与老师联系　　D. 很少与老师联系

E. 不与老师联系

C12. 当父母得知我在学校受到老师批评时，他们的态度是［单选题］（　　）

A. 相信老师的话，批评我　　B. 相信我的话，指责老师不公

C. 先弄清事实真相再说

D. 无论如何都尽量帮我争取权利　　　E. 无所谓

C13. 同学对老师的评价会在一定程度上影响我对老师的认知［单选题］（　　）

A. 完全符合　　　　B. 基本符合　　　C. 不确定

D. 基本不符合　　　E. 完全不符合

C14. 新闻媒体的不良报道影响老师在我心目中的形象［单选题］（　　）

A. 完全符合　　　　B. 基本符合　　　C. 不确定

D. 基本不符合　　　E. 完全不符合

C15. 新媒体技术对我的影响主要有（　　）

A. 改变了我和老师的交往方式

B. 方便我向老师请教学习方面的问题

C. 表达我的心声

D. 让我沉迷于网络游戏　　　　　E. 其他____

C16. 学校的整体氛围会影响我对老师的信赖［单选题］（　　）

A. 完全符合　　B. 基本符合　　C. 不确定

D. 基本不符合　　E. 完全不符合

C17. 学校不允许我们携带手机来上学，更不允许我们在课上玩手机［单选题］（　　）

A. 完全符合　　B. 基本符合　　C. 不确定

D. 基本不符合　　E. 完全不符合

C18. 如果考试时老师不到场监考，学生就会作弊［单选题］（　　）

A. 完全符合　　B. 基本符合　　C. 不确定

D. 基本不符合　　E. 完全不符合

C19. 对于《中学生守则》中的规定，我会［单选题］［填空题］（　　）

A. 严格遵守　　B. 大部分遵守　　C. 一般遵守

D. 不太遵守，因为______　　E. 完全不遵守，因为______

感谢您的填写！

附录2　正式调查问卷

农村中学师生信任关系调查问卷（学生卷）

亲爱的同学：

您好！本调查旨在了解师生信任现实情况，以促进师生信任，构建和谐的师生关系。调查仅供研究使用，答案无对错之分，且不署名，请放心作答，谢谢您！祝身体健康，学业有成！

第一部分　个人基本情况

A1. 我的性别［单选题］（　　）

A. 男　　B. 女

A2. 我所在年级［单选题］（　　）

A. 七年级　　B. 八年级　　C. 九年级

A3. 我是否学生干部［单选题］（　　）

A. 是　　B. 否

A4. 我的学习成绩在班级排名大约为［单选题］（　　）

A. 靠前　　B. 居中　　C. 靠后

A5. 我和谁一起生活［单选题］（　　）

A. 父母　　B. 隔代长辈　　C. 同辈（哥哥姐姐）　　D. 其他亲戚

A6. 我是否在学校寄宿［单选题］（　　）

A. 是　　B. 否

A7. 我与父母交流的情况是［单选题］（　　）

A. 基本不联系　　B. 很少联系　　C. 偶尔联系　　D. 经常联系

第二部分　师生信任关系现状部分

B1. 师生信任重要吗？［单选题］（　　）

A. 很重要　　B. 重要　　C. 无所谓　　D. 不重要　　F. 根本不重要

B2. 师生互不信任对师生关系的伤害程度［单选题］（　　）

A. 非常大　　B. 比较大　　C. 一般　　D. 比较小　　E. 根本不影响

以下每道题都是从认知上描述我对老师的信任，请仔细阅读每一个句子，从“完全符合”到“完全不符合”，根据自己的实际感受勾选适当的选项，请注意不要漏答。

题项 注：请您仔细阅读每一题，根据您的真实情况在给出的选择项上画“√”	完全符合	比较符合	一般符合	比较不符合	完全不符合
B3. 老师的仪容仪表端庄得体、自然优雅	1	2	3	4	5
B4. 老师的普通话标准，语言表达文明规范	1	2	3	4	5
B5. 老师给人的第一印象正向积极	1	2	3	4	5
B6. 老师除了上课时间基本都在办公室，我能很方便地找到老师进行交流讨论	1	2	3	4	5

续　表

题项 注：请您仔细阅读每一题，根据您的真实情况在给出的选择项上画“√”	完全符合	比较符合	一般符合	比较不符合	完全不符合
B7. 老师上课不会迟到早退	1	2	3	4	5
B8. 老师会引导我树立正确的生活态度	1	2	3	4	5
B9. 老师与我们相处时很亲切、和蔼	1	2	3	4	5
B10. 老师尊重我的爱好，给我自由空间	1	2	3	4	5
B11. 老师能够理性控制情绪，不会发脾气	1	2	3	4	5
B12. 老师上课时和同学开玩笑，都是善意的	1	2	3	4	5
B13. 老师说话有分寸，会顾及我的感受	1	2	3	4	5
B14. 老师说到做到，不会食言	1	2	3	4	5
B15. 老师不会把我和他/她私下的谈话告诉别人	1	2	3	4	5
B16. 老师和别人说我的事情，都是出于好意	1	2	3	4	5
B17. 老师批评同学都是出于对学生的关心与爱护	1	2	3	4	5
B18. 老师对他/她所教科目的知识非常精通	1	2	3	4	5
B19. 老师常常采用一些新方法来教学，让我们感到很有兴趣	1	2	3	4	5
B20. 老师能敏锐地发现我学习上存在的问题	1	2	3	4	5
B21. 当我回答问题不正确时，老师会及时启发引导我回答问题	1	2	3	4	5
B22. 老师在处理他/她与学生之间的矛盾时，显得很有智慧	1	2	3	4	5
B23. 老师将班级管理得井井有条	1	2	3	4	5

以下每道题都从情感和行为上描述我对老师的信任，请仔细阅读每一个句子，从“完全符合”到“完全不符合”，根据自己的实际感受勾选适当的选项，请注意不要漏答。

题项 注：请您仔细阅读每一题，根据您的真实情况在给出的选择项上画“√”	完全符合	比较符合	一般符合	比较不符合	完全不符合
B24. 老师发自内心地关心我，我愿意听从老师教导	1	2	3	4	5

续 表

题项 注：请您仔细阅读每一题，根据您的真实情况在给出的选择项上画“√”	完全符合	比较符合	一般符合	比较不符合	完全不符合
B25.当我在重要问题上拿不定主意时，我愿意听从老师的意见	1	2	3	4	5
B26.当我遇到困难或伤害时，我愿意寻求老师的支持与帮助	1	2	3	4	5
B27.当我犯错时，我愿意接受老师的批评	1	2	3	4	5
B28.老师不会体罚或变相体罚我们，我愿意和他/她亲近	1	2	3	4	5
B29.老师很为我着想，我愿意和老师共享信息	1	2	3	4	5
B30.我愿意将我犯的错误告诉老师，即使对我不利	1	2	3	4	5
B31.我愿意如实指出老师存在的问题，即使对我不利	1	2	3	4	5
B32.我愿意向老师如实反馈自己在学习和生活中的困扰，即使对我不利	1	2	3	4	5
B33.我愿意主动地跟老师进行交流，提出自己对课堂教学内容、教学方式方法等各方面的看法与意见	1	2	3	4	5
B34.我愿意和老师说心里话，告诉老师自己的小秘密	1	2	3	4	5

第三部分　师生信任关系影响因素部分

C1.我对自己的学业成绩的在乎程度［单选题］（　　）

A.很在乎，成绩代表一切　　B.在乎，成绩还是比较重要的

C.在乎，但不会和自己过不去　　D.不在乎，我有自己的打算

C2.当我在家庭中所接受的教育理念和学校的有冲突时，我会更倾向支持［单选题］（　　）

A.家庭的教育理念　　B.学校的教育理念　　C.视具体情况而定

C3.在学习过程中，老师和学生的关系应该是［单选题］（　　）

A.教育者与受教育者　　B.亲如父（母）与子（女）

C.老师就像知心朋友、成长伙伴　　D.其他____

C4.我最看重的教师素质是（　　）

A.个人品格　　B.专业知识　　C.教学能力　　D.外在形象

C5. 老师在日常生活学习中对我们表达积极期望的方式主要有（　　）

A. 物质上鼓励（奖励小礼品等）　　B. 言语上表扬和鼓励

C. 肢体上表扬、鼓励（竖大拇指、轻拍肩膀等）

D. 面部性表扬、鼓励（目光、表情等）　　E. 其他____

C6. 老师在日常生活学习中表达积极期望的频率［单选题］（　　）

A. 经常　　B. 偶尔　　C. 很少　　D. 从不

C7. 在学业成绩和道德品质之间，老师更看重我的［单选题］（　　）

A. 学业成绩　　B. 道德品质

C8. 老师与我们交流的主要动机是（　　）

A. 发自内心地对我们好　　B. 为了获得个人利益

C. 希望我们有美好的未来　　D. 与我们有共同的兴趣爱好

C9. 我与大多数老师的交流预期是［单选题］（　　）

A. 长期交流　　B. 短期交流

C. 仅限于课堂交流　　D. 不想交流

C10. 如果感觉老师不喜欢我时，我会（　　）

A 感觉痛苦、自卑，逃避老师，对学习有抵触情绪

B. 感到愤怒，和老师对着干

C. 主动和老师交流　　D. 默默完善自己、提高自己　　E. 无所谓

C11. 父母与老师的联系情况［单选题］（　　）

A. 经常与老师联系　　B. 有时会与老师联系

C. 偶尔会与老师联系　　D. 很少与老师联系　　E. 不与老师联系

C12. 当父母得知我在学校受到老师批评时，他们的态度是［单选题］（　　）

A. 相信老师的话，批评我

B. 相信我的话，指责老师不公

C. 先弄清事实真相再说

D. 无论如何都尽量帮我争取权利　E 无所谓

C13. 同学对老师的评价会在一定程度上影响我对老师的认知［单选题］（　　）

A. 完全符合　　B. 基本符合　　C. 不确定

D. 基本不符合　　E. 完全不符合

C14. 新闻媒体的不良报道影响老师在我心目中的形象［单选题］（　　）

A. 完全符合　　B. 基本符合　　C. 不确定

D. 基本不符合　　E. 完全不符合

C15. 手机、电脑等新媒体对我的影响主要有（　　）

A. 改变了我和老师的交往方式

B. 方便我向老师请教学习方面的问题

C. 表达我的心声　　D. 让我沉迷于网络游戏　　E. 其他____

C16. 学校的整体氛围会影响我对老师的信赖［单选题］（　　）

A. 完全符合　　B. 基本符合　　C. 不确定

D. 基本不符合　　E. 完全不符合

C17. 学校不允许我们携带手机来上学，更不允许我们在课上玩手机［单选题］（　　）

A. 完全符合　　B. 基本符合　　C. 不确定

D. 基本不符合　　E. 完全不符合

C18. 如果考试时老师不到场监考，学生就会作弊［单选题］（　　）

A. 完全符合　　B. 基本符合　　C. 不确定

D. 基本不符合　　E. 完全不符合

C19. 对于《中学生守则》中的规定，我会［单选题］［填空题］（　　）

A. 严格遵守　　B. 大部分遵守　　C. 一般遵守

D. 不太遵守，因为______　　E. 完全不遵守，因为_______

感谢您的填写！

附录3　教师访谈提纲

1. 您觉得当老师最大的收获是什么？如果有机会调至县城或市里工作，您还愿意留在农村吗？为什么？

2. 您上课会不会经常找学生回答问题？一般是找哪类学生？为什么？

3. 现在的学生和以前的学生有什么不一样？您愿意相信他们吗？为什么？

4. 您平时会主动与学生沟通吗？沟通次数多不多？

5. 有没有您特别信任或不信任的学生？他们各自有哪些特点？您通常会怎么做？

6. 您认为师生信任关系对教师和学生有没有影响？如果有，是哪些方面的影响？

7. 您感受到了学生对您的信任吗？如果他们信任您，您会有什么表现？如果不信任您，您会有什么表现？

8. 您会主动与学生家长联系吗？一般是在什么情况下？与家长沟通有没有效果？

9. 您认为师生互不信任是什么原因造成的？当学生不信任您时，您会怎么处理？

附录4　学生访谈提纲

1. 你爱不爱学习呢？为什么？

2. 你信任我们的老师吗？对不同的老师你会给予同样的信任吗？为什么？

3. 有没有你特别信任或不信任的老师？他们具有哪些特点？你最看不惯老师哪些方面？

4. 当你信任老师时，你会怎么表现呢？你会跟老师说心里话吗？

5. 当你在学习和生活上遇到困难时，你会向老师寻求帮助吗？为什么？

6.你感受到老师对你的信任了吗？老师对你信任或不信任表现在哪些方面？有没有让你突然对老师产生信任感的事情？

7.师生信任重不重要？对老师和学生有没有帮助？师生相互信任或不信任会给你带来什么影响？曾经是否发生过这样的事情？你可以感受到信任老师给师生之间相处带来的变化吗？如果有变化，大概是在什么时间阶段？

8.父母对你管得严吗？家长和同学对老师的评价会不会影响你对老师的信任？为何？

附录5　校长访谈提纲

1.您认为学校的办学特点和优势有哪些？

2.您认为学校面临的困境和挑战有哪些？

3.您怎么看师生信任问题？

附录6　学校其他管理人员访谈提纲

1.您怎么看待师生信任问题？

2.对于学校师生的管理，您觉得有哪些困难？

附录7　家长访谈提纲

1.您会经常和孩子沟通交流吗？您怎么看待孩子的学业问题？

2.您认为现在的老师对工作认真负责吗？您信任老师吗？为什么？

3.您会经常和老师联系吗？当孩子受到老师批评，您会怎么做？

4.您支持老师体罚您的孩子吗？为什么？

5.老师会主动联系您吗？如果联系，一般是在什么情况下？您会不会配合老师的工作？